Maurice Denis :

La Légende de saint Hubert

1896-1897

Yvelines 78
CONSEIL GENERAL

Cet ouvrage, coédité par le Musée départemental Maurice Denis « Le Prieuré »,
le Musée de la Chasse et de la Nature
et Somogy Éditions d'Art

a été réalisé à l'occasion de l'exposition présentée
au Musée départemental Maurice Denis « Le Prieuré » à Saint-Germain-en-Laye
du 19 juin au 17 octobre 1999

au Musée de la Chasse et de la Nature à Paris
du 4 novembre 1999 au 30 janvier 2000

Commissaires de l'exposition :
Agnès Delannoy, conservateur du Musée départemental Maurice Denis « Le Prieuré »,
assistée de Marianne Barbey

Suivi et coordination de l'exposition au Musée départemental Maurice Denis « Le Prieuré » :
Chantal Bessot, Frédéric Bigo, Marie El Caïdi, Patricia Devaux-Delettre, Agnès Fiévé, Laurence Goux, Pascale Lefèvre,
Martine Magnesse, Yamina Moustaine, Raffaëlle Scapecchi et toute l'équipe du musée

Suivi et coordination de l'exposition au Musée de la Chasse et de la Nature :
Claude d'Anthenaise

Conception graphique et réalisation : Ariane Aubert
Relecture et corrections : Pascale de Langautier
Fabrication : Michaële Liénart et Anne-Sophie Djeziri

ISBN 2-85056-361-7
Imprimé en Italie (CEE)
Dépôt légal : deuxième trimestre 1999

MAURICE DENIS :

La Légende de saint Hubert

1896-1897

Musée de la chasse et de la nature

SOMOGY ÉDITIONS D'ART

MVSÉE DÉPARTEMENTAL MAURICE DENIS LE PRIEURÉ

Remerciements

Qu'il nous soit permis de souligner ici le généreux soutien apporté par
Françoise Cachin, directeur des musées de France,
et Henri Loyrette, conservateur général, directeur du musée d'Orsay, Paris,
à la réalisation de l'acquisition de *La Légende de saint Hubert*,
déterminante pour l'avenir du Musée Maurice Denis.

Que toutes les personnes dont les prêts généreux ont permis l'organisation de cette exposition
trouvent ici l'expression de nos remerciements :

Baron et baronne Denys Cochin
Jean-François et Sabine Denis,
Claire Denis,
Paul Denis,
Antoine et Florence Poncet,
Gabriel et Sylvie Poncet,
et tous les collectionneurs qui ont préféré garder l'anonymat,

sans oublier Brigitte Maurice-Chabard, conservateur du musée Rolin, Autun.

Notre gratitude s'adresse également à Claire Denis,
et à l'équipe du Catalogue raisonné Maurice Denis,
et plus particulièrement à Marianne Barbey,
pour la compétence et la disponibilité mises au service de ce projet.

Nous tenons à exprimer notre vive reconnaissance aux responsables des
différentes institutions publiques dont les noms suivent,
et à toutes les personnes qui, à titre divers, ont participé à la réalisation de cette exposition :

Armand Amann, conservateur en chef du Patrimoine, conseiller pour les musées à la Direction régionale des Affaires culturelles d'Île-de-France ; Dominique Barbey ; Ashley Dormeuil ; Michel Eral, attaché au bureau des acquisitions, Direction des musées de France ; Claire Filhos-Petit, chef du bureau des acquisitions à la Direction des musées de France ; Comte Cédric de Fougerolle ; Claire Frèches-Thory, conservateur en chef du musée d'Orsay (département des peintures) ; M. le duc de Gramont ; Comte Armand-Ghislain de Maigret ; Catherine Marin-Pestel, adjointe au chef du bureau des acquisitions, Direction des musées de France ; Comte d'Orglandes ; Anne Pingeot, conservateur général du musée d'Orsay (département des sculptures) ; Comtesse Patrice de Rambuteau ; Arnaud Ramière de Fortanier, directeur des Archives départementales des Yvelines ; Jean-Jacques Salles, président du FRAM ; Joëlle de la Selve ; Michel Thénault, préfet des Yvelines ; Bernard Tollu ; Alain van der Malière, directeur régional des Affaires culturelles d'Île-de-France ; Anne Vincent, adjointe au chef du bureau des acquisitions, Direction des musées de France ; Christian Viton, sous-préfet de Saint-Germain-en-Laye.

Célébrer l'entrée de *La Légende de saint Hubert* de Maurice Denis dans les collections départementales est pour moi une joie réelle. Ce grand ensemble symboliste, commandé en 1895 par le baron Denys Cochin, personnalité marquante de la France politique et intellectuelle de l'époque, constitue en effet l'une des premières grandes réussites de l'artiste dans le domaine décoratif et monumental. Synthèse caractéristique des théories nabies, l'œuvre contient également en germe les éléments de l'évolution ultérieure et correspond à une époque particulièrement significative de la carrière du peintre.

C'est avec l'aide précieuse du Fonds national du patrimoine et du Fonds d'acquisition pour les musées que le conseil général des Yvelines a pu acquérir cet ensemble unique, heureusement préservé depuis sa création et jusqu'à nos jours par la famille du commanditaire. Ce grand cycle mystique et narratif maintenant rassemblé au sein du Musée départemental Maurice Denis représente un véritable enrichissement de notre patrimoine national et départemental.

L'exposition-dossier organisée au Prieuré permet de mettre en valeur et de présenter au public une acquisition parmi les plus importantes pour l'avenir et le rayonnement de l'établissement. Elle rend également hommage à l'impressionnante série de travaux préparatoires réalisés par l'artiste autour de *La Légende de saint Hubert*, puisque les sept peintures acquises seront présentées entourées de leurs esquisses, précieux témoignage de la démarche esthétique du peintre. Si certaines d'entre elles n'auraient pu être exposées sans la générosité de collectionneurs passionnés, la plupart proviennent des réserves du musée dont l'une des spécificités est justement de conserver la genèse des grands décors monumentaux réalisés par Maurice Denis.

L'ouvrage qui accompagne cette présentation complète de façon significative les catalogues déjà publiés sur les collections du musée. Il nous permet également de pénétrer l'univers envoûtant, et encore mystérieux pour beaucoup d'entre nous, du rituel de la chasse à courre.

Cette manifestation qui permettra, j'en suis certain, de confirmer l'intérêt exceptionnel de cette acquisition, ne manquera pas d'impressionner fortement tous ceux qui perçoivent la dimension spirituelle de l'artiste.

Franck Borotra
Député des Yvelines
Président du Conseil Général des Yvelines

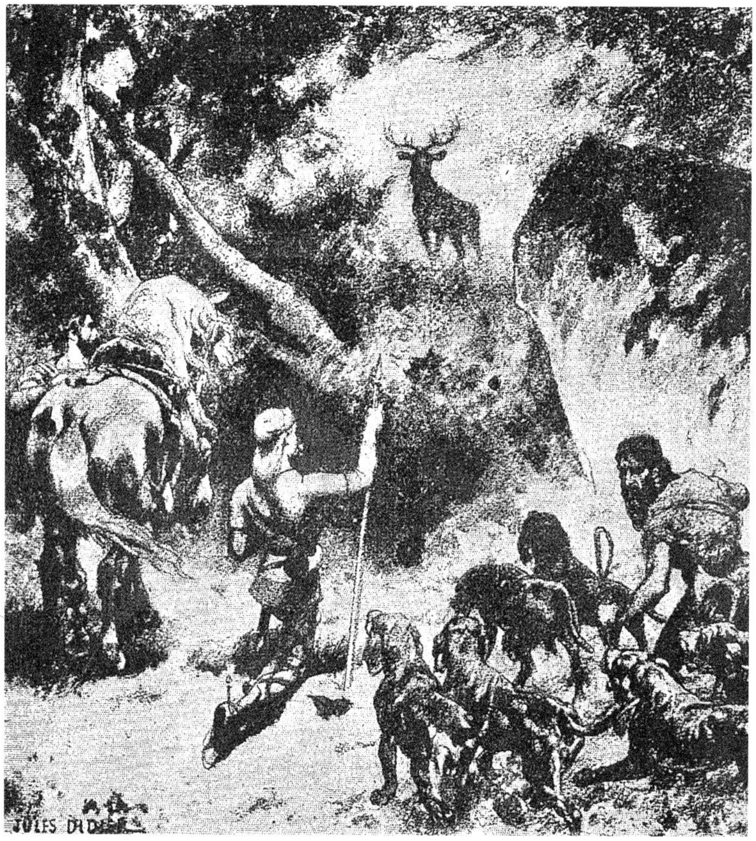

Fig. 1. Jules Didier,
La Légende de saint Hubert,
catalogue illustré du Salon, 1884, n° 780, repr. p. 70.

Introduction

En 1884, le peintre Jules Didier (1831-1892) présente au Salon un grand *Saint-Hubert* (fig. 1) agenouillé, entre son chien et son cheval, devant une magnifique figure de cerf dressée face à lui dans la trouée des taillis. La lance sur laquelle il s'appuie, son costume et l'« équipage » sommaire qui l'accompagne évoquent l'époque mérovingienne au cours de laquelle vécut le héros[1]. Ils traduisent également le souci de réalisme quasi archéologique dont fait preuve l'auteur du tableau qui donne de la vie du saint une version « primitive », dépouillée des éléments de représentation miraculeuse qui l'entourent habituellement et où le souvenir du *Caïn* de Cormon (Paris, musée d'Orsay) ne fut peut être pas sans influence. Dans son genre propre, historique et républicain, la force incontestable d'une telle image tient justement à ce que ce soit devant la seule dignité de l'animal, regardant droit la mort en face, que l'homme s'incline. En dépit du titre, le message édifiant n'est pas celui de *La Légende de saint Hubert*, mais bien plutôt l'idée égalitaire selon laquelle le courage et le mérite ne tiennent ni au rang, ni au sang, ni même à l'espèce. Paradoxalement emblématique, d'une conception moralisatrice laïque de l'histoire, l'œuvre aurait honorablement pu figurer dans les manuels scolaires de la Troisième République, au même titre que les représentations de saint Louis sous son chêne ou Jeanne d'Arc au bûcher... Elle ne rend finalement qu'indirectement compte du renouvellement du culte de saint Hubert, tel qu'il était pratiqué au cours de la seconde moitié du XIXe, en liaison avec l'élan retrouvé par la vénerie depuis la Restauration[2].

À cette époque, la multiplication des équipages et le recrutement plus large des veneurs crée une mode qui, comme le souligne Roland de Chaudenay, envahit le théâtre et la littérature aussi bien que les forêts. Il en résulte également l'expansion d'un véritable « genre » en peinture, largement hérité du XVIIIe siècle mais qui, sous les influences successives du romantisme et du naturalisme, s'attache à rendre d'une manière de plus en plus détaillée les différentes actions d'une journée de chasse et à en évoquer les aspects particulièrement nobles ou émouvants.

Au même titre que les thèmes mythologiques, les scènes galantes, les natures mortes ou les vues d'intérieurs, les épisodes de chasse possèdent leurs amateurs, avides de retrouver chez eux le souvenir de ces intenses journées de plein air où le cri des chiens se mêle à la musique des trompes et où, au plaisir de la chevauchée, s'associe l'excitation de la poursuite : « Oh ! chasse à courre ! mots pailletés dont l'accouplement sonne gaillardement à l'oreille ; terme qui donne l'impression de luxe, de richesse de plaisir princier et qui, pour les adeptes, ravive des sensations exquises de franches galopades, d'ivresse de plein air, de journées âprement vécues par le froid et la pluie, de musique brutale, sonore sous les grands bois, et de victoire de l'homme sur la bête. »[3] S'y ajoutent la splendeur des paysages et la richesse des forêts françaises : « Les éboulements de rochers, les bruyères de Fontainebleau, les futaies en colonnades de cathédrales de Villers-Cotterêts, les déserts d'Ermenonville, les étangs et les rivières... »[4] Au temps des Gérôme, Bouguereau et autres Cabanel, travestissant l'histoire et les mythes à grand renfort de nudités allégoriques, quelques peintres se spécialisent dans les scènes de vénerie. Ils exposent régulièrement, jusqu'à la fin du siècle, des séries de grandes toiles d'une exactitude technique réelle. Leur impeccable métier académique est consacré à la description d'un type de paysage qui ne manque d'ailleurs pas toujours d'ampleur et que l'on pourrait qualifier d'« animalier mondain ».

Accentué par un un long séjour en Angleterre, le culte d'Alfred Dedreux (1810-1860) pour les chevaux et les chiens l'incite à multiplier les

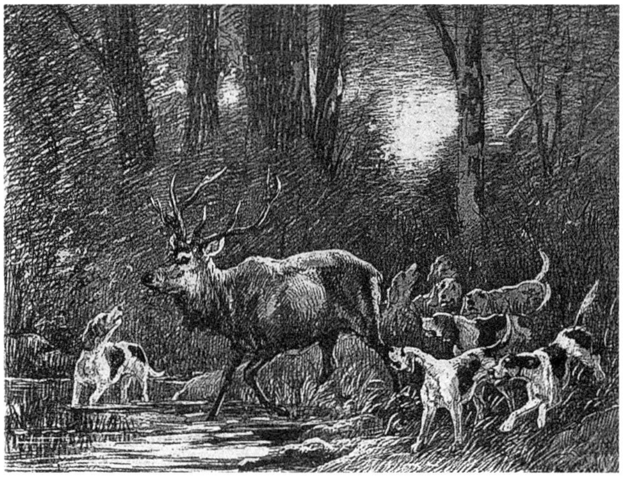

Fig. 2. Albert de Gesne,
Le Cerf forcé,
catalogue illustré du Salon, 1882, n° 1166, repr. p. 241.

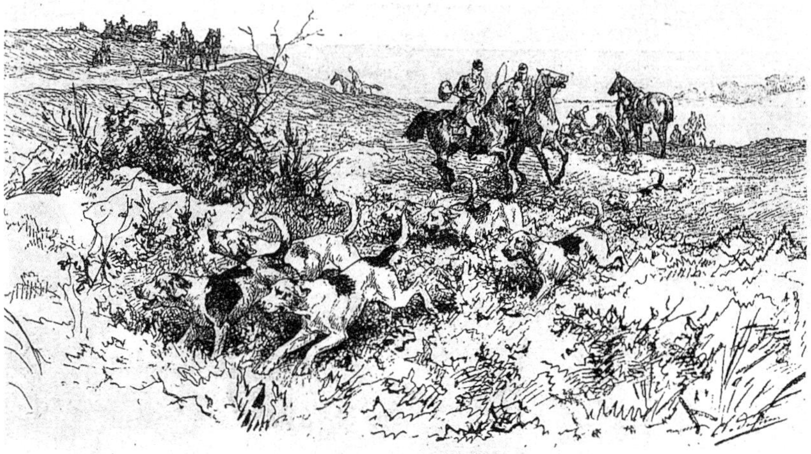

Fig. 3. Charles Olivier de Penne,
Lancé,
catalogue illustré du Salon, 1883, n° 1868, repr. p. 104.

représentations équestres et lui apporte un succès considérable. Avec lui et ses émules, Jules de Bonnemaison, Léon de Varin, A. de Maline..., les scènes de chasse à courre, de piqueur au grand galop et de rendez-vous pittoresques se multiplient aux cimaises des Salons et passent régulièrement en vente.

En 1892, Albert de Gesne (1834-1903) présente au Salon un monumental *Cerf forcé* de 5 m de long (fig. 2) dont les figures grandeur nature procèdent d'un vérisme attentif. De la même génération, Charles Olivier de Penne (1831-1897), élève de Léon Cogniet et de Charles Jacques, obtient un second grand prix de Rome en 1857 et s'applique à peindre des animaux. Avec une parfaite connaissance du sujet, il réalise de grandes scènes de chasse à courre qui rappellent parfois la composition des anciennes peintures de bataille où les corps d'armée dispersés dans la campagne effectuent des manœuvres dont la stratégie échappe au profane (fig. 3). Mais c'est peut-être avec les peintures à succès de Paul Tavernier, justement installé à Fontainebleau, que les scènes de vénerie deviennent véritablement des scènes de genre. Ses belles grandes toiles narratives, d'une grande exactitude documentaire perdent, en prenant une teneur quasi bourgeoise, le souffle épique des artistes de l'époque précédente. Le réalisme photographique de son *Découplé* du Salon de 1895 (fig. 4) prouve tout aussi bien ses qualités d'observation que son incapacité à prendre des distances à l'égard du sujet représenté. Techniquement irréprochable, l'œuvre n'a cependant aucune signification propre en dehors du désir de reproduire fidèlement, mais hélas seulement en deux dimensions, un moment de réalité situé à la fois dans le temps et l'espace...

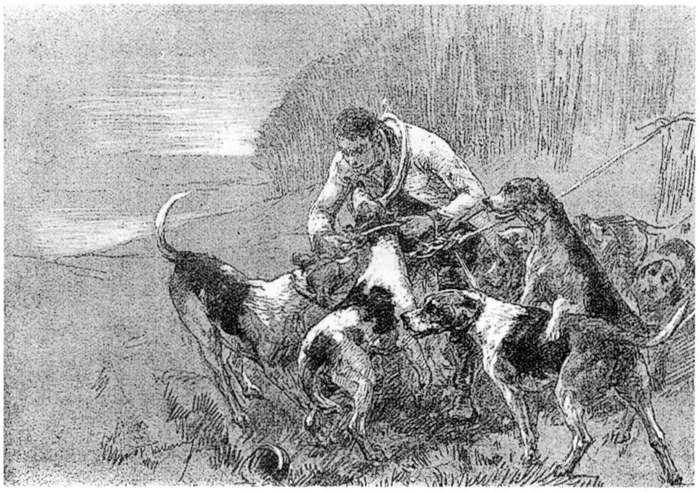

Fig. 4. Paul Tavernier
Découplé
Catalogue illustré du Salon, 1895, n° 1806, repr. p. 112

Or, c'est justement au cours de cette même année 1895, que le baron Denys Cochin décide de refaire la décoration murale de son bureau. Chez cet amateur de chasse et de plein air, il est assez naturel que l'idée de placer sur les murs de son hôtel particulier parisien des peintures évoquant sa vie de campagne et sa passion pour la vénerie, lui soit venue à l'esprit. N'avait-il pas déjà souhaité évoquer ce sujet en demandant à Albert Besnard de lui donner les dessins d'un magnifique vitrail consacré à *La Vie animale* (fig. 5) pour occulter

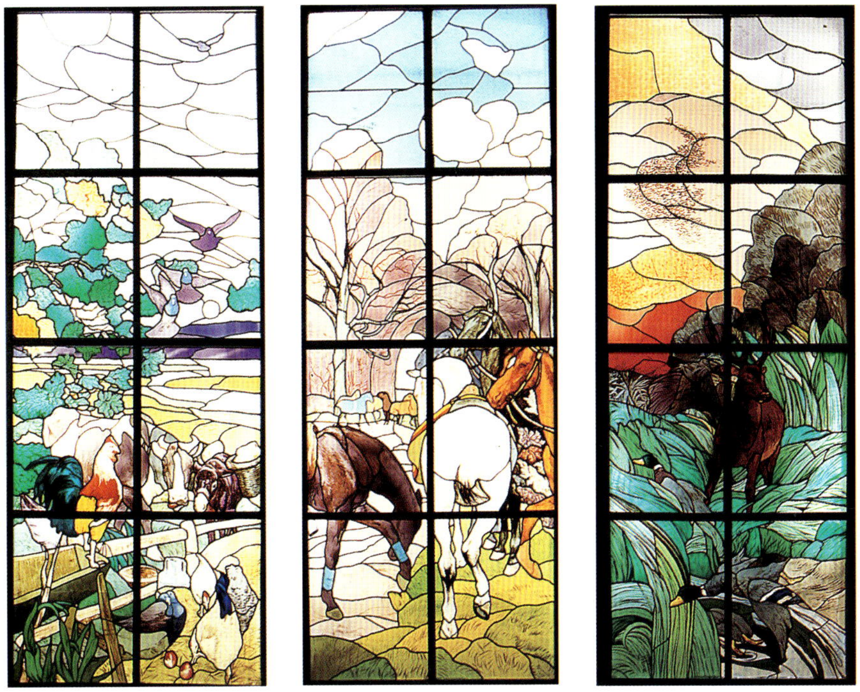

Fig. 5. Albert Besnard,
La Vie animale, 1895, vitrail,
Saint-Germain-en-Laye, Musée départemental Maurice Denis « Le Prieuré ».

certaines fenêtres sur cour de sa demeure ? Logiquement, il aurait dû faire l'acquisition de l'un de ces grands tableaux de Salon dont nous parlions précédemment et faire faire quelques portraits de ses chevaux favoris par un artiste en vogue. Mais, comme il l'écrit dans l'une de ses lettres à Maurice Denis, un jeune peintre de ses amis, « le tableau n'est pas tout et comme vous j'aime le symbole »[5]. Tout en étant passionné par cet « amusement royal et populaire » qu'est pour lui le « laisser courre », Denys Cochin est un intellectuel qui, au-delà de l'apparence immédiate des choses, dont il sait d'ailleurs jouir pleinement, apparaît sensible à leur dimension spirituelle. La concentration totale qu'exige la poursuite, l'ivresse qui en résulte, sont pour lui le propre de la recherche : « Cette tension vers un objet, cet oubli absolu des circonstances environnantes, et des obstacles, sont des sentiments qu'on éprouve à la poursuite d'une idée, comme à la poursuite d'une bête. Devant un papier blanc et un encrier, devant le feu d'un laboratoire, ou bien encore à la tribune, on est comme en selle, emporté par sa pensée, dédaigneux des cailloux et des broussailles, chargeant tout droit sur la vérité aperçue. »[6]

La chasse n'est pas pour lui un simple amusement sportif, c'est une passion dont il perçoit fort bien qu'elle peut prendre un caractère quasi obsessionnel qu'il n'a vu bien exprimé que dans « l'admirable *Légende du beau Pécopin* » de Victor Hugo. Il sait qu'il existe un risque moral, le risque que dans l'ivresse de la poursuite, le chasseur perde le sens de sa quête et néglige les valeurs éternelles. Mais Denys Cochin, ce croyant engagé, reste convaincu qu'une grâce vient parfois empêcher celui qui erre de se perdre définitivement : « Dans nos poursuites diverses, au moment où nous y songeons le moins quelquefois [...] au milieu de la guerre et des plaisirs, une pensée religieuse nous arrête tout court. »[7] Alors ce qui importe pour lui ce n'est pas tant de représenter quelque bon moment de chasse, ni même les différents épisodes de la vie du grand saint Hubert, tels que, dans un souci hagiographique, un homme d'Église aurait pu le souhaiter. Par-delà la chasse à courre, la légende du beau Pécopin et l'histoire de saint Hubert, le sujet que Denys Cochin charge Maurice Denis de traiter, c'est l'irruption de la pensée religieuse au milieu de la guerre et des plaisirs, ce moment qui peut arriver à tout le monde et à tout propos, où la croix lumineuse paraît entre les bois du cerf et où le chasseur tombe à genoux.

Le commanditaire n'a que faire d'une scène de genre, il veut représenter l'inexprimable, montrer comment Dieu intervient dans la vie du croyant, et se souvenir, jusque dans le secret de son bureau, de ne pas se laisser emporter par les tourbillons de l'existence. Il ne peut donc s'adresser à un peintre académique et se tourne naturellement vers celui qui vient déjà de lui donner une magnifique verrière symboliste, *Le Chemin de la vie* (fig. 19). Qu'importe si l'artise ignore encore tout des traditions de vénerie, il lui suffira d'assister à quelques chasses, le sujet n'est pas là. Il sait que Maurice Denis (1870-1943), ce jeune théoricien du mouvement nabi, qui a su trouver l'admirable formule publiée en 1890 dans la revue *Art et Critique* ne se laissera pas aller à confondre l'accessoire et l'essentiel : « se rappeler qu'un tableau – avant d'être un cheval de bataille, une femme nue, ou une quelconque anecdote – est essentiellement une surface

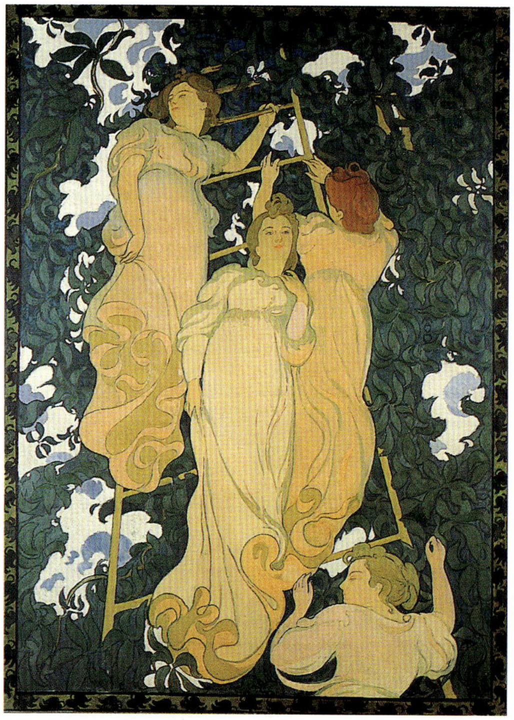

Fig. 6. Maurice Denis,
L'Échelle dans le feuillage, 1892,
Saint-Germain-en-Laye,
Musée départemental Maurice Denis « Le Prieuré ».

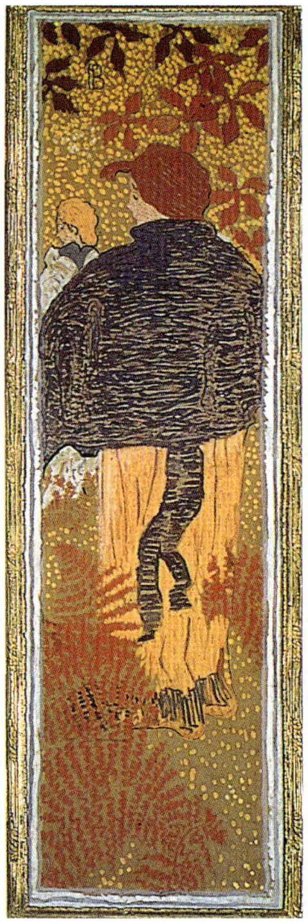

Fig. 7. Pierre Bonnard,
Les Femmes au jardin, 1891,
(détail),
Paris, musée d'Orsay.

plane recouverte de couleurs en un certain ordre assemblées »[8]. Denys Cochin sait également que Maurice Denis saura fournir mieux qu'aucun autre « l'équivalent passionné » de la « sensation reçue »[9] parce que l'artiste est convaincu qu'il existe « à toute émotion, à toute pensée humaine, un équivalent plastique, décoratif, une beauté correspondante »[10]. Pour lui, ainsi que le souligne fort justement Jean-Paul Bouillon, la peinture, tous sujets confondus, est par essence symboliste et donc religieuse[11]. L'idée de saint Hubert ne peut donc que l'intéresser. Cette commande lui fournit également l'occasion sans précédent de « peindre des murs », comme le souhaitaient les Nabis, et de réaliser, en appliquant leurs théories, un véritable cycle narratif et monumental. Or, contrairement à *L'Échelle dans le feuillage* (fig. 6), où l'utilisation des arabesques décoratives et la répétition de motifs végétaux identiques permettent de couvrir gracieusement la surface sans avoir à fournir de message, le défi symboliste impose ici à l'artiste de rendre l'œuvre signifiante en elle-même, de sorte qu'au lieu d'évoquer nos émotions anciennes devant le sujet représenté, ce soit la peinture elle-même qui nous émeuve[12]. Mais, même si la pièce à décorer n'est pas grande, l'ensemble doit se déployer sur près de 13 m de long et peindre à cette échelle constitue une épreuve redoutable pour qui n'en a pas encore l'expérience.

Malgré les commandes également reçues pour des ensembles décoratifs, aucun des membres du groupe nabi n'a encore eu l'occasion de se mesurer à un problème de cette nature. Les déformations expressives des *Femmes au jardin*, de Pierre Bonnard (fig. 7) n'ont pas à transmettre d'idées abstraites et la subtilité synthétique de l'harmonie entre les formes et les couleurs n'y symbolise qu'une évocation discrète des saisons. D'une manière analogue, la composition subtilement japonisante des *Jardins publics* d'Édouard Vuillard (fig. 8) ne représente que la nonchalance des après-midi d'été dans les jardins parisiens, tandis que la mélancolie de Paul Élie Ranson et Georges Lacombe situe le symbolisme des grandes étapes de la vie humaine dans des bois bien organisés, plus proches des vergers domestiques que des futaies forestières. Quelque soit la taille des œuvres et la complexité des sources esthétiques, aucun des membres du groupe n'eut à résoudre de tels problèmes picturaux :

– L'abstraction intellectuelle et mystique du thème, impossible à suggérer sans l'utilisation de procédés extrêmement complexes, où la réussite de la composition tient aussi bien à l'étude des maîtres et à la connaissance technique des détails qu'à l'application des théories de l'avant-garde esthétique.

– L'évocation d'un moment extrêmement particulier de vie sociale et sportive associant la nécessité de suggérer avec simplicité l'importance du commanditaire et le prestige d'un équipage à un mode de représentation quasi schématique où ne sont conservés que les détails réellement utiles

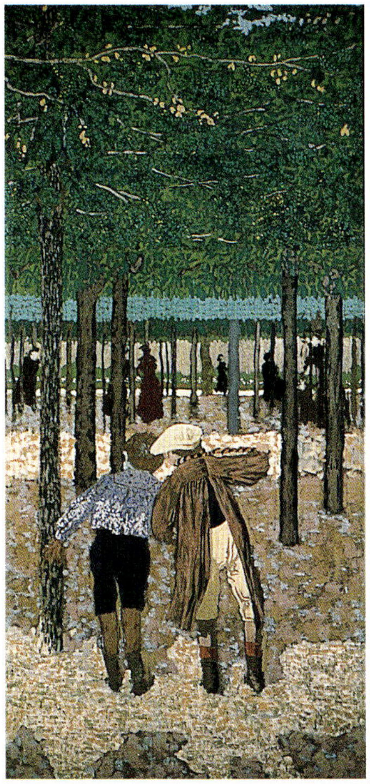

Fig. 8. Édouard Vuillard, *Les Jardins publics*, 1894, (détail), Bruxelles, musées royaux des Beaux-Arts de Belgique.

à la compréhension du sujet.

– Le déroulement d'une action quasi épique, qui devait rendre compte de la frénésie de la chasse et se poursuivre d'un panneau à l'autre, sans grandiloquence déplacée et avec les temps de repos nécessaires à une composition équilibrée.

– La représentation de diverses figures animalières, isolées ou en groupe, saisies selon leurs mouvements propres et possédant des physionomies individualisées, nécessairement étudiées d'après nature.

L'énorme défi qu'un tel programme impose à l'artiste exige de lui un travail de synthèse complexe où les nombreuses études réalisées sur le motif se trouveront revues et composées picturalement à travers le filtre des conceptions propres au mouvement nabi. Parmi celles-ci, et en tout premier lieu, figure la volonté de retrouver la vocation décorative de la peinture, notamment grâce à la remise en cause de l'emploi de la perspective occidentale héritée de la Renaissance italienne. L'influence du japonisme ayant permis aux artistes d'expérimenter d'autres moyens de suggérer l'espace et le mouvement, il devient désormais possible d'éviter toute contradiction entre peinture et architecture : « Vers le début de 1890, un cri de guerre fut lancé d'un atelier à l'autre : plus de tableau de chevalet ! À bas les meubles inutiles ! La peinture ne doit pas usurper une liberté qui l'isole des autres arts. Le travail du peintre commence où l'architecture considère le sien comme terminé. Le mur doit rester surface, ne doit pas être percé par la représentation d'horizons infinis. Il n'y a pas de tableaux, il n'y a que des décorations. »[13]

C'est pleinement convaincu de ce principe que Maurice Denis entreprend la composition des sept panneaux de *La Légende de saint Hubert* et déroule d'un mur à l'autre une suite de scènes qui ornent le petit bureau du baron Cochin sans contredire l'architecture de la pièce ni « percer » les murs. Avec des moyens picturaux différents chaque scène est composée de manière à rester parfaitement plane et à mettre en valeur la surface murale.

Refusant dès *Le Départ* (cat. n° 8) la représentation probable de cavaliers s'élançant vers le spectateur sur des montures pressées d'aller en avant, Denis compose une image d'ordre et de sérénité entièrement construite sur des parallèles stables : absence de lignes de fuite, superposition des zones horizontales suggérant la succession des plans par le seul recours à la différence des tons, utilisation de verticales parallèles formant une sorte de grille à la surface du mur devant la « trouée » du paysage. Même le délicat réseau d'ombres portées situé dans la partie basse du tableau n'est pas destiné à suggérer la profondeur mais bien plutôt à « animer » une zone de couleur unie par un graphisme significatif qui évoque, sans le représenter, le soleil matinal d'une belle journée d'automne.

De même, tout le mouvement contenu dans *Le Lâcher des chiens*, (cat. n° 23) se trouve-t-il habilement organisé de manière circulaire autour d'un bouquet d'arbres placé au centre de la composition. Sur la toile de fond que constitue le paysage forestier synthétiquement dessiné, hommes et cavaliers effectuent une sorte de ronde plate qui occupe la surface de la toile sans « trouer le mur » et qui permet à l'artiste de représenter quelques très beaux mouvements : l'admirable geste de Barrot le piqueur se retournant pour sonner, l'improbable position dansante des valets de chiens, emportés par la meute et flottant dans l'espace comme des figures de manuscrits médiévaux sur la page…

Dans *Le Bien-aller* (cat. n° 32) la composition chromatique et formelle contribue à créer un jeu de diagonales croisées qui évite de donner une impression de profondeur malgré la fuite du cerf poursuivi. Alors que dans le calque d'exécution (cat. n° 37) c'est encore l'animal traqué qui se trouve mis en lumière, il s'enfonce ici épuisé vers la mort et les bois sombres avec lesquels il se confond presque. Mais l'emploi d'une ligne d'horizon fortement remontée vers le haut du tableau permet au peintre d'évoquer dans ce panneau sombre, l'ensoleillement tardif des bois en fin de journée. De plus, en distinguant arbitrairement un bouquet d'arbres au sein des taillis, il peut également introduire, pour qui sait le lire, l'éclairage surnaturel annonciateur du divin, dont l'intervention fait l'objet des panneaux suivants.

La négation volontaire de la perspective traditionnelle est affirmée avec encore plus d'autorité

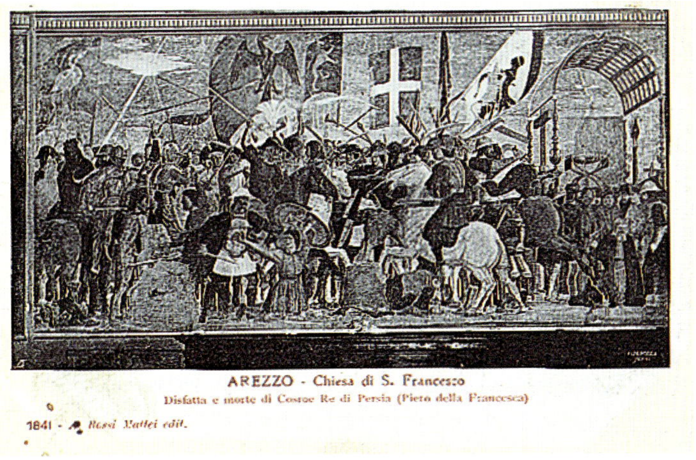

Fig. 9. Piero della Francesca,
Défaite et mort de Cosroe, roi de Perse,
Arezzo, église Saint-François, carte postale,
Saint-Germain-en-Laye, Musée départemental Maurice Denis « Le Prieuré ».

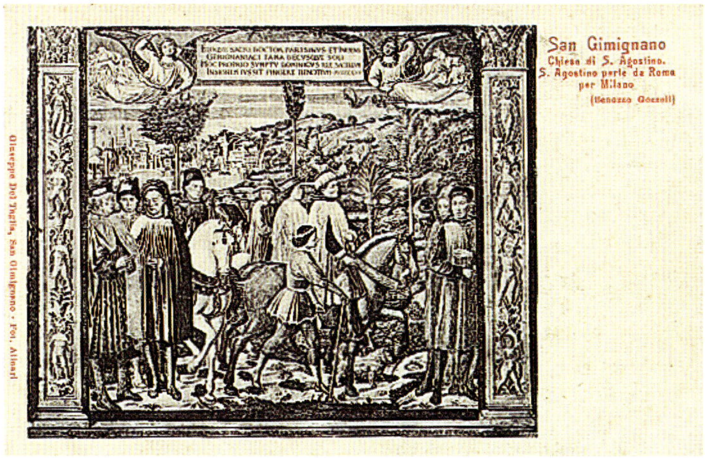

Fig. 10. Piero della Francesca,
Benozzo Gozzoli, *Le Départ de Saint Augustin*,
San-Gimignano, église Saint-Augustin, carte postale,
Saint-Germain-en-Laye, Musée départemental Maurice Denis « Le Prieuré ».

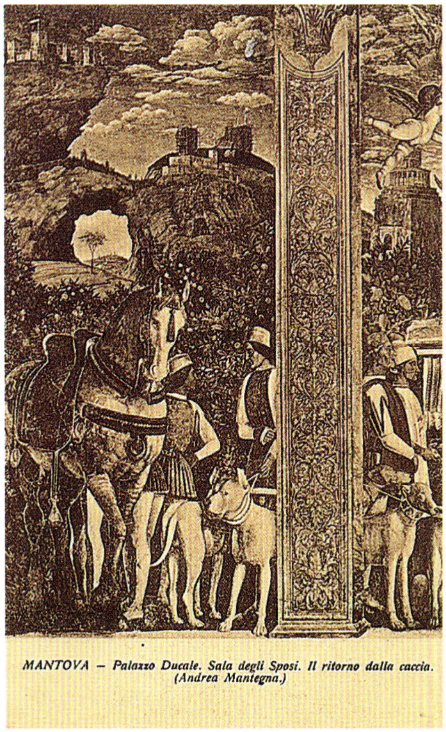

Fig. 11.
Andrea Mantegna,
Le Retour de la chasse,
Manova, palais Ducal,
chambre des Époux,
carte postale, Saint-Germain-en-Laye,
Musée départemental
Maurice Denis
« Le Prieuré ».

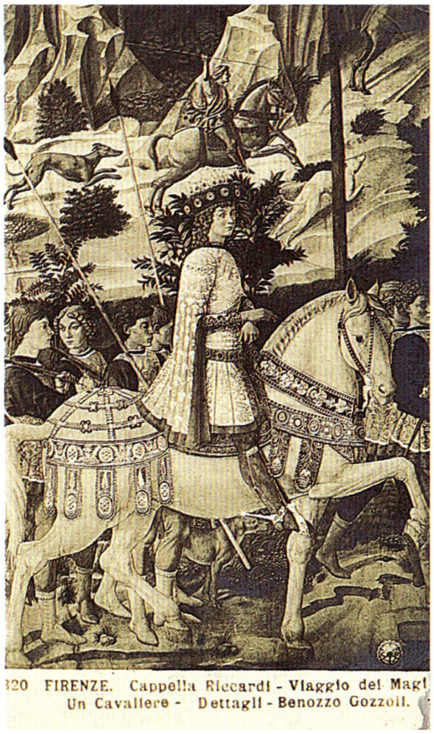

Fig. 12.
Benozzo Gozzoli,
Voyage des Mages – Un cavalier (détail),
Florence, chapelle Riccardi,
carte postale,
Saint-Germain-en-Laye,
Musée départemental
Maurice Denis
« Le Prieuré ».

dans la scène principale du cycle, celle du *Miracle* (cat. n° 38), où un important tronc d'arbre occupe le centre de la composition, plonge le premier plan dans l'ombre, et détermine, comme le souligne justement Marianne Barbey, un second plan sacré dans lequel se déroule l'épisode mystique. Cette inversion, presque gênante au premier regard, des procédés picturaux en usage donne ainsi un « équivalent plastique » au caractère mystérieux de ce « moment qui peut arriver à tout le monde ». Contrairement à l'iconographie habituelle, le cerf n'occupe pas une position dominante, il s'affaisse vaincu devant la monture cabrée du chasseur surprise par l'éclat de la croix lumineuse. Le cavalier auréolé ne regarde ni la croix, ni le cerf. Il vient d'être saisi par la pensée religieuse et se tourne vers le ciel en joignant les mains. À l'arrière plan, les horizontales de l'étang et de la forêt dissimulent le rayonnement lumineux intense d'un couchant quasi verdâtre qui provoque une sensation étrange. Appliqués à l'expression d'une émotion spirituelle aussi soudaine que la conversion de saint Paul, la composition savante du *Miracle* et sa tonalité particulière provoquent d'elles-mêmes et indépendamment du sujet, une réaction chez le spectateur. Comme le souhaitait les Nabis, l'œuvre devient en elle-même un vecteur symboliste, suscite l'interrogation et, par la seule force de ses qualités plastiques, transmet le message du sujet.

Dans la suite des autres panneaux, Maurice Denis utilise les mêmes procédés picturaux et atteint, avec un succès encore inégalé, à une extraordinaire correspondance entre la forme et l'idée : dispersion apparemment naïve des figures dans *Le Défaut* (cat. n° 50), flamboiement satanique des sous-bois dans *La Chasse infernale* (cat. n° 64), où le télescopage des plans est provoqué par la juxtaposition de figures d'échelles différentes, opposition entre les lignes descendantes des cavaliers damnés et la verticalité hiératique des figures en prière dans *L'Arrivée à l'ermitage* (cat. n° 40).

La force de conception que traduit la réussite d'un tel ensemble révèle une intellectualité exceptionnelle chez son auteur et une remarquable capacité à transformer les influences reçues. Pour passionnante qu'elle soit, la recherche des sources iconographiques, des modèles rencontrés et de la documentation nécessairement réunie par l'artiste avant d'entreprendre une telle décoration n'apparaît finalement qu'assez secondaire dans le détail. Elle risquerait de faire perdre au chercheur, comme aux veneurs égarés de *La Légende*, la signification principale de l'œuvre. Mais encore faut-il conserver présent à l'esprit ce qui en entoure la genèse et se remémorer le cheminement du jeune artiste.

Il ne peut avoir entrepris la réalisation de ce décor sans se référer plus ou moins indirectement ou inconsciemment à quelques autres modèles. Il ne peut avoir ignoré, en ce qui concerne l'étude proprement dite de la chasse à courre, les grands exemples de la peinture française du XVIIIe siècle et les œuvres présentées à son époque au Salon par les peintres dont nous parlions précédemment. Même si sa conception relève intellectuellement d'une autre démarche, il partage avec eux le rendu précis des différents épisodes d'une journée de chasse. Par ailleurs, largement novice en matière de représentation animalière et totalement étranger au monde du cheval, il a forcément dû se référer, parmi d'autres sources, aux chevaux dessinés et peints par Degas et Toulouse-Lautrec ainsi qu'au témoignage peut-être directement donné par Anquetin. Enfin, n'ayant encore jamais eu de grand cycle décoratif à réaliser, il a dû étudier et travailler avec les souvenirs disponibles des grandes décorations vues au cours de sa formation : Le Brun, Rubens, Delacroix, Puvis de Chavannes... sans oublier les grandes tapisseries étudiées au Louvre ou à Cluny. De ces études comparatives, il tire d'ailleurs une incontestable éducation du regard qui l'amène à critiquer savoureusement les modèles consultés : « Aspect du Delacroix parmi les H. Vernet : les chevaux de Delacroix mal foutus auprès des chevaux de Vernet si élégants ; même le cheval de Saint Louis vraiment très insuffisant comme sujet ; se méfier des documents. »[14] Mais pour ce jeune artiste, encore saturé de visites de Salons et de séances d'atelier, ce qui a probablement compté le plus, c'est le voyage en Italie (Toscane, Ombrie), réalisé au cours de l'automne 1895, quelques mois à peine avant de commencer *La Légende de saint Hubert*. Pour celui à qui, dans « le désordre et le tumulte de la vie », une simple « photographie de primitif » suffit à rappeler la pureté de l'âme[15], la contemplation directe des œuvres originales in situ représente probablement l'émotion esthétique la plus forte qu'il ait encore jamais éprouvée. De Florence, Mantoue, Ferrare, Arezzo... Maurice Denis ramène des séries de cartes postales, précieusement conservées dans des albums (fig. 9, 10, 11, 12), qui témoignent de sa volonté de garder la mémoire des œuvres vues, notamment d'Andrea Mantegna, Pierro della Francesca, Benozzo Gozzoli, dont Jean-Paul Bouillon souligne judicieusement l'importance[16]. C'est de l'étude des moyens picturaux utilisés par ces « primitifs » qu'il tire la force simplificatrice de son dessin et une grande part de l'habileté avec laquelle il compose les différents panneaux de son grand cycle.

Synthèse originale, œuvre nouvelle dans l'esprit comme dans la forme, *La Légende de saint Hubert* représente une étape considérable dans l'évolution du peintre. Elle marque l'aboutissement du symbolisme pictural découvert et pratiqué au cours de sa jeunesse, prouve la maîtrise atteinte dans le maniement des modes de composition modernes et indique le début d'une étude de plus en plus systématique des grandes références de l'art classique.

Agnès Delannoy

Notes

1. *Cf. intra*, Patricia de Fougerolle, *Saint Hubert, patron des chasseurs,* p. 39.

2. *Cf. intra*, Roland de Chaudenay, *La Renaissance de la vénerie au XIXe siècle*, p. 47 à 49.

3. Ch. de Coynart, « La chasse à courre », *Le Figaro illustré*, n° 67, octobre 1895, p. 181.

4. *Cf. intra*, lettre de Denys Cochin à Maurice Denis, p. 121-122.

5. *Cf. intra*, p. 122.

6. Id.

7. Id.

8. Maurice Denis, « Définition du néo-traditionnisme », in *Art et Critique,* n° 65 et 66, 23 et 30 août 1890, p. 540-542 et 556-558, repris en dernier lieu dans Jean-Paul Bouillon, *Le Ciel et l'Arcadie*, Paris, éd. Hermann, 1993, p. 5.

9. Maurice Denis, « L'influence de Paul Gauguin », in *L'Occident*, octobre 1903, p. 161.

10. Maurice Denis, préface de la IXe exposition des peintres impressionnistes et symbolistes (chez le Barc de Boutteville), 27 avril-mai 1895, repris en dernier lieu dans Jean-Paul Bouillon, *op.cit.,* p. 28.

11. Jean-Paul Bouillon, *op. cit.*, p. 31.

12. Maurice Denis, « Notes sur la peinture religieuse », in *L'Art et la vie*, n° 54 octobre 1896, p. 644-654, repris en dernier lieu dans Jean-Paul Bouillon, *op. cit*, p. 35.

13. Verkade (Dom Willibrord), *Le Tourment de Dieu, étapes d'un moine peintre* ; trad. de Marguerite Faure, Paris, Librairie de l'Art catholique, 1926, p. 94.

14. Maurice Denis, *Journal*, Paris, éd. du Vieux Colombier, 1957, T. 1, p. 121.

15. Maurice Denis, « Notes sur la peinture religieuse », *op. cit.,* p. 34.

16. *Cf. intra*, Jean-Paul Bouillon, *L'Expérience de la légende*, p. 27.

De la famille Cochin au Saint Hubert de Maurice Denis, histoire d'une création

Les Cochin, amateurs d'art et hommes d'action

La famille Cochin appartient depuis longtemps à l'élite intellectuelle et politique de la France. « Un Cochin peut errer à travers Paris comme à travers un musée familial. », disait Georges Goyau[1].

Un certain Nicolas Cochin fut peintre, graveur, et maître à dessiner de Mme de Pompadour. Jean Denys Cochin avait fondé, au XVIIIe siècle, le grand hôpital parisien qui porte encore son nom. Le grand-père et le père du commanditaire furent maires d'arrondissement de Paris et députés.

Animateurs de la Compagnie de Saint-Gobain pendant plus d'un siècle, les Cochin prirent une grande part au développement du chemin de fer. Augustin Cochin était administrateur de la Compagnie des chemins de fer d'Orléans, et l'un des promoteurs de l'extension des voies ferrées dans tout l'ouest de la France.

Les personnalités évoquées ci-dessous furent en rapport avec Maurice Denis ou figurent dans *La Légende de saint Hubert* (Tableau généalogique succinct p. 118).

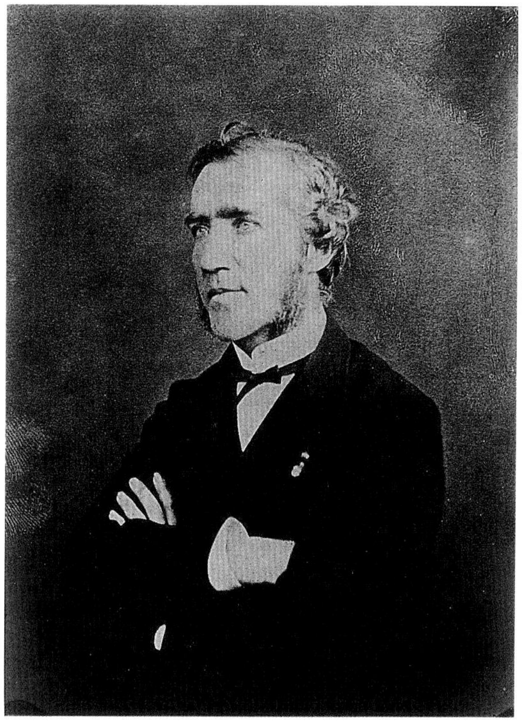

Fig. 13. Augustin Cochin (Photo Druet), archives Cochin.

Augustin Cochin, père du commanditaire

Augustin Cochin (1822-1872)[2] – qui apparaît dans la décoration sous les traits de l'évêque – était une haute figure du catholicisme libéral au XIXe siècle (fig. 13). Légitimiste par tradition, et donc opposé à la monarchie de Juillet, il se rallia à la révolution de 1848, et ses qualités de juriste en firent un des rédacteurs de la loi Falloux, qui établit la liberté de l'enseignement en France. Opposant sous le Second Empire, et apôtre de la liberté, il jouissait de la confiance de Thiers, et celui-ci lui confia la sécurité du gouvernement de Versailles en le nommant préfet de Versailles après la Commune, le 15 juin 1871. Préfet de l'Assemblée nationale et du gouvernement, il pouvait à l'occasion servir d'arbitre aux partis. Homme de devoir aux charges écrasantes, il se dépensa tellement dans ses fonctions qu'il mourut d'épuisement à 48 ans, le 15 mars 1872.

Augustin Cochin était un homme exquis, universellement aimé dans tous les milieux sociaux, à la culture étendue et à la curiosité illimitée. Membre de l'Académie des sciences morales et politiques, à la fois penseur et homme d'action, il avait été de tous les combats contre le catholicisme conservateur. Il était considéré comme l'un des

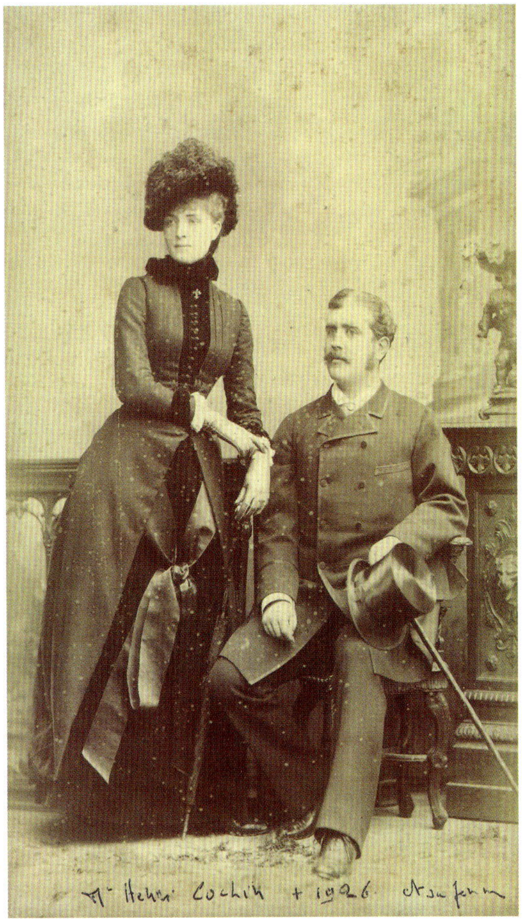

Fig. 14. Henry Cochin et son épouse (Photo Walery), archives Cochin.

meilleurs orateurs de sa génération. Sa correspondance, publiée en 1926 par son second fils Henry, est une importante contribution à l'histoire de son époque[3]. Ainsi il écrivait, sur son lit de mort, une lettre inachevée à Thiers pour lui exposer ses idées sur la monarchie et la république.

Augustin Cochin eut trois fils, Denys, le commanditaire de *La Légende*, Henry et Pierre.

Henry Cochin, frère du commanditaire

Ami d'Ernest Chausson, d'Henry Lerolle, d'Adrien Mithouard – lui aussi homme politique, poète et amateur d'art –, le jeune Maurice Denis entra en relation avec le baron Denys Cochin par les milieux intellectuels du VIIe arrondissement, et probablement par l'intermédiaire de son frère Henry (fig. 14).

Henry Cochin (1854-1926), qui fut député de Dunkerque de 1893 à 1911, était un historien érudit et lettré, spécialiste de la littérature et de l'art italiens du XIIIe au XVe siècle, de Pétrarque, Dante et Boccace. Il était l'auteur d'une traduction de la *Vita Nova*[4], qui sera éditée en 1907 avec des illustrations de Denis[5].

Henry Cochin était, comme Maurice Denis, convaincu de la nécessité d'une rénovation de l'art religieux en France. Il collabora à la revue *L'Occident*. Président de la Société de Saint-Jean, il fut élu membre de l'Académie des inscriptions et Belles-Lettres l'année de son décès, en 1926. Denis fit son portrait sur son lit de mort[6] et publia un article sur son ami[7]. Mme de La Bassetière, fille d'Henry, témoigne de cette véritable fraternité intellectuelle et spirituelle : « Vous avez été une des grandes joies de sa vie – il vous a aimé et admiré comme ami et comme peintre... je me souviens toujours de son angoisse lorsque votre vue était menacée. Il y aurait eu quelque chose de brisé en lui si vous n'aviez plus pu peindre. »[8]

Denys Cochin, le commanditaire

Philosophe, historien, homme politique et savant, futur membre de l'Académie française et futur ministre d'État dans le gouvernement d'Aristide Briand, Denys Cochin (1851-1922) était âgé de 45 ans lors de la commande de *La Légende de saint Hubert* (fig. 15). Il aimait avec passion les arts et singulièrement la peinture. Il confiera à Maurice Denis qu'il aurait préféré être peintre plutôt que politicien[9].

Député du VIIIe arrondissement de Paris de 1893 à 1918, Denys Cochin intervenait en faveur de la recherche scientifique et pour le développement de l'enseignement scientifique et technique[10]. Il s'intéressait aux travaux de Louis Pasteur et de Marie Curie. Maurice Denis rapporte dans son *Journal*[11] une conversation qu'ils avaient échangée, en 1896, à propos de la théorie de l'évolution. Cochin avait publié en 1886 un ouvrage intitulé *L'Évolution de la vie*.

Denys Cochin était considéré comme le porte-parole de la droite libérale et du Vatican, comme l'avait déjà été son père Augustin, qui était l'ami de Mgr Dupanloup, de Lacordaire et Montalembert, et partisan de Pie IX, le pape des réformes sociales et politiques[12]. Catholique libéral, il partageait avec le peintre une admiration profonde pour la pensée sociale de Léon XIII et sa

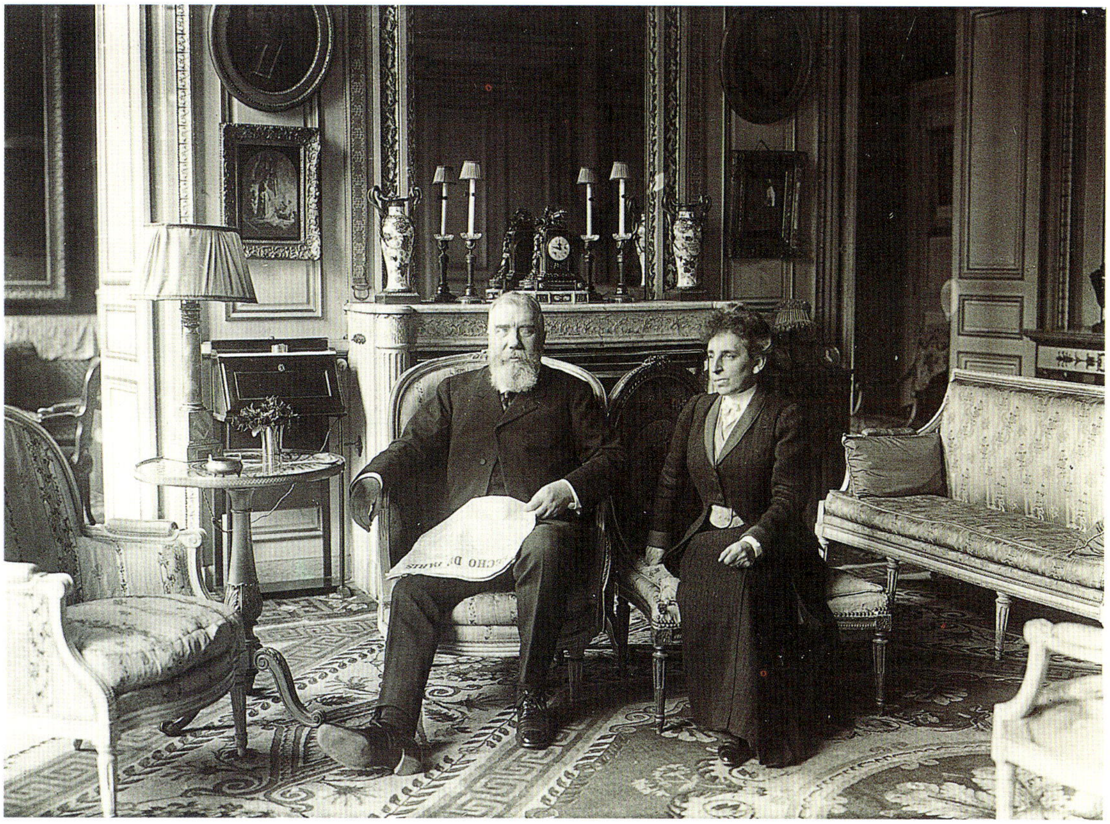

Fig. 15. Denys Cochin et son épouse, archives Cochin.

récente encyclique *Rerum novarum* qui renouvelait la pensée sociale de l'Église, en alliant, pour le progrès, novation et tradition. Denis a souvent parlé de Léon XIII, il a fait son portrait en 1898 sur la *Sedia* à Saint-Pierre de Rome, et il l'a représenté parmi les *Pacifiques* dans les *Béatitudes* de la chapelle du Prieuré en 1925.

Denys Cochin s'était constitué une collection consacrée aux peintres français du XIXe siècle, et contemporains. Il dut s'en défaire en 1919, et le catalogue de la vente cite Corot, Courbet, David, Degas, Delacroix, Goya, Manet, Puvis de Chavannes[13]... Elle résultait du choix personnel d'un véritable amateur de peinture, lequel critiquait vivement ceux qui ne considéraient les tableaux que comme de simples ornements de salon. On ne peut résister à citer une de ses lettres à la comtesse Greffulhe[14] où éclate son amour de l'art, l'attention qu'il portait à l'accrochage, la vivacité de son caractère, et son rythme de vie débordant :

« Acheter des tableaux pour "faire pendant" – comme des pots de fleurs – quel sauvage. Rien n'est délicat comme de placer des tableaux : le sens de la lumière, le voisinage d'un autre, les embellissent ou les tuent. Mais mettre *en pendant* ! Tant de décimètres carrés de toile peinte à droite – autant à gauche ; mon oncle et ma tante ! et de la même dimension ; pas un gros oncle et une petite tante ; ou vice versa ! – Il est digne de posséder des coquillages sous un globe... Mon avis ? Le laisser attendre deux jours : ne pas lui donner le plaisir d'une réponse immédiate. Deux jours le bec dans l'eau. Il le mérite – mardi j'aurai fini d'interpeller Clemenceau et pourrai m'occuper de cette affaire – veuillez laisser jusque-là les tableaux chez Bernheim. »

Dans *Souvenirs d'un marchand de tableaux**, Ambroise Vollard raconte comment Denys Cochin fit un jour dans sa galerie l'acquisition d'un Cézanne. Mais, constatant qu'il n'était pas mis en valeur à l'emplacement prévu, il le rapporta tout de suite à la galerie. Il choisit alors chez Hessel un Renoir, mais le tableau ne convenait pas non plus, et il le rapporta également. Deux heures plus tard, rue de Sèze, il découvrit un Delacroix pour lequel il eut un coup de foudre. Il alla tout de suite montrer son Delacroix à Durand-Ruel, et finalement le troqua chez celui-ci contre un Manet, qui était

*Ambroise Vollard, *Souvenirs d'un marchand de tableaux*, Paris, Albin-Michel, 1937, p. 124 *sq*.

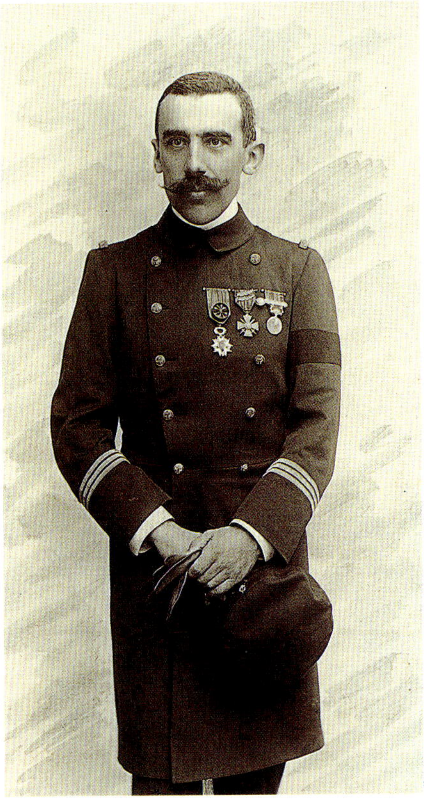

Fig. 16. Jean Cochin (Photo Nadar), archives Cochin.

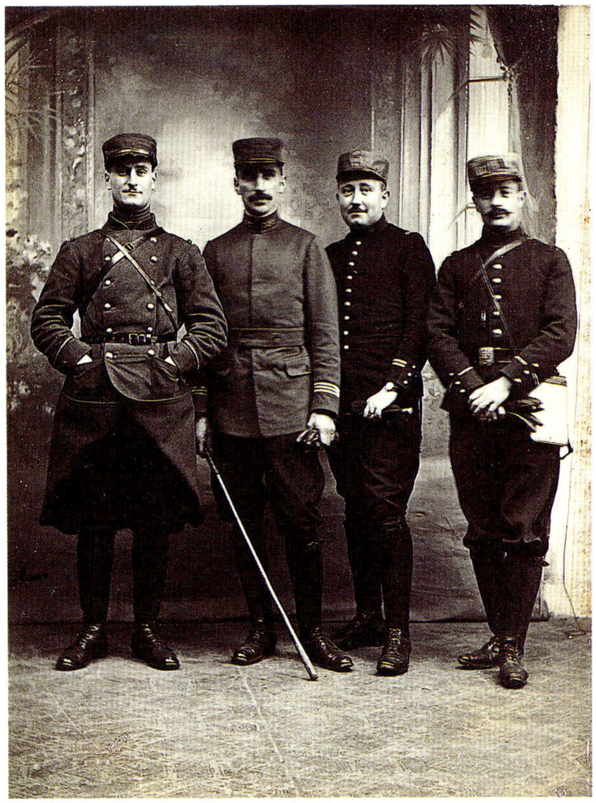

Fig. 17. Jacques Cochin (deuxième à partir de la gauche), archives Cochin.

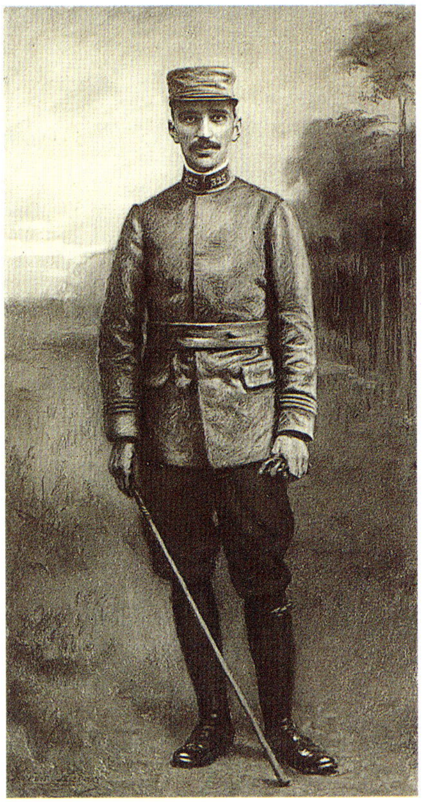

Fig. 18. Augustin Cochin (Photo Nadar), archives Cochin.

« une petite merveille ». Enfin, juste avant la fermeture, pris de remords, il se précipita chez Durand-Ruel pour reprendre le Delacroix.

Les milieux artistiques d'avant-garde faisaient souvent appel à l'expérience « diplomatique » de Denys Cochin. Ainsi André Mellerio écrit à Maurice Denis, vers 1900 : « Les Impressionnistes ne voulaient pas être représentés à l'Exposition. On les y a introduits malgré leurs protestations [...] ils sont vexés 1° d'être exhibés malgré eux 2° (cela est très important) sans qu'on ait pris même avis sur le choix des toiles [...]. On leur proposerait une exposition séparée, où eux-mêmes choisiraient les toiles qu'il leur plaît de montrer. On formerait immédiatement un Comité (Cochin, Durand-Ruel, Rouart, Viau, etc.) » Ou encore René Piot, qui, vers 1907, prie Maurice Denis de demander le concours de Denys Cochin pour essayer de faire accepter à l'École des Beaux-Arts un projet d'exposition Cézanne...

Denis, à vingt-deux ans, eut la fierté de compter Denys Cochin parmi ses premiers acheteurs – dès 1893. Cochin fit assez confiance à ce très jeune peintre pour lui commander peu après un vitrail, puis, en 1895, le décor de son bureau.

Les Cochin de *La Légende*

Le baron avait souhaité que les portraits de ses proches figurent dans la décoration. Le peintre a choisi de les regrouper, autour de Denys, aux deux extrémités de la décoration, avec un rappel dans *Le Défaut*. Sa mère, née Adeline Benoist d'Azy, est pieusement agenouillée dans *L'Arrivée à l'ermitage*, à côté de l'épouse de Denys, née Hélène Péan de Saint-Gilles, qui monte un cheval noir dans *Le Départ*. Ils avaient six enfants, que le peintre a réunis dans le dernier panneau : trois fils aînés, puis trois filles, Françoise, Madeleine et Anne-Marie.

L'heureuse famille, peinte en 1897, fut plus tard cruellement éprouvée par la guerre. L'aîné, Augustin (fig. 18), né en 1876, était un esprit cultivé, d'une grande profondeur, historien et peintre. Son père lui avait installé un atelier à Beauvoir[15]. Il avait notamment publié des études sur les Sociétés de Pensée. Il fut tué le 8 juillet 1916 au calvaire d'Hardécourt. Ses proches le qualifièrent de « héros et de saint ». Le second fils, Jean (fig. 16), brillant officier de marine, (1878-1962), publia en 1916 une émouvante correspondance de guerre de son frère Augustin[16]. Le troisième fils, Jacques (fig. 17), né en 1879, officier lui aussi, fut, dès 1915, victime de la guerre. Denys Cochin, dans cette hécatombe, perdit encore un de ses gendres, et Claude, fils d'Henry, mourut des suites de la guerre peu après l'armistice de 1918.

Jacques laissait une fille et un fils de quelques mois, François Denys. Devenu baron Denys Cochin, c'est ce dernier qui a fait bénéficier le Musée Maurice Denis, à sa création, de généreuses donations de grands vitraux de Denis et de Besnard[17] – par fidélité aux traditions familiales et par amitié pour Dominique Maurice-Denis. Enfin, pour éviter tout risque de démantèlement futur, et selon le vœu de Dominique Denis, il a souhaité que *La Légende de saint Hubert* retrouve le chemin de Saint-Germain-en-Laye, pour le bonheur des visiteurs du musée. Le baron et la baronne Denys Cochin ont toujours réservé un accueil chaleureux à nos investigations dans leurs souvenirs et leurs archives. Qu'ils veuillent bien trouver ici l'expression de notre grande reconnaissance.

Denys Cochin et Maurice Denis

Comme son frère Henry, Denys Cochin, sensible aux qualités de peintre du jeune Denis, et à la profondeur de sa réflexion sur l'art et la vie, décida de soutenir le jeune artiste de vingt-trois ans – et de la façon la plus efficace, c'est-à-dire en le faisant travailler.

Les *Carnets* du peintre indiquent que les Cochin ont possédé une vingtaine de peintures ou dessins de Denis, avec *La Légende de saint Hubert*, et les vitraux[18].

La première commande de Denys Cochin au jeune peintre fut celle d'un vitrail symboliste (fig. 19), destiné à décorer l'unique fenêtre, étroite et haute (3 x 1 m), du bureau où il aimait à s'isoler[19]. L'art du vitrail – destiné non plus aux églises, mais à la décoration profane de maisons particulières – connaissait un renouveau d'intérêt, grâce notamment à Siegfried Bing. Ce marchand d'Art nouveau avait présenté à Paris une technique d'avant-garde venue des États-Unis, celle des verres Tiffany, dont les variations de transparence faisaient jouer la lumière. Bing avait demandé aux jeunes Nabis de lui proposer des maquettes de vitraux (les projets retenus seront réalisés et présentés au Salon

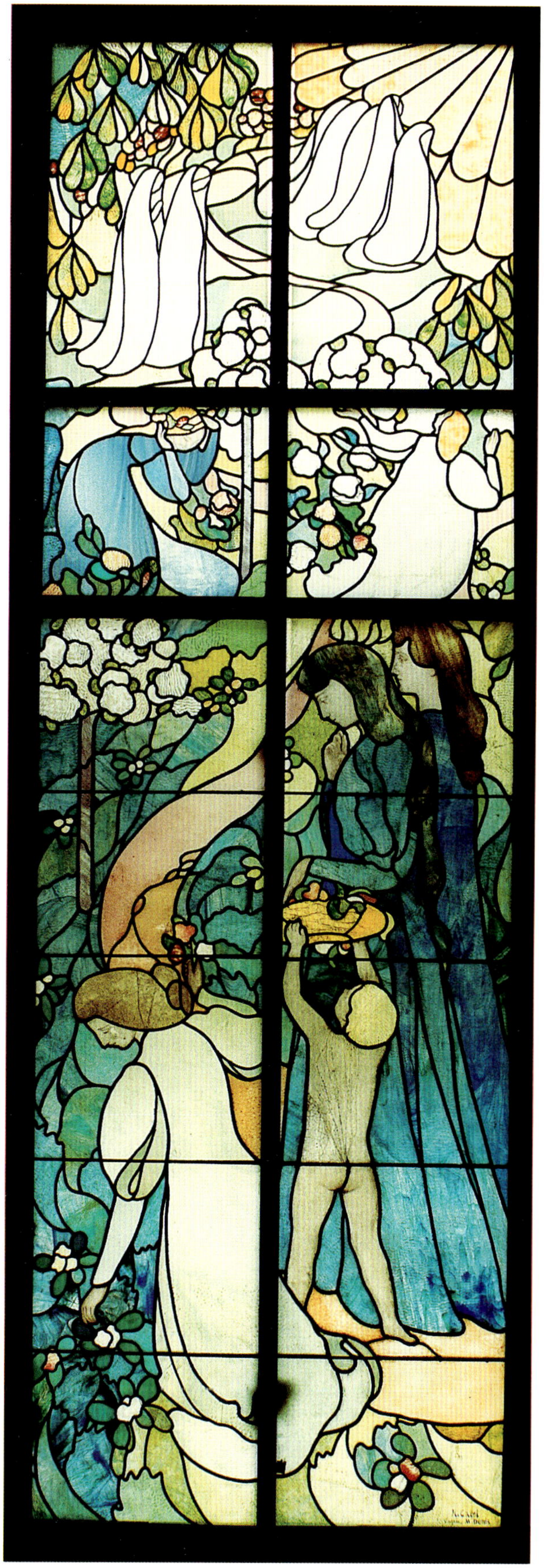

Fig. 19.
Maurice Denis,
Le Chemin de la vie,
1895, vitrail,
Saint-Germain-en-Laye,
Musée départemental
Maurice Denis,
« Le Prieuré »,
donation Denys Cochin.

des Beaux-Arts de 1895)[20]. Denys Cochin, d'abord séduit par cette technique, craignait que l'opacité de ces verres ne vienne assombrir son bureau déjà mal éclairé. Il demanda finalement à Denis de préparer son vitrail avec le verrier Carot, dont la méthode, plus classique, était aussi moins coûteuse. Ce fut le vitrail du *Chemin de la vie*[21].

Le peintre proposa un premier projet que Cochin décrit ainsi : « en haut un souvenir [...] de mes deux premières communiantes [...]. Dans les grandes figures du bas [...] des symboles de la science et de la philosophie qui ont occupé toute ma vie [...]. Les deux enfants nus me déroutent un peu »[22]. Pour le vitrail définitif, Denis ne retint pas l'aspect trop allégorique. Il choisit de faire le portrait des deux filles aînées du commanditaire, dans le paysage symboliste du *Chemin de la vie*. On peut en trouver une interprétation, visiblement inspirée de conversations avec le peintre, dans le commentaire écrit par Julius Meier-Graefe dans *L'Art Décoratif* en 1899[23], sous une reproduction de ce vitrail : « [Il] a été composé à l'occasion de la première communion de deux fillettes, dont les figures sont au premier plan. Elles gravissent un sentier mystique à côté duquel sont symbolisées la forme active et la forme contemplative de la vie spirituelle, et qui conduit au Paradis de robes blanches et de lumière. »

Denis a souvent peint de ces paysages symbolistes, où se développent en images, autour d'un chemin sinueux (ou plus tard dans l'architecture de compositions complexes) les potentialités qui s'offrent aux êtres – là se détermineront les choix et les vocations. Le peintre décida de maintenir le mystérieux enfant nu du premier plan : comment ne pas penser qu'il s'agirait, comme en un *Tombeau de Jean-Paul*, de son fils premier-né (12 octobre 1894–14 février 1895) offrant à l'avenir les prémices de sa jeune vie interrompue[24].

Décorer le bureau de Denys Cochin

Denys Cochin utilisait pratiquement un bureau à chaque étage de son hôtel particulier de la rue de Babylone. Au rez-de-chaussée, il disposait d'un local sans aménagement décoratif, si ce n'est une tenture rouge, bien différent des somptueux salons de réception voisins, garnis de moulures et de dorures. On le trouve désigné tantôt comme « bureau », tantôt comme « fumoir », ou encore « chambre »[25], ou « petit salon »[26]... Cochin l'utilisait comme bibliothèque pour les ouvrages d'usage courant (qui n'avaient pas leur place dans la bibliothèque aux belles reliures), et comme cabinet de travail pour les dossiers en cours. En hiver 1895, une fois le vitrail en place, il demanda à Denis de composer pour son bureau une décoration murale qui corresponde à ses goûts profonds et qui soit à son image : ce sera *La Légende de saint Hubert*, que Denis appellera souvent *La Chasse de saint Hubert*.

Le problème général de composition que Denis avait à résoudre n'était pas simple. Le bureau était un local étroit (de 2,20 m de large sur 5,50 m de long), aux portes basses, et relativement très haut de plafond (environ 4,20 m), éclairé par une unique fenêtre ouvrant dans l'un des petits côtés – et qui portait déjà le vitrail du *Chemin de la vie*. Au peintre d'en faire une pièce moderne, ornée d'un ensemble décoratif animé, aux couleurs vives. Le bas des murs était occupé sur une hauteur de 2 m par des bibliothèques, une cheminée, des meubles nécessaires ; seule la moitié haute des murs était disponible pour la décoration, sur 2,25 m de haut. Il fallait trouver des proportions permettant une utilisation optimale de la place disponible, en donnant l'amplitude nécessaire aux scènes de chevauchée ou de poursuite. Les tout premiers croquis de recherche montrent que Denis avait d'abord pensé recouvrir les murs latéraux d'une composition continue. Mais un tel ensemble n'aurait pas pu entrer dans le champ visuel du spectateur, faute d'un recul suffisant. La solution retenue fut donc de diviser chacun des murs longitudinaux en trois panneaux, le mur central du fond, qui fait face à la fenêtre, recevant, lui, un panneau un peu plus large, celui du *Miracle*, que continue un ciel marouflé sur toute la surface du plafond. Pour élargir la pièce, la profondeur de champ des panneaux est augmentée par l'utilisation de premiers plans sombres opposés à des arrière-plans lumineux, et par une composition « en vallon » avec les horizons très relevés. Les panneaux, posés l'un à côté de l'autre en frise continue, seront maintenus et soutenus par une moulure très simple de bois gris. Au-dessous, la tenture rouge sera remplacée par un tissu beige.

Le seul document qui montre la disposition générale de la pièce est un petit tableau peint par Denis en janvier 1907 : *Mgr Richard dans la chapelle des Cochin* (cat. n° 86). En effet, à la suite de la loi de séparation de l'Église et de l'État du 9 décembre 1905, le cardinal de Paris dut évacuer l'archevêché et s'installa le 17 décembre 1906 au domicile du député Denys Cochin, qui avait mis son hôtel particulier à sa disposition. Le bureau du maître des lieux, orné de *La Légende de saint Hubert*, fut alors transformé pendant quelques mois en chapelle[27]. Cependant, la décoration n'a pas du tout été conçue pour un lieu saint, mais pour répondre à la personnalité de son commanditaire.

Programme

Denys Cochin proposa à l'artiste le thème de saint Hubert, qui impliquait la chasse à courre, dont il était grand amateur (fig. 20), et permettait une représentation symbolique de la quête spirituelle : « Cette tension vers un objet, cet oubli absolu des circonstances environnantes et des obstacles, sont des sentiments qu'on éprouve à la poursuite d'une idée comme à la poursuite d'une bête. Devant un papier blanc et un encrier, devant le feu d'un laboratoire, ou bien encore à la tribune, on est en selle, emporté par sa pensée, dédaigneux des cailloux et des broussailles, chargeant tout droit sur la vérité aperçue »[28]. Il lui suggéra de s'inspirer de deux figures de chasseurs illustres, saint Hubert et le beau Pécopin, le héros dramatique de Victor Hugo.

Denis connaissait bien la forêt pour avoir depuis son enfance fait des croquis dans les sous-bois de Saint-Germain-en-Laye, de Normandie et de Bretagne. « Appliquez-vous à dessiner les arbres. Et faites-les aussi ressemblants que si c'étaient des bonshommes », recommandera le peintre aux « Petits Coloristes »[29]. *La Légende* est une variation symphonique à la gloire de la forêt, enrichie de la symbolique païenne et chrétienne des arbres, les « vivants piliers » du « temple » de Baudelaire, Brocéliande ou Bois Sacré.

Mais le peintre n'était pas cavalier et ignorait tout de la chasse. Denys Cochin l'invitera au château de Beauvoir (par Verneuil-l'Étang, près de Melun), propriété de sa famille depuis 1799. Dans l'église paroissiale de Beauvoir, consacrée à saint Hubert, la fête du saint patron était solennellement célébrée devant les chasseurs en tenue, et les sonneries traditionnelles retentissaient au cours de la messe[30]. Les Cochin participaient aux chasses à courre avec divers équipages, et notamment celui du comte Greffulhe, leur voisin de campagne. Alors que le rouge domine généralement dans les tenues des chasseurs, l'équipage du comte était bleu, couleur que reprendra Denis dans *La Légende*.

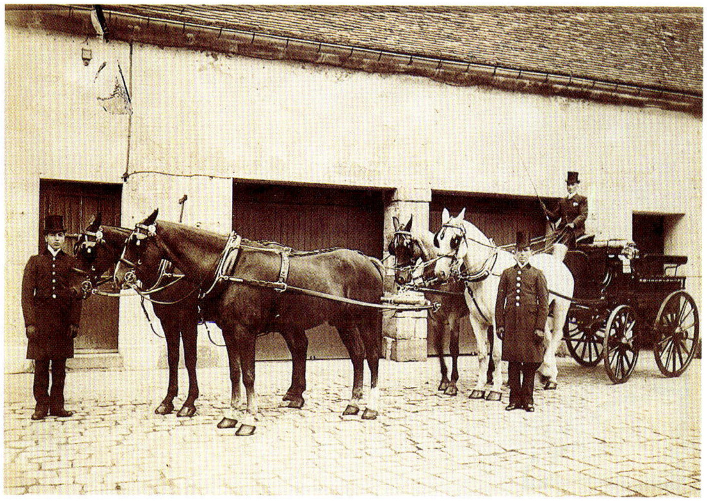

Fig. 20. Le cocher Forget, écuries de Beauvoir, 1905, archives Cochin.

Éléments de chronologie

À la lumière des correspondances et du *Journal* de Maurice Denis, on peut proposer une chronologie pour la réalisation de la décoration.

Denys Cochin s'engage à la fin de 1895[31]. Il invite Maurice Denis à Beauvoir : « Samedi [...] chasse à grand spectacle à Fontainebleau. [...] Mercredi, ce sera en petit comité, dans la forêt de Villefermoy, avec l'équipage de mon voisin le Cte Greffulhe. Le temps est excellent : tout peut être arrêté par la neige. Il faudrait remettre au printemps, et alors les forêts n'ont pas le même aspect. »

Une seconde invitation, envoyée à Denis par Augustin Cochin le 20 janvier [1896][32], confirme le premier séjour à Beauvoir : « si vous vouliez recommencer notre expédition des vacances du jour de l'an ».

Le 24 octobre 1896, Denis évoque *Saint Hubert* dans son *Journal*[33] : « Pour la Chasse, se rappeler l'étang de Villefermoy le soir. » Suivent des indications descriptives et sonores si précises qu'on est amené à penser qu'il aurait récemment assisté à une autre chasse avec les Cochin.

En janvier 1897, le *Journal*[34] évoque une nouvelle visite à Beauvoir et une nouvelle chasse : « le brillant des fers, des ceintures, des boutons [...] Usage des broussailles de chêne avec feuilles mortes jaunes ». Durant ce séjour, Denis précise : « Lu à Beauvoir, Saint-Simon : la mort du roi ; le Baiser de Banville, La Forêt mouillée, Fantasio, les expériences du Comte de Rochas. » De Beauvoir, il ira à Fontainebleau voir les chasses d'Oudry et des tapisseries sur le même motif. Il cherche « un recueil d'airs de cors de chasse avec les paroles ».

On ne sait pas avec précision quand et où (à Beauvoir ? rue de Babylone ?) Denis fera les portraits de la famille Cochin datés de 1897. Denis rapportera, à la fin de 1941, un souvenir de cette période heureuse : « Madeleine Cochin posait pour moi à cheval dans l'écurie de Beauvoir, tandis que son père, pour ne pas perdre le temps de ses études, lui expliquait sa leçon de Virgile. »[35] Barrot le piqueur, lui, viendra poser à Paris et Denis emportera quelques jours ses habits de chasse à Saint-Germain.

« Commencé à peindre la Chasse le 28 mai », indique le *Journal* de 1897[36].

Denis est à Perros en août 1897. Ses panneaux enfin terminés, il peut partir à la mi-novembre pour un long séjour italien, à Fiesole chez les Chausson, puis à Rome où il échangera avec André Gide de longues conversations théoriques et esthétiques. Pendant ce temps, Denys Cochin a veillé à la mise en place des panneaux. « Vos peintures font merveille chez mon frère. », lui écrit Henry Cochin le 21 octobre 1897[37]. Denys précisera : « Je n'ai montré presqu'à personne votre St Hubert, suivant vos recommandations. »[38] Cependant, Joseph Durand-Ruel verra la décoration en janvier[39], Paul Signac en avril[40].

Le 6 février 1898, le peintre écrit de Rome à Denys Cochin[41] : « Je serai à Paris dans les premiers jours de Mars, où je me remettrai tout de suite à St Hubert. Comme je serais ravi de trouver toutes placées et encadrées mes toiles ! J'ai hâte d'en voir l'effet définitif. Avez-vous remarqué que le miracle de St Pierre délivré de la prison est exprimé par Raphaël comme mon St Hubert, si parva licet[42]..., par un contraste entre deux lumières, la surnaturelle et l'autre ? »

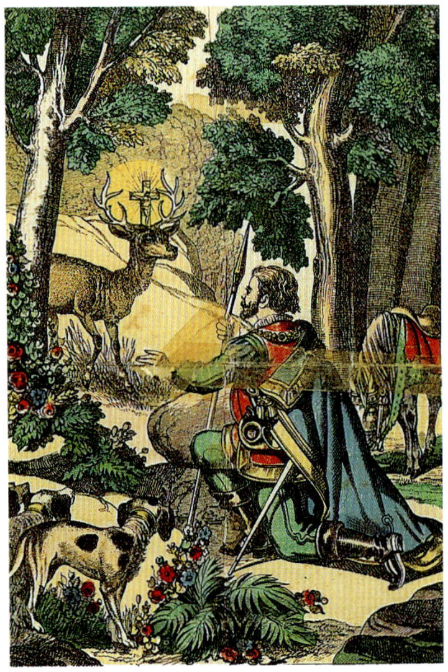

Fig. 21. Saint Hubert, image d'Épinal n° 2042, qui appartenait à Maurice Denis : la bordure portait un cantique populaire.

Vraisemblablement, Denis ne réalisa ou ne termina le plafond qu'une fois la série des panneaux mise en place. Une lettre d'Augustin Cochin (non datée)[43] indique : « Mon père a dû partir ce matin dès l'aube [...] et il n'a pu vous écrire lui-même, mais il m'a chargé de vous dire tout de suite à quel point il est ravi de votre plafond [...] on ne pouvait rien concevoir de plus joli que ces six anges qui se répondent au ciel et sur la terre. » Les panneaux sont déjà en place avec les trois anges du *Miracle ;* le plafond et ses trois anges viennent d'y être ajoutés, et la lettre daterait du printemps 1898.

En juin 1898, Cochin organisera une inauguration de *La Légende de saint Hubert*[44].

Le beau métier

À l'époque où il compose la décoration de *Saint Hubert*, Denis vit une période d'intense activité : il réalise des œuvres très variées, tableaux de chevalet, plafonds, illustrations de livres, articles, entraîné par « l'insatiable besoin de produire que donne la fièvre de Paris »[45]. À vingt-cinq ans, il a conscience d'aborder la maturité. La perte de son petit garçon, et toutes les remises en question qui l'ont accompagnée, comptent certainement beaucoup dans cette évolution – mais encore davantage l'approfondissement de sa réflexion sur son métier et l'art de son époque : « L'Art reste le refuge certain, l'espoir d'une raison dans la vie d'ici-bas. »[46] Il traverse des crises de doute, et prie pour avoir du courage[47]. En même temps il constate la réussite qui vient, l'accueil favorable des milieux artistiques d'avant-garde et des amateurs, la réalité de ses capacités de création. De plus en plus fortement, il affirme sa volonté de construire une œuvre, et précise son idéal d'art, « l'équilibre des fonctions, la santé morale, le *beau métier* »[48].

Sa méditation constante sur l'art, nourrie d'échanges passionnés avec ses amis, et tout spécialement avec Vuillard et Gide, est éclairée par la fréquentation des œuvres des grands maîtres, et vivifiée par l'expérience de sa pratique quotidienne. Il se conforte dans la certitude que, pour créer, pour « finir », il faut savoir choisir et vouloir – et le mot « métier » revient : « La multitude des motifs que la nature nous fournit [...] nous empêche d'attacher notre attention au métier réfléchi. Avec cette habitude de situer un état d'âme dans un spectacle, tout [...] devient expressif, c'est-à-dire sujet de tableau. Tous les soirs, quand je sors fatigué pour prendre l'air, je vois plus de tableaux qu'il n'en faudrait pour une année de travail. »[49]

À peine terminés les panneaux de *La Légende*, il aspire à se ressourcer en Italie : « Pour moi, j'en ai tout à fait besoin, Je suis très fatigué de mes panneaux de chasse, et de plus en plus préoccupé de m'instruire, de connaître mieux mon métier. »[50] Approfondir un savoir-faire artisanal et technique, certes ; mais surtout mieux saisir comment les œuvres qui comptent ont été pensées, construites, développées, peintes. Le grand travail qu'il a mené avec *Saint Hubert* lui a permis de se poser des questions fondamentales sur la création artistique, et de mettre au point des méthodes qu'il conservera en fait toute sa vie.

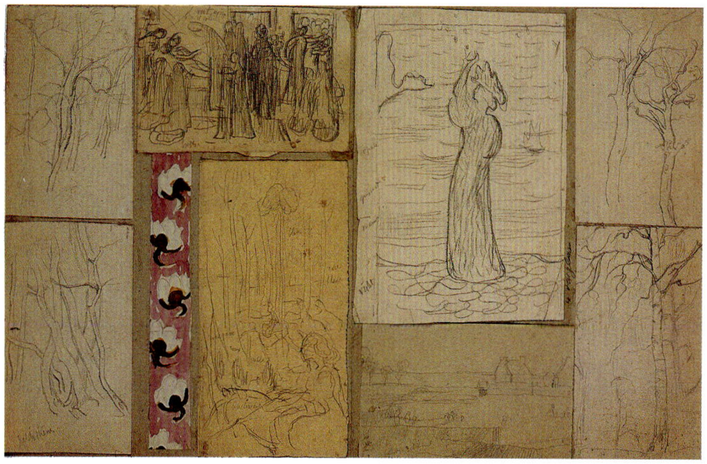

Fig. 22. *La Jongleuse*, feuille de croquis collés, cat. n° 52.

Une préparation longue et approfondie

En octobre 1896, alors qu'il est tout occupé du projet de *Saint Hubert*, Denis note dans son *Journal*[51] : « Vuillard remarque que je n'aime pas me fatiguer en travaillant : en effet, mon travail préparé, je souhaite le faire facilement, quitte à retoucher après. » On peut mieux suivre les différents aspects de cette « préparation » – que le peintre juge si nécessaire – en examinant les étapes de la réalisation de *La Légende*.

Les thèmes proposés par Denys Cochin pouvaient donner lieu à cent interprétations. Denis se plonge aux sources littéraires et picturales, rêve aux imbrications et aux significations possibles. Au-delà du parcours des Cochin, de la révélation d'Hubert, de l'égarement de Pécopin, bien au-delà d'un message familial, moral ou religieux, l'artiste cherche une expression picturale, qui atteigne profondément le spectateur, et d'abord par des moyens plastiques[52]. Il faut trouver une organisation des panneaux qui rende l'ensemble compréhensible, mais pas didactique, pour que le spectateur s'implique dans la recherche ; l'idée passe par la sensation ; et par le plaisir de l'œil, l'émotion de l'âme. Denis insistera sur l'importance de ne pas aller trop vite, de prendre le temps de se poser les questions, « nécessité de digérer »[53].

Parallèlement, l'artiste se fait technicien, observant le lieu à décorer, ses contraintes, les proportions difficiles de la pièce. Peu à peu les solutions se précisent. Il prend le parti de couvrir en une composition unique les trois murs et le plafond, et fixe ce projet dans un premier dessin (cat. n° 1). Denis emploie le terme de « première idée » pour désigner ces petits croquis rapides, succincts, mais qui disent l'essentiel – et on observe en général que l'œuvre définitive leur reste très fidèle.

Le peintre a souhaité assister à quelques chasses, pour entrer dans le jeu et recueillir informations et émotions. Il rapportera de ses séjours à Beauvoir des croquis et des premières études.

Les croquis, pris sur le vif, sont tracés d'une main rapide, de premier jet. Denis utilise des petits carnets glissés dans une poche, ou des feuilles volantes de dimensions diverses, de toute nature, parfois un dos d'enveloppe, un carton d'invitation ou un faire-part – comme si l'urgence de l'idée ou l'évidence de la sensation poussaient l'artiste à les noter tout de suite sur le premier papier venu. Ce sont de petits dessins à la mine de plomb – parfois rehaussés de couleurs, gouache, crayons, pastel. De temps en temps, Denis regroupe certains dessins sur des feuilles plus grandes, les « feuilles de croquis collés », si intéressantes pour étudier son œuvre, si émouvantes par ce collage maladroit et comme la fraîche enfance de ces œuvres en devenir. Ainsi la page intitulée *La Jongleuse* (cat. n° 52, fig. 22) du nom du motif principal, et qui comporte plusieurs études pour *Saint Hubert*.

Pour Denis, le dessin est rarement une fin en soi : ses croquis sont déjà de futurs tableaux. Souvent, ils sont accompagnés de notes, qu'on sent destinées non pas au souvenir, mais au projet de peinture. Dans les carnets de Beauvoir, on peut lire, par exemple :

- « Peindre en couleur claire verdâtre avec des

ombres vertes/il faut un dessin fait de près très serré. »

- « Les feuilles auront le même dessin partout et seront dessinées/il ne faut pas craindre d'imiter les primitifs »
- « Soleil de 3 heures puis crépuscule »
- « C'est le soir, des gens qui prient »
- « Des branches mortes avec des taches vert clair »

Denis parlera de sa « vision impressionniste »[54], de « sténographie »[55]. Mais pas question d'un reportage réaliste. Le mot « nature » revient souvent sous sa plume ; elle est source de vie et d'inspiration ; mais, pour l'artiste symboliste, l'art ne consiste pas à copier la nature, à « faire bêtement ce qu'on voit »[56]. « Le sujet, l'original, c'est l'âme du peintre. La peinture serait une vanité si elle n'avait de but que l'imitation. »[57] Il précisera encore : « L'art n'est plus une sensation seulement visuelle que nous recueillons, une photographie, si raffinée soit-elle, de la nature. Non, c'est une création de notre esprit, dont la nature n'est que l'occasion. »[58]

Avec ses croquis sur le réel, Denis réunit tout un vocabulaire de formes, de notations colorées, d'effets, d'idées, en vue de la synthèse future. Il ne s'agit pas de « puériles recherches d'exactitude », mais de « moyens d'enrichir [l'] imagination »[59].

Primauté de la couleur

Parallèlement aux croquis, de petites esquisses, très tôt peintes, expriment la première émotion d'art – comme si la peinture était le vecteur magique, le « talisman » de la « transfiguration », qui donnera naissance à l'œuvre. Ainsi *Le Cerf au nez des chiens* (cat. n° 34), petite ébauche colorée, qui dit tout. C'est à partir de telles esquisses que l'artiste opère le choix des gammes de couleurs qu'il emploiera pour les tableaux définitifs. Ce choix se veut préalable à la réalisation, afin de concilier la vérité de l'idée et de l'émotion avec le rôle ornemental du décor mural. Il faut « soumettre chaque tableau à un seul rythme, à une dominante, sacrifier, subordonner – généraliser. »[60]

Denis vérifie et confirme ses choix de composition et ses gammes en réalisant de grandes esquisses peintes à la colle (comme le n° 36 pour le thème du *Bien-aller*). Le peintre, au début de 1897, écrit qu'il pense avoir réussi à « transformer complètement [...] la première série d'émotions qui a donné naissance aux idées des grandes esquisses. »[61]

Prêt à passer à la réalisation définitive, l'artiste se préoccupe maintenant du traitement des détails : « [l']effort ne doit pas porter seulement sur la totalité du tableau, sur l'arrangement général, le jeu des taches, la distribution, etc., mais sur chaque partie afin qu'il n'y ait pas de place perdue ou inemployée pour l'émotion »[62]. La difficulté est de transformer « la série de sensations complémentaires », de « savoir les faire entrer dans le ton des grandes esquisses, ne pas les y plaquer. »[63]

Le peintre va préparer de grands « dessins d'exécution », aux dimensions exactes des panneaux futurs. Ces tracés très précis sont destinés à être transférés sur la toile, souvent avec des « calques de report ». Pour les établir, Denis procède à toute une série d'études de détail. Ce ne sont plus les croquis rapides du début, mais des dessins calmes, des portraits – comme ceux de la famille Cochin pour *La Chasse* – des recherches de vêtements, d'attitudes, d'après modèles. « Difficulté, pas seulement pour les formes des chevaux, etc., mais pour les arbres, feuilles mortes, etc. [...] ; mauvaise mémoire des formes, la nécessité où je suis de prendre des croquis. »[64] Il reprend ses premiers carnets, il cherche, il compose. Il dessine avec une précision extrême, utilisera des « mises au carreau » pour agrandir certains dessins, notamment pour les portraits.

Parallèlement, il décide de ses techniques de peinture. Ainsi, il note : « Pour *Le Défaut*, il faut se tenir dans les tons très effacés de la petite esquisse. Il faudra gratter au couteau et reprendre avec de l'essence ? Qu'il n'y ait pas d'intervalle entre les chevaux, les arbres et le terrain. Rapprocher les blancs du terrain, comme c'est même dans l'esquisse à la colle. Laisser de l'importance au ruisseau. Les premiers plans sont dans l'ombre. »[65]

« Commencé à peindre la Chasse »

C'est alors seulement que débute la peinture définitive : « Commencé à peindre la Chasse le 28 mai. »[66]

Il aura terminé à la mi-novembre, après l'interruption d'un séjour d'été à Perros. Il aura consacré un an et demi à la préparation, et moins de cinq mois pour peindre les sept panneaux.

Les choix très clairs de l'artiste, structurés dans une construction simple aux cadrages vigoureux, donnent à l'œuvre son unité et sa force expressive et décorative. Les sept panneaux constituent plastiquement un ensemble qui se lit de gauche à droite. Chacun des trois murs est rythmé par un large tronc central et par une sonnerie de cor. La ligne générale de composition est accompagnée par la variation des couleurs du ciel et de la lumière, selon les heures de la journée et l'évolution spirituelle. Pour relier les panneaux, le peintre utilise des lignes continuées, des effets de couleurs, des cadrages, des échos, qui facilitent le passage du regard et de l'émotion.

À gauche, *Le Départ, Le Lâcher des chiens* et *Le Bien-aller* s'inscrivent dans une trajectoire ascendante de couleurs chaudes, qui mène au *Miracle* : c'est la montée vers Dieu, vers la révélation qui illumine saint Hubert. À droite, on voit la chasse à courre suivre une courbe descendante traitée en teintes froides. Le trait plonge dans la profondeur du ravin, image du sombre destin du beau Pécopin. Mais le clair ermitage domine, refuge du paradis, et sa porte lumineuse est la seule tache chaude dans ce paysage lunaire. « De la toile elle-même, surface plane enduite de couleurs, jaillit l'émotion, amère ou consolante. »[67]

Dérouler la « chaîne » complète de la création

Nul mieux que Michel Laclotte n'a analysé la richesse du Musée Maurice Denis, au moment de sa création au Prieuré, en 1980[68] :

« Il s'agit là d'un fonds complet, dense et divers, seulement comparable par l'abondance des ressources qu'il offre pour la connaissance d'un artiste, à ce qu'on trouve à Albi pour Lautrec, à Montauban pour Ingres, rue de La Rochefoucauld pour Gustave Moreau, à l'hôtel Biron et à Meudon pour Rodin, et bientôt à l'hôtel Salé pour Picasso. Un tel musée retiendra le visiteur par les pièces maîtresses et déjà célèbres, mais aussi par la découverte progressive de toute une œuvre plus secrète, éclairant à travers dessins, gouaches, cartons, maquettes ou esquisses peintes, le travail d'élaboration des compositions les plus mûries et des décorations religieuses ou profanes les plus complexes, ainsi que des livres illustrés. [...] Dans plusieurs cas, [...] il sera possible de dérouler la « chaîne » complète de la création, de la première esquisse à la réalisation finale. Inutile d'insister sur l'intérêt de telles démonstrations pour l'analyse des méthodes de travail de l'artiste ; non sans souligner pourtant que ces présentations renouvelées, au-delà de leurs mérites didactiques, permettront surtout de livrer au pur plaisir de l'amateur une foule de dessins, cartons poussés ou prestes croquis, de *bozzetti*, de pochades, où s'affirment la fraîcheur inventive, de prime saut, de Maurice Denis, la sûreté de son trait, tour à tour allusif ou largement synthétique, sa sensibilité picturale, intacte dans l'esquisse jusqu'aux dernières années. »

Pourrait-on terminer[69] sans adresser à saint Hubert la prière imprimée sous une image d'Épinal (fig. 21) qui appartenait à Denis : « Saint Hubert, patron des Ardennes, qui avez eu l'avantage de voir l'image d'un Dieu crucifié entre les bois d'un cerf, nous vous supplions de nous préserver par vos mérites de tous dangers, de rage, du malin esprit, fièvres, tonnerre et autres malheurs. Priez pour nous, ô grand saint Hubert ! afin qu'il plaise à Dieu nous octroyer un jour la grâce de vous voir dans le ciel ! Ainsi soit-il. »

Marianne Barbey

Notes

1. *Le VIIe à la Belle Époque*, catalogue d'exposition, 1979, p. 138.

2. La tradition familiale veut que l'aîné de la famille porte le prénom d'Augustin une génération sur deux, alternant avec celui de Denys.

3. On trouve bien des renseignements sur la famille Cochin dans l'ouvrage d'Henry Cochin, *Augustin Cochin (1823-1872), ses lettres et sa vie*, Paris, Bloud et Gay, 1926 (sur le rôle politique d'Augustin, voir t. II, p. 113 *sq.*). Bernadette Denis a donné au Musée Maurice Denis un exemplaire de l'ouvrage dédicacé par H. Cochin : « À mon ami, Maurice Denis ».

4. Lettre d'Henry Cochin à Maurice Denis, Musée Maurice Denis, (n° 16).

5. *Vita Nova*, texte de Dante Alighieri, traduit par Henry Cochin, illustrations par Maurice Denis (frontispice, 35 vignettes, 84 lettres ornées), gravées sur bois en couleurs par Jacques, Camille et Georges Beltrand. Ouvrage réalisé sous la direction de Gabriel Thomas, édité à Paris en 1907 par le Livre contemporain, Imprimerie Nationale.

6. *Portrait de M. Henry Cochin mort*, pastel sur carton, 45 x 50 cm, signé et daté en bas à droite : « MAVRICE DENIS 11 Xbre 1926. »

7. Maurice Denis, 1927, « Henri Cochin, 1854-1926 », *Notes d'art et d'archéologie*, janvier, p. 1-2.

8. Lettre de Mme Cochin-Bassetière à Maurice Denis, 6 juillet 1927, Musée Maurice Denis, (n° 29).

9. Lettre de Denys Cochin à Maurice Denis, Musée Maurice Denis, (n° 17).

10. *Le VIIe à la Belle Époque*, catalogue d'exposition, 1979, p. 138.

11. Maurice Denis, *Journal*, t. I, p. 115.

12. Henry Cochin, *Augustin Cochin (1823-1872), ses lettres et sa vie*, Paris, Bloud et Gay, 1926, t. I, p. 21-23.

13. Catalogue de la vente de la collection de Denys Cochin, 26 mars 1919, Paris, galerie Petit.

14. Nous remercions Claude d'Anthenaise de nous avoir communiqué cette lettre de Denys Cochin à la comtesse Greffulhe (sans date, Archives BN). On ne sait malheureusement pas qui est le « sauvage » dont il parle.

15. Lettre de Denys Cochin à Maurice Denis, Musée Maurice Denis, (n° 15). Sur Beauvoir, voir p. 21.

16. Jean Cochin, *Quelques lettres d'Augustin Cochin*, extrait du *Correspondant* (10 novembre 1916), Paris, 1916, Louis de Soye.

17. Il s'agit de quatre vitraux de Denis (*Le Chemin de la vie* de 1895, les trois fenêtres de *La Présentation au Temple à Florence* de 1899) et de trois vitraux de Besnard, *La Vie animale*, 1895.

18. Extraits des *Carnets* de Maurice Denis :
(œuvres acquises ou reçues par la famille Cochin)
1893 (500 francs) : *Légende de Chevalerie*, Denys Cochin
1894 (150 francs) : *Visitation en bleu*, Denys Cochin
1895 (-) : *Vue d'Assise*, Denys Cochin
1895 (-) : *Copie de l'Angelico*, Denys Cochin
1895 (900 francs) : *Vitrail et carton* [*Le Chemin de la vie*], Denys Cochin
1895 (-) : *Dessins de têtes*, Denys Cochin
1896 (50 francs) : *Peinture* (forêt), Henry Cochin
1897 (-) : *Copie Fra Angelico*, Denys Cochin
1897 (200 francs) : *Vue de Toulouse*, Denys Cochin
1897 (9.000 francs) : *Saint Hubert*, Denys Cochin
1899 (700 francs) : *Annonciation à Fiesole*, Denys Cochin
1899 (100 francs) : *Charité de Puvis de Chavannes* (esquisse), Denys Cochin
1899 : *Vitraux* [*Présentation au Temple à Florence*], Péan de Saint-Gilles [mère de la baronne Denys Cochin]
1904 (250) : *Via Ricasoli*, Denys Cochin
1905 (-) : *Copie de Piero della Francesca*, Denys Cochin
1911 (-) : *Procession*, Mme de La Bassetière [fille d'Henry Cochin] [cadeau de mariage]
1918 (-) : *Trois dessins d'après l'enfant de Claude Cochin* [fils d'Henry Cochin]
1918 (-) : *Dessin de saint Paul*, Henry Cochin
1922 (-) : *D. Cochin sur son lit de mort*, peinture et deux dessins, baronne Cochin
1927 (-) : *Portrait de M. Henry Cochin mort*, Mme Henry Cochin

19. Lettres de Denys Cochin à Maurice Denis, Musée Maurice Denis, (n° 1 à 8).

20. Voir note à la lettre de Denys Cochin à Maurice Denis, Musée Maurice Denis, (n° 2).

21. *Le Chemin de la vie*, 1895, vitrail, 305 x 100 cm, signé et daté en bas à droite : « MAVD 95. H. Carot d'après Maurice Denis ». (Donation du baron Denys Cochin au Musée Maurice Denis, 1980, PMD 980.28.1). Une lettre de Denis à Vuillard (*Journal*, t. I, p. 112, 18 août 1895) indique que le vitrail n'est pas terminé, mais qu'il est en bonne voie).

22. Lettre de Denys Cochin à Maurice Denis, Musée Maurice Denis, (n° 3).

23. Julius Meier-Graefe, « M. Maurice Denis », *L'Art Décoratif*, n° 5, février 1899, p. 204-205, reproduction p. 230 (édit. allemande et édit. française).

24. Maurice Denis, *Journal*, t. I, p. 111 (24 mars 1895) : « Mais les joies de mon petit garçon, mais qu'il soit réellement mort, et qu'il faille absolument le croire vivant d'une vie inimaginable [...]. L'Art reste le refuge certain [...] inscrire dans la merveilleuse beauté des fleurs, de la lumière [...] notre pauvre et lamentable vie de souffrance, d'espoir et de pensée. »

25. Lettre de Denys Cochin à Maurice Denis, Musée Maurice Denis, (n° 17).

26. Lettre de Maurice Denis à Denys Cochin, San Domenico de Fiesole, [nov., déc. 1897], (archives Cochin) : « Moi aussi, je revois souvent, en pensée, le St Hubert du petit salon. Bien qu'assez humilié par l'énorme supériorité des maîtres florentins, je prends ici de nouveaux motifs de m'y remettre et d'en faire quelque chose de mieux. »

27. Maurice Denis assista à la messe célébrée par Mgr Richard devant ses peintures, le 4 janvier : « Messe de sept heures à la chapelle du Cardinal, chez Denys Cochin. Cette messe, dans l'intimité de cette petite pièce, dite par ce grand vieillard, au-dessous de mes peintures d'il y a déjà dix ans, j'en éprouve une grande émotion. Parti de Saint-Germain à la nuit, au clair de lune, je vois se lever le jour sur les maisons de la rue Barbet de Jouy ; et l'éclairage de la chapelle m'apparaît d'autant plus mystique et clandestin, comme si c'était la messe aux Catacombes ! » (*Journal*, t. II, p. 50)
La messe de Mgr Richard fit la couverture illustrée de *L'Illustration* du 5 janvier 1907.
Denys Cochin et sa famille, qui avaient trouvé refuge dans leur propriété de Beauvoir près de Melun, réussirent non sans mal à récupérer leur domicile, quand le cardinal Richard fut accueilli dans la maison des Dames de Saint-François de Sales, rue de Bourgogne, où il mourut le 28 janvier 1908, âgé de quatre-vingt neuf ans.

28. Lettre de Denys Cochin à Maurice Denis, musée Maurice Denis, (n° 9).

29. Maurice Denis, *Premiers paysages*, 1911.

30. André Barrault, « Le Culte de saint Hubert à Beauvoir », *Bulletin de la Société d'Histoire et d'Art du Diocèse de Meaux*, n° 5, 1954.

31. Lettre de Denys Cochin à Maurice Denis, Musée Maurice Denis, (n° 9).

32. Lettre d'Augustin Cochin à Maurice Denis, Musée Maurice Denis, (n° 10).

33. Maurice Denis, *Journal*, t. I, p. 115-116.

34. Maurice Denis, *Journal*, t. I, p. 117-118.

35. Maurice Denis, *Journal*, t. III, p. 230 : « Mme de Bourmont [née Madeleine Cochin] vient causer avec nous. C'est une consolation pour moi qui, à mes débuts, ai été si amicalement reçu à Beauvoir, de retrouver, à la fin de ma carrière, l'amitié et presque l'intimité, dans le malheur, de cette si honorable, si méritoire famille Cochin. [Mme de Bourmont] est absolument dans les mêmes idées que Lisbeth et moi : critique l'armistice et le rôle de Pétain. »

36. Maurice Denis, *Journal*, t. I, p. 119.

37. Lettre d'Henry Cochin à Maurice Denis, Musée Maurice Denis, (n° 16).

38. Lettre de Denys Cochin à Maurice Denis, Musée Maurice Denis, (n° 17).

39. Lettre d'André Mellerio à Maurice Denis, 30 janvier 1898, Musée Maurice Denis.

40. Rewald, « Extraits du *Journal inédit de Paul Signac* », *Gazette des Beaux-Arts*, avril 1952, p. 280.

41. Lettre de Maurice Denis à Denys Cochin (archives familiales).

42. S'il est permis de comparer les petites choses [aux grandes].

43. Lettre d'Augustin Cochin à Maurice Denis, Musée Maurice Denis, (n° 18).

44. A. Fontainas, « Art Moderne », *Le Mercure de France*, n° 102, juin 1898, p. 890-891.

45. Lettre de Maurice Denis à Mme Ernest Chausson, 10 octobre 1897, *Journal*, t. I, p. 123.

46. Maurice Denis, 24 mars 1895, *Journal*, t. I, p. 111.

47. Maurice Denis, août 1897, *Journal*, t. I, p. 119.

48. Id.

49. Maurice Denis, septembre 1897, *Journal*, t. I, p. 120.

50. Lettre de Maurice Denis à Mme Ernest Chausson, 10 octobre 1897, *Journal*, t. I, p. 123.

51. Maurice Denis, 24 octobre 1896, *Journal*, t. I, p. 116.

52. C'est tout le débat sur le « sujet » et les « déformations » nécessaires, si important dans l'évolution de l'art de cette époque – et dans lequel Denis a pris une position d'avant-garde.

53. Maurice Denis, 6 février 1898, *Journal*, t. I, p. 130.

54. Maurice Denis, *Journal*, t. III, p. 214.

55. Maurice Denis, « Les Arts à Rome, ou la méthode classique », *Le Spectateur catholique*, t. IV, 1898, repris dans *Théories* et dans *Le Ciel et l'Arcadie*, p. 66.

56. Maurice Denis, « Définition du néo-traditionnisme », *Art et critique*, 1890, repris dans *Théories* et dans *Le Ciel et l'Arcadie*, p. 9.

57. Maurice Denis, *Journal*, t. II, p. 24.

58. Maurice Denis, « De Gauguin et de Van Gogh au classicisme », *L'Occident*, mai 1909, repris dans *Théories* et dans *Le Ciel et l'Arcadie*, p.162.

59. Maurice Denis, « Préface de la IXe exposition des Peintres impressionnistes et symbolistes », 1895, repris dans *Théories* et dans *Le Ciel et l'Arcadie*, p. 29.

60. Maurice Denis, « Cézanne », *L'Occident*, septembre 1907, repris dans *Théories* et dans *Le Ciel et l'Arcadie*, p. 147.

61. Maurice Denis, *Journal*, t. I, p. 117.

62. Maurice Denis, *Journal*, t. I, p. 131.

63. Maurice Denis, *Journal*, t. I, p. 117.

64. Id

65. Maurice Denis, *Journal*, t. I, p. 118.

66. Maurice Denis, *Journal*, t. I, p. 119.

67. Maurice Denis, « Définition du néo-traditionnisme », *Art et critique*, 1890, repris dans *Théories* et dans *Le Ciel et l'Arcadie*, p. 17.

68. Michel Laclotte, préface du premier catalogue du musée Maurice Denis « Le Prieuré », octobre 1980, p. 7-8.

69. J'exprime ma gratitude à Claire Denis pour son soutien au cours de mes recherches sur Maurice Denis, et son aide pour l'établissement de cet article.

L'expérience de *La Légende*

« Pour s'attacher à une œuvre, il faut avoir en vue autre chose que l'expression de soi. »
(Denis, *Journal*, septembre 1897)

Ensemble décoratif majeur dans l'œuvre du peintre comme dans le mouvement pictural de son époque, mais œuvre singulière, vue à de rares occasions jusqu'à présent, encore peu étudiée et mal connue[1], *La Légende de saint Hubert* de Maurice Denis demande d'abord, pour qu'on puisse en apprécier pleinement l'intérêt et la valeur, à être replacée dans un contexte large, qui en complète et en explique pour une bonne part le sens.

Le contexte

Commandée au cours de l'hiver 1895[2], longuement préparée pendant l'année 1896 et une partie de 1897, comme en attestent les nombreux dessins et les notes du *Journal*, finalement mise en chantier en mai 1897, et achevée en octobre de la même année, avec beaucoup de fatigue et de difficultés[3], *La Légende* s'inscrit très exactement entre l'année qui marque la clôture de la première phase du mouvement nabi (1895) et celle qui amorce le « tournant classique » de Denis, médité et élaboré devant les Raphaël de Rome, en compagnie d'André Gide (janvier-février 1898)[4].

La clôture des premières années nabies est signalée de façon particulièrement nette par le bilan que dresse Denis dans sa préface à la « IXe exposition des Peintres impressionnistes et symbolistes » qui réunit le groupe à la galerie Le Barc de Boutteville au printemps 1895[5]. Dans ce texte qui réaffirme d'abord la condamnation de l'art académique et la prédominance souhaitable de l'organisation des formes sur la prise en considération des sujets, Denis indique aussi une orientation future différente pour les Nabis. Et c'est là-dessus que la préface conclut : « Ils ne donnent que des instants de leur pensée. Attendons la maturité. Ils donneront un jour des œuvres réfléchies où toute leur âme d'homme – toute la vie – sera contenue et exprimée »[6]. En février 1898, le *Journal*, puis les lettres à Édouard Vuillard, reprennent ce programme annoncé, en jugeant plus sévèrement les années passées. Denis y propose, à l'exemple des maîtres nouvellement admirés, une réaction au gaspillage antérieur des émotions et des sensations, et donne les éléments « d'une méthode pour échapper à l'empirisme et à l'impressionnisme », comme écrit le *Journal* : grandes œuvres, en nombre plus restreint, et plus ambitieuses, retour au « style », effort volontariste pour échapper à l'égoïsme autant qu'à la dispersion de la subjectivité et du plaisir individuels : « que l'agrément, en effet, ne suffit pas. Ce qui constitue l'œuvre d'art, ce n'est pas le goût de l'artiste, c'est son effort de volonté, la part de vie, et aussi la part de sa vie qu'il y met »[7].

Ce grand tournant du début de l'année 1898 a été en fait amorcé dans le *Journal* au cours de l'année 1897, pendant l'exécution même de *La Légende*, qui en donne en quelque sorte le contrepoint plastique : à la fois terrain d'expérimentation et, pour les difficultés et les soucis qu'elle entraîne, motif principal peut-être même de cette remise en cause[8]. En témoigne à nouveau le *Journal,* en février 1898, tirant les leçons de cette expérience rendue difficile par les errements du passé : « [...] la sensibilité toujours plus exercée et plus mobile, devient plus exigeante, plus vorace [...], l'œil mange la tête. On se retrouve incapable d'une œuvre trop longue, il en naît une fatigue comme pour un exercice trop fort (mes panneaux) »[9].

En s'inscrivant exactement aussi entre les deux premiers voyages italiens (printemps 1895 et hiver 1897-1898), avec leur constellation de références différentes, ces panneaux ont donc permis, non sans souffrances, d'avancer la date de l'infléchissement d'orientation annoncé au printemps 1895 : à la fin de cette même année, la commande de Denys Cochin venait pour ainsi dire à la rencontre de cette aspiration alors imprécisément formulée. Deux ans plus tard, leur achèvement marquera le passage à un moment différent.

Dans la carrière de Denis enfin, la gestation de *La Légende* voit la parution d'un grand effort de réflexion théorique, de type nouveau lui aussi, avec la publication, en octobre 1896, des longues *Notes sur la peinture religieuse*[10], suscitées notamment par un renforcement de foi consécutif à la mort prématurée de son premier fils, en février 1895 – quelques mois avant la commande de Cochin. L'un de leurs deux objectifs (l'autre étant de renouveler la condamnation de la décadence naturaliste) est de démontrer, qu'au-delà de la particularité des sujets, toute peinture digne de ce nom est par essence symboliste, donc chrétienne : aussi bien chez Nicolas Poussin que chez Eugène Delacroix, qui refusent également la subordination aux seules données du visible. La volonté et la capacité de « manifester » un contenu en sont le gage suffisant : « la matière est devenue expressive, et la chair s'est faite le verbe »[11]. Sans renier en rien la priorité donnée à la forme dans l'article fondateur de 1890 (« Tous les grands peintres [...] ont substitué à la nature un aspect de leur imagination, c'est-à-dire le signe d'une idée : ce n'est point par le sujet qu'ils émeuvent, mais par l'œuvre elle-même, telle qu'ils l'ont peinte »[12]), ce texte incline donc à revaloriser, sinon les sujets, du moins ces « contenus ». Autrement dit encore, le « message » de l'œuvre, dont témoigne sa forme : aux origines de la peinture chrétienne proprement dite, l'auréole, « rayonnement visible de l'abstrait, de l'immortel, de l'absolu », en donne un exemple simple, mais particulièrement frappant. Il y a là aussi une position d'attente, que la commande et l'exécution de *La Légende*, au moment même où Denis réfléchit sur la mise en œuvre de ces propositions, viennent comme combler : les auréoles centrales du panneau du *Miracle* en sont, précisément, l'un des indices visibles.

L'époque pendant laquelle s'amorce ainsi ce grand virage de « l'après nabisme » est par ailleurs rien moins qu'étrangère aux thèmes que l'on vient d'évoquer. Ouvert aux données du monde contemporain, Denis, qui pose aussi clairement le problème de la fonction sociale de l'art dans ses *Notes sur la peinture religieuse,* est alors le témoin d'un mouvement majeur sur ce terrain avec le développement et les suites de l'encyclique *Rerum novarum* (15 mai 1891) de Léon XIII, dont il s'est toujours, comme Cochin, déclaré partisan.

Condamnation renouvelée du socialisme, critique des excès du capitalisme – pour les deux formes opposées et semblables du matérialisme : cette prise de position, qui est aussi celle de la droite libérale, convenait à la propre position, ouverte et « conciliante » dès lors que rien n'est cédé sur le dogme, du Denis du milieu des années 1890 – au demeurant inaltérable « catholique romain » –, en attendant la radicalisation monarchiste qu'entraîneront plus tard les déchaînements de l'anticléricalisme. Publiée quelques mois après qu'il a rédigé ces lignes, l'encyclique venait combler les vœux de celui qui constatait dans son *Journal*, en septembre 1890, le resserrement de tous les liens « entre les théories d'Art, chaleureusement défendues, la philosophie jusqu'à ce jour satisfaisante, le rêve de justice sociale, entr'aperçu dès ma prime jeunesse, et la Foi immortelle, suprême raison de tout effort »[13]... Entre 1896 et 1898, après les tentatives difficiles pour imposer « l'esprit nouveau »[14] en faveur du ralliement de l'Église à la République (encyclique *Au milieu des sollicitudes*, en 1892), et après la brève réaction radicale du ministère Léon Bourgeois en 1895, le ministère Jules Méline paraît justement parvenir à faire triompher cette politique nouvelle, contre les extrêmes, et pour le plus grand bénéfice de l'Église (retour tacitement admis des congrégations, réouvertures des couvents et des écoles libres...) : saint Hubert devient, en effet, d'actualité.

Déjà engagée dans les faits (depuis la condamnation du capitaine Dreyfus en décembre 1894), l'affaire Dreyfus ne se développe alors que souterrainement : elle n'éclate véritablement qu'en janvier 1898, avec l'acquittement d'Esterhazy et le *J'accuse* d'Émile Zola. À cette date, Denis est à Rome, juste après l'achèvement de *La Légende*, et il se félicite en effet de n'avoir pas à être mêlé au tumulte, « à la contagion de nervosité et d'emballement qui agite Paris en ce moment », comme il écrit à Vuillard le 15 février[15]. En provoquant une rupture brutale, l'Affaire entraînera précisément l'échec de « l'esprit nouveau » et le retour à une radicalisation des positions, en même temps qu'elle provoquera une scission idéologique au sein du groupe nabi, malgré le maintien du réseau d'amitiés. L'Affaire, pour laquelle Denis se rangera donc du côté d'Edgar Degas, d'Auguste Renoir, de Pierre Puvis de Chavannes, d'Auguste Rodin..., ne cessera par la suite de courir en filigrane dans la pensée, sinon dans l'œuvre, mais transposée métaphoriquement sur les plans psychologique, philosophique, et esthétique : « [...] j'y vois aussi opposition entre les nerveux, les rêveurs, et d'autre part les esprits très équilibrés, et pratiques », comme écrit encore le *Journal* à Noël 1898[16].

Pendant les années 1895-1898, Denis aura donc commencé à vivre dans son œuvre, et dans la réflexion théorique qui l'accompagne, la division qui se prépare simultanément, à l'occasion du nouage de l'Affaire, dans la politique et dans les esprits. Sans qu'on puisse imaginer un lien de causalité directe, le curieux partage du cortège de la chasse de saint Hubert entre le groupe des cavaliers qui arrivent jusqu'à l'ermitage salvateur, dans le dernier panneau, et ceux qui sont entraînés dans la chasse infernale (cat. n° 64) du précédent, et persistent (*persevere diabolicum*...) dans l'angle inférieur gauche du dernier, prend ainsi une autre résonance. De même qu'il y a amorce de réaction à la dispersion de l'excessive sensibilité nabie, obstinément maintenue par Vuillard – qui recevra les admonestations du début de l'année 1898, mais dont l'esthétique est déjà condamnée pendant l'exécution même de *La Légende* (septembre 1897 : « Vuillard, en voulant noter tout, ne finit rien »[17]) –, de même il y a ici préfiguration d'un choix philosophique et politique fondamental qui va bien au-delà du seul romantisme à la Hugo ou à la Bürger de la *Légende du beau Pécopin*, suggérée à Denis, pour l'introduction de cette chasse infernale, par le baron Cochin.

À plusieurs titres donc, la demande du commanditaire, lui-même philosophe, historien et homme politique, ne peut que satisfaire aux vœux du peintre. D'autant qu'elle se fait cette fois sur un programme qui ne relève plus de la seule sphère privée, à la différence du vitrail antérieur du *Chemin de la vie* (fig. 23) déjà dessiné par Denis pour le même bureau du baron Cochin[18], mais qu'elle se présente comme une incitation à l'action, et à l'action publique, fût-elle soutenue de surcroît, et finalement sanctionnée, par l'inspiration religieuse.

Le Chemin de la vie en effet, mis au point avant l'été 1895, s'il répond au souhait de Cochin en faisant place à ses deux filles, s'adresse aussi, et peut-être d'abord, à Denis lui-même, en réponse à la mort de son enfant au mois de février précédent. Et cette aspiration vers la lumière consolatrice placée en son sommet s'y fait au terme d'un cheminement arabesque qui regarde aussi vers le bas, et vers le passé. Vers le carton des *Femmes au ruisseau* très précisément (1894), et à travers lui, la partition du « Menuet de la princesse Madeleine » dans *Marthe au piano* (1891) (fig. 23), dont le schéma et les motifs sont très voisins. L'esprit est ainsi proche de celui des panneaux de la frise pour la « chambre » de Siegfried Bing exposée en décembre 1895 à la galerie de l'Art nouveau de ce dernier, et toute tissée d'une

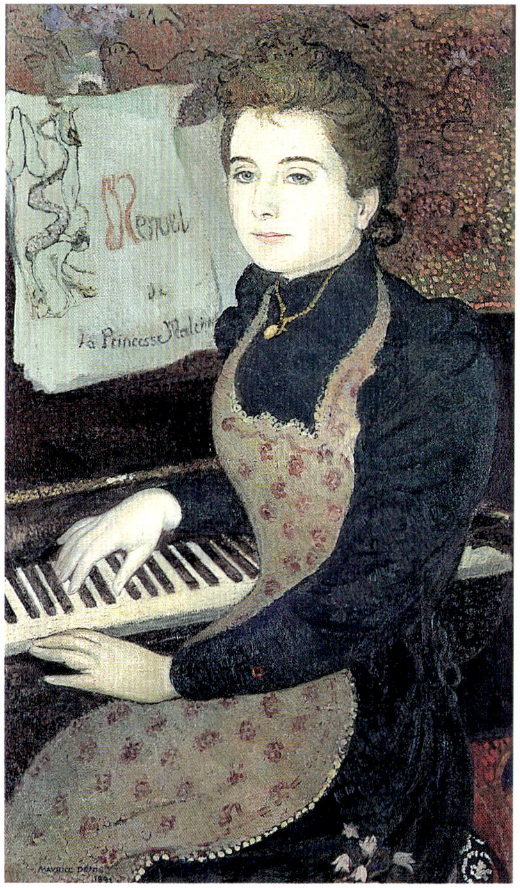

Fig. 23. Maurice Denis, *Le Menuet de la princesse Madeleine* ou *Marthe au piano*, 1891, Paris, musée d'Orsay.

thématique purement personnelle. « Rêve exquis », comme dira Cochin lui-même de son vitrail : le qualificatif ne saurait assurément s'appliquer au panneau du *Miracle* qui va venir lui faire face et en reçoit son éclairage, témoignant au contraire, dans sa lumière du soir opposée à cette brillante aurore, d'une somptueuse gravité. À la « chambre » de Denis pour Bing s'oppose maintenant le « bureau » pour Cochin, qui cette fois est le premier à proposer son propre programme, approuvé ensuite par le peintre. Et face à la verticalité contemplative du vitrail, c'est dans l'horizontalité que celui-ci développera l'action dynamique de ses panneaux.

C'est en effet ce qu'on retiendra de la lettre programmatique initiale du baron Cochin, après qu'elle a fait état de l'« intérêt » de Denis pour « *mon* idée de saint Hubert » (c'est nous qui soulignons) : « J'aime cette légende et elle me représente beaucoup de choses. [...] Mais le tableau n'est pas tout ; et j'aime, comme vous le symbole. Et je vois là plus qu'un symbole : un même état d'esprit, dans des situations et en vue d'entreprises bien différentes. Cette tension vers un objet, cet oubli absolu des circonstances environnantes, et des obstacles, sont des sentiments qu'on éprouve à la poursuite d'une idée comme à la poursuite d'une bête. Devant un papier blanc et un encrier, devant le feu d'un laboratoire ; ou bien encore à la tribune, on est comme en selle, emporté par sa pensée, dédaigneux des cailloux et des broussailles, chargeant tout droit sur la vérité aperçue. Et alors se présente l'histoire de saint Hubert. Dans nos poursuites diverses, au moment où nous y songeons le moins quelquefois (la vie des saints le raconte, mais cela arrive à tout le monde et à tout propos), au milieu de la guerre ou des plaisirs, une pensée religieuse nous arrête tout court : la croix lumineuse a paru entre les bois d'un cerf, et le chasseur tombe à genoux. »[19]

Ce qui apparaît ainsi comme une belle parabole relativise, s'il était besoin, l'anecdote même de la chasse – pour un Denis qui n'était pas chasseur, et ne montait pas à cheval. « Plus qu'un symbole », « un même état d'esprit », « la poursuite d'une idée », « la vérité aperçue », et finalement la récompense après l'effort, la grâce de l'accord avec la pensée divine : autant de données en revanche dont on peut faire la transposition immédiate sur les plans philosophique, esthétique, mais politique aussi bien, dans le sens le plus large, de ce moment de la carrière du peintre, et dans le contexte qu'on vient d'évoquer. Si les « entreprises » de Denis et de Cochin sont en effet « bien différentes », l'esprit qui les anime, à cette date, est bien de même nature.

Avec ce programme ainsi explicitement tourné

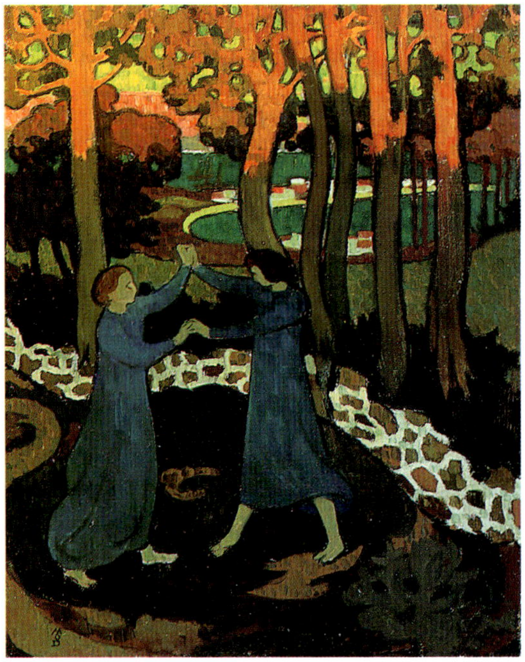

Fig. 24. Maurice Denis, *La Lutte de Jacob et de l'ange*, vers 1893, coll. Josefowitz.

vers l'action, et le monde extérieur, Denis tient le projet qu'il espérait au sortir de la crise de doute du début de l'année 1895 (« Il faut vivre pour agir ; au moins pour manifester la part de vérité qui revient à chacun de nous »[20]) : le moyen de dépasser l'expression égoïste de soi, qui apparaît maintenant comme la principale limite de la démarche nabie initiale, et celui de retrouver en revanche la haute tradition de la peinture « symboliste-chrétienne » analysée dans les *Notes sur la peinture religieuse* de 1896. Contexte, support (le décor mural), sujet – sous la forme de la parabole, qui est plus qu'un symbole –, avec pour le peintre, la tâche difficile d'avoir à affirmer la présence d'un « contenu » en trouvant la forme qui puisse adéquatement le manifester.

Pour toutes ces raisons, *La Légende* peut être considérée comme une œuvre très voulue, volontariste même, dont les conditions de réalisation expliquent à la fois les difficultés et la longueur d'exécution, comme cette impression première de distance, sinon de froideur qu'elle peut donner, qui tranche avec l'immédiateté et la chaleur de contact des œuvres précédentes. Le décor a quelque chose à dire, mais qui n'est pas d'abord du peintre, ou sur le peintre, et pas non plus seulement sur lui-même (le principe du décor, son organisation formelle), même si la conception du décor est évidemment aussi en jeu. Il assume prioritairement une responsabilité morale, philosophique, politique – qui élève naturellement bien au-dessus des considérations ordinaires sur la volonté du « tout décoratif », ou du seul désir de retour au mur « à décorer » des Nabis.

Le contenu

Ce contenu inclut pourtant aussi l'évocation du peintre et de sa compagne, qui figurent l'un et l'autre dans l'œuvre. Déplacée asymétriquement, elle ne se fait pourtant pas non plus dans toute la franchise d'une marge ou d'un panneau extrême, mais immédiatement à la droite de celui du *Miracle* (cat. n° 38) : proche de lui, mais dans la scène du *Défaut* (cat. n° 50) – ce moment où la chasse paraît ne pas aboutir, ou plutôt reste dans l'incertitude de son aboutissement – : espoir de la grâce d'un côté, et de l'autre, comme on l'a bien remarqué[21], dans la situation de doute, parfois douloureux, qui caractérise souvent Denis, et qui est, avant la « révélation » romaine du début de 1898, la marque principale de ce moment de transition. Avec le peintre en observateur, de surcroît, et non comme chasseur ou cavalier – rôle généreusement confié à Marthe, qui, à ce titre sera plus sûrement sauvée. Ce doute culmine en effet dans une page presque angoissée du *Journal*, en août 1897, peu après que la réalisation de *La Légende* a vraiment commencé (28 mai) : « Je veux un but qui en vaille la peine. [...] Le dilettantisme m'a conduit là, je le sens, parce que je suis né pour quelque chose de mieux. Donnez-moi courage, volonté, santé, mon Dieu, pour oublier le soir et le matin, et compter seulement par les travaux que je fais ; pour ne pas désirer la distraction, mais agir... »[22]

Le premier contenu du décor, au-delà, ou en deçà du programme suscité par Cochin, est bien d'abord celui-là : c'est la « lutte de Jacob » (fig. 24) du peintre pour triompher d'une sensiblité trop aiguë, et chercher à affirmer les valeurs de sa force, cette « plénitude » espérée. Vu sous cet angle, le décor perd ce qui pourrait paraître sa relative froideur, pour témoigner, assez pathétiquement aussi, de l'écartèlement entre la nécessité d'afficher des certitudes (*Le Miracle*) et la crainte de l'échec, des rebuffades de la volonté ou des égarements de la raison (*La Chasse infernale*), entre lesquels le peintre s'est précisément placé.

Le salut ne peut donc venir que de Dieu, et de la religion, qui sont bien en effet le second contenu de l'œuvre.

La force de cet engagement, comme le sérieux de l'enjeu, ne peuvent être mis en doute : il n'y a pas dans *La Légende* sujet de convention, mais bien renouvellement du « pari » pascalien, qui seul peut permettre de survivre, après le moment de désespoir profond qui a suivi, en février 1895, la mort de l'enfant. Et c'est bien en effet un credo réaffirmé avant le début de l'entreprise le 24 mars 1895, et renouvelé au cours de sa préparation en juillet-août 1896 : « Je m'attache fortement à l'idée que la religion catholique au point de vue de l'évolution, est la seule possible et qu'il ne peut en venir une autre. »[23] On en aura la confirmation, s'il était besoin, au moment de l'affaire du *Martyre de saint Sébastien*, en 1911, et de la visite de Gabriele D'Annunzio dans l'hôtel de la rue de Babylone, qui donne l'occasion à Denis de réaffirmer sa différence d'avec cette autre « légende » de saint, traitée par le poète italien : « Différence profonde : c'est que j'y crois ; c'est que ce n'est pas un raffinement de culture, mais une question de vie et de mort. »[24]

Le placement de l'épisode du miracle (cat. n° 38) au centre des panneaux, avec sa double illumination : celle du soleil qui nous est masqué, et celle de la croix entre les bois du cerf ; son effet d'abside donné par l'enfoncement de la rive de l'étang et la courbure de la frondaison qui la surmonte[25] – dans une sorte de scénographie baroque que complète le groupe du plan intermédiaire : saint Hubert face au cerf ; la trinité des trois sonneurs auréolés enfin, comme un motif de tabernacle, qui renvoie à ceux du plafond (cat. n° 85), et projette donc vers le ciel cette seule partie centrale du cycle : tout cela suffit à résumer sa signification essentielle, pour ce qui est vraiment le cœur de l'œuvre, malgré les problèmes que posait ce parti pour la distribution du reste de l'iconographie[26].

Reste enfin qu'il s'agit d'une commande, et non d'un travail à usage personnel, et que la personne même du commanditaire en fait une œuvre d'une portée éminemment sociale, avec la valeur de manifeste qu'on a dite : du *Chemin de la vie* (le vitrail, en 1895) à la conduite de la vie et à la responsabilité qu'elle implique (les pan-

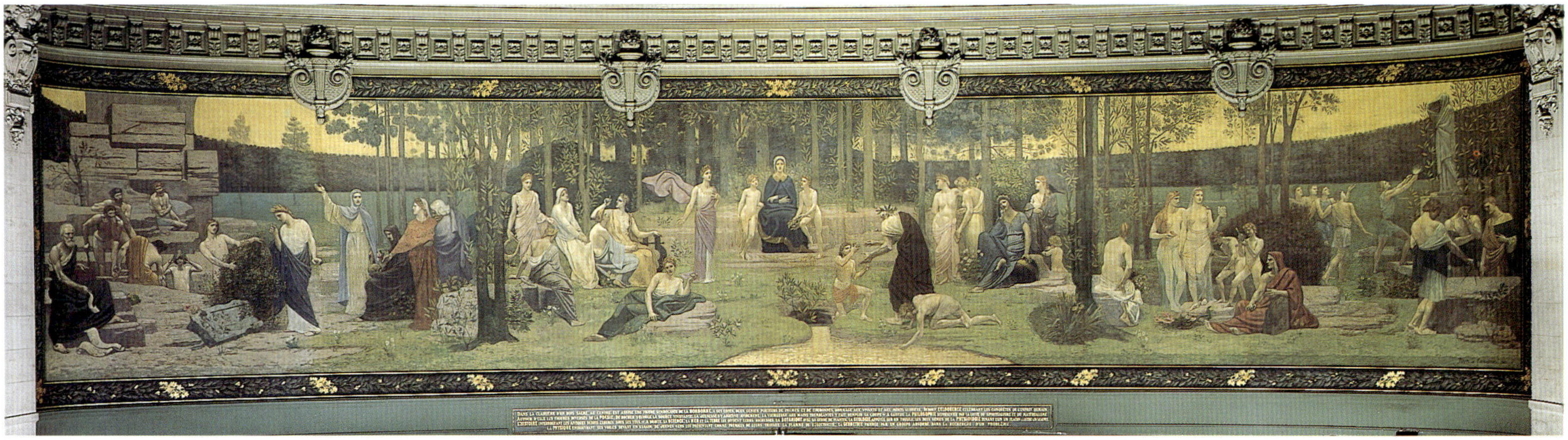

Fig. 25. Pierre Puvis de Chavannes, *Grand Amphithéâtre. Le Bois sacré,*
(Figures allégoriques de la Sorbonne, l'Éloquence, la Poésie, la Philosophie, l'Histoire, la Botanique, la Géologie, la Physique et la Géométrie), 1887-1889,
peinture murale, Paris, Sorbonne.

neaux de 1897), en passant par le moment de réflexion théorique qui aide à préciser cette mission première de la peinture (les *Notes sur la peinture religieuse* de 1896). Et c'est le troisième point.

En attendant la crispation qu'entraînera l'arrivée au grand jour de l'affaire Dreyfus, explicitant l'erreur des « mauvais » chasseurs, et le sort qui leur est destiné, la conjonction, ou l'homologie, qui est affirmée à cette occasion entre grand capitalisme libéral et force du pouvoir spirituel de l'Église, se formule, de façon particulièrement explicite, dans la conclusion du dernier panneau, avec cette figure de l'évêque (cat. n° 70) placé à la porte de l'ermitage : Augustin Cochin, père de Denys – entre autres lourdes fonctions et responsabilités, administrateur de la Compagnie des chemins de fer d'Orléans –, son fils recevant simultanément l'auréole dorée – seule couleur chaude du panneau – que lui fait l'ouverture illuminée de la chapelle, venant encadrer exactement sa tête.

Denis, qui reste proche de la famille Cochin, retrouvera, à la fin de sa vie, une situation comparable, dans un contexte beaucoup plus dramatique qui donne un éclairage plus cru, mais plus explicite encore, à cette prise de position. En 1941, c'est Mme Jean Cochin qui vient lui apporter consolation à Saint-Germain-en-Laye, occasion d'évoquer, « dans le malheur », le secours de « cette si honorable, si méritoire famille Cochin », et les conditions d'exécution de *La Légende*, plus de quarante ans auparavant. La baronne Cochin « critique l'armistice et le rôle de Pétain. Elle tient tête courageusement dans ses relations avec les vainqueurs, au profit des œuvres charitables auxquelles elle a consacré sa fortune et sa vie »[27]. Denis non plus n'a pas varié : restant encore, à ce moment qui voit fléchir plus d'une vertu, aux côtés des bons chasseurs.

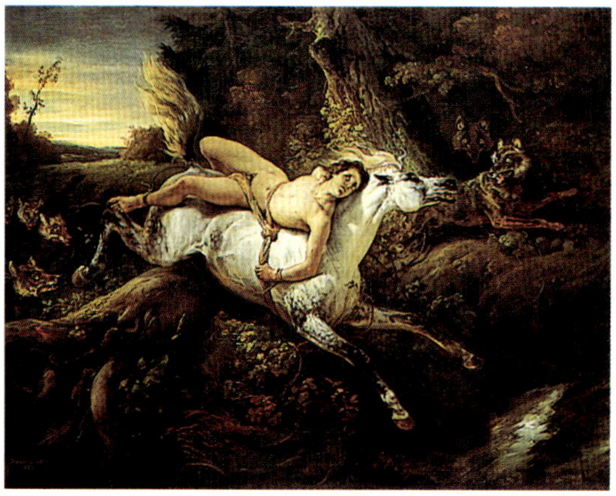

Fig. 26. Horace Vernet, *Mazeppa (et les loups),* 1826,
Avignon, musée Calvet.

L'enveloppe

Revenir au décor mural, mais dans une optique différente de celle de la première période nabie, c'est naturellement revenir à Puvis, l'une des toutes premières admirations du peintre depuis la visite éblouie de l'exposition de 1887 chez Durand-Ruel. En ce moment d'interrogation plus anxieuse, ce n'est plus pourtant la « composition sage, grande éthérée » et l'« impression douce et mystérieuse »[28] qui peuvent retenir. Mais Puvis trouve une autre actualité : en mars 1895, la préface à l'exposition Armand Séguin chez Le Barc de Boutteville[29] vient de mettre en avant « le plus logique des peintres », « d'autant plus expressif qu'il est plus ornemental », prenant ainsi appui sur lui pour formuler, pour la première fois aussi clairement, la nécessité de l'équilibre entre la « déformation subjective » (« en vue de plus de sincérité ») et la « déformation objective » (pour se conformer « aux lois éternelles du décor ») – un recours majeur donc, pour réagir à la dispersion nabie, aux « recherches plus sentimentales, aux procédés plus raffinés » de la période immédiatement antérieure, comme l'écrit encore Denis.

Les arbres du *Bois sacré*, ceux de la *Vie de sainte Geneviève* au Panthéon, ceux encore des peintures de la Sorbonne (fig. 25), des décors d'Amiens et de Rouen ont essaimé à l'évidence dans la forêt de *La Légende*. Mais ce qu'il y a de quête impatiente, et plus encore l'emportement du *Bien-aller* et de *La Chasse infernale,* n'en proviennent pas, qu'il faudrait chercher chez Delacroix, ou dans le *Mazeppa* de Vernet (fig. 26).

De fait, la recherche d'autres modèles et références, qu'énumère partiellement le *Journal*[30], se fait dans un champ dont la largeur, voire le désordre, ne laisse pas d'inquiéter à son tour, si on la complète de surcroît par des rapprochements qui paraissent s'imposer : de Primatice – pour les décors de Fontainebleau – à Jean-Baptiste Oudry (fig. 27) – pour les chiens bien sûr (ceux de *La Chasse au chevreuil* du musée des Beaux-Arts de Rouen, pour *Le Bien-aller* tout particulièrement, sans compter les tableaux pour les tapisseries des *Chasses royales de Louis XV*) –, en passant par Bernard Van Orley, avec la référence difficile à éviter des *Chasses de Maximilien* (les mois de mars et d'avril pour *Le Lâcher des chiens,* celui d'août

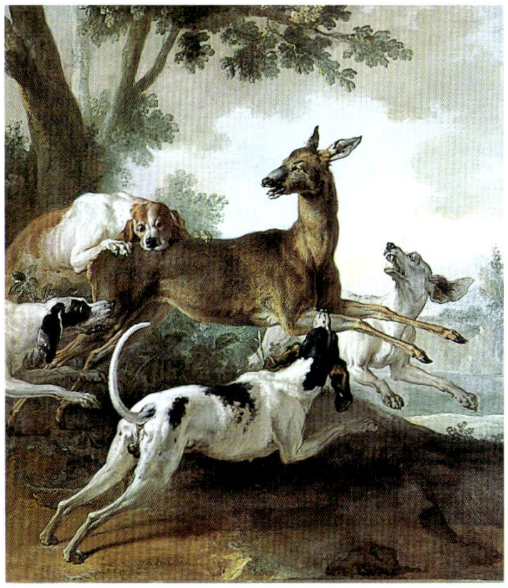

Fig. 27. Jean-Baptiste Oudry, *La Chasse au chevreuil,* 1725, Rouen, musée des Beaux-Arts.

[fig. 28] pour *Le Bien-aller*...), dont une partie des pièces a été regardée à Fontainebleau. Et bien d'autres noms resteraient à inventorier, de celui de Paolo Ucello (pour les chevaux de la *Bataille de San Romano* du Louvre, mais plus encore la célèbre *Chasse* [fig. 29], justement, de l'Ashmolean Museum d'Oxford, dont le cavalier du *Lâcher des chiens,* devant un alignement d'arbres lui aussi comparable, donne comme la citation inversée de la figure de droite), à Delacroix (les chevaux de *Faust et Méphisto dans la nuit du Sabbat* (fig. 30) pour *La Chasse infernale,* le cheval blanc de *La Bataille de Taillebourg* dans *Le Départ*) ou Horace

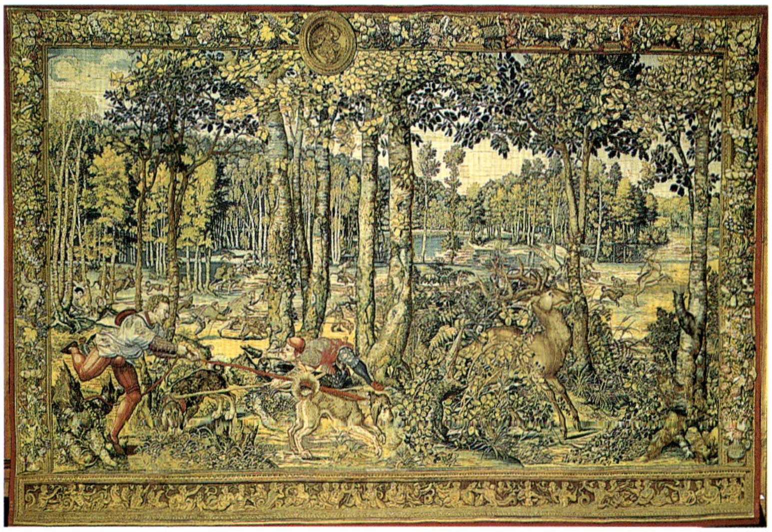

Fig. 28. *Chasses de Maximilien* d'après des cartons de Van Orley, Août – Vierge, tapisserie, Flandres, Bruxelles, vers 1530, Paris, musée du Louvre.

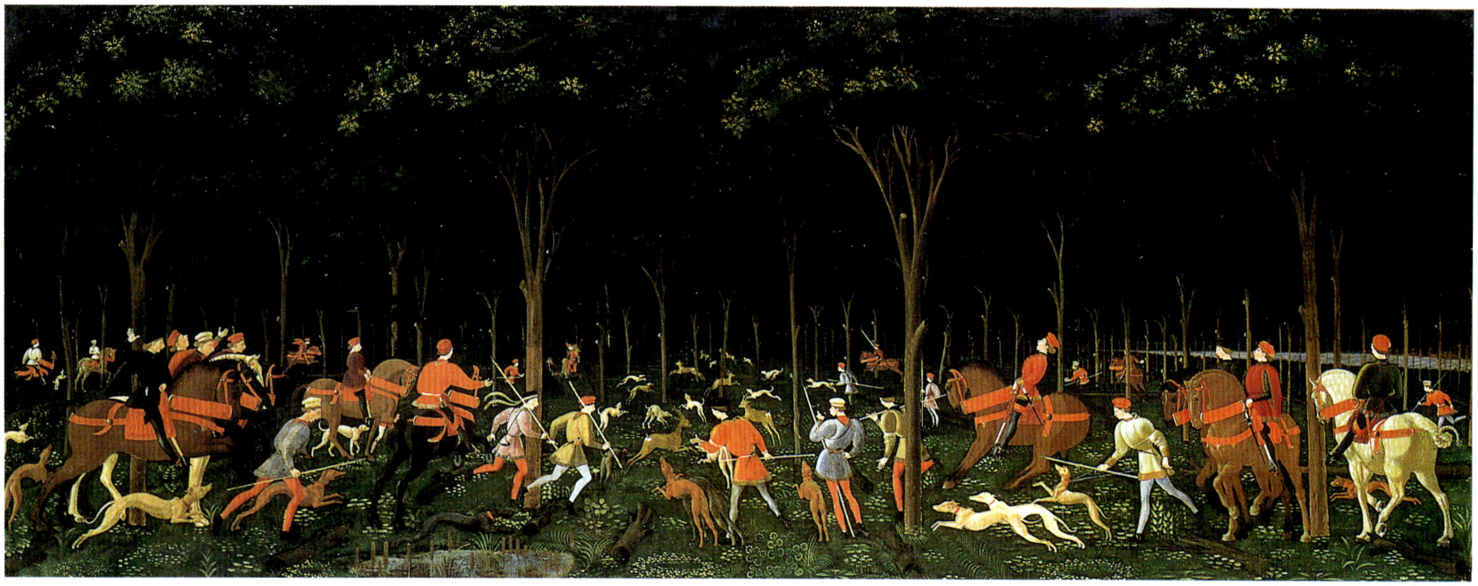

Fig. 29. Paolo Ucello, *La Chasse,*
Oxford, U.S.A., Ashmolean Museum.

Vernet (également à la galerie des batailles de Versailles), toujours pour les chevaux...

La diversité de ces références partielles et emprunts de détail est pourtant moins importante que la préoccupation majeure de recherche des principes de la grande composition, dont Denis croit trouver l'exemple dans ces différents modèles, et dont témoigne aussi éloquemment la longue série de la soixantaine d'études préparatoires. Avec le souci prédominant, étranger aux décors antérieurs, faits de pièces uniques ou constitués d'unités séparées, d'assurer la cohésion maximum à l'ensemble, comme l'indique suffisamment la première pensée, qui groupe, en vue *da sotto,* les trois murs non divisés sous le rayonnement du plafond[31]. Puis, par la construction géométrique simple et forte, fondée en particulier sur l'armature des panneaux. Et par exemple, cette grande oblique descendante du mur de droite (quand on est face au *Miracle*), qui traverse les trois panneaux et conduit du doute du *Défaut* à l'abîme où se précipitent les chasseurs maudits dans le dernier épisode, avant le redressement final qui lui est opposé dans le réseau serré – architecture et personnages – de *L'Ermitage*[32] (cat. n° 70). Ou, peut-être plus frappante encore, l'utilisation rigoureuse de l'armature du panneau central (médianes et diagonales, dans une composition strictement symétrique) pour asseoir la certitude du *Miracle*[33] (cat. n° 38). Par la couleur ensuite, avec l'étude groupée par exemple, alors que le détail des motifs et même l'ordre des scènes ne sont pas encore définitivement fixés, de l'harmonie de chacun des côtés[34].

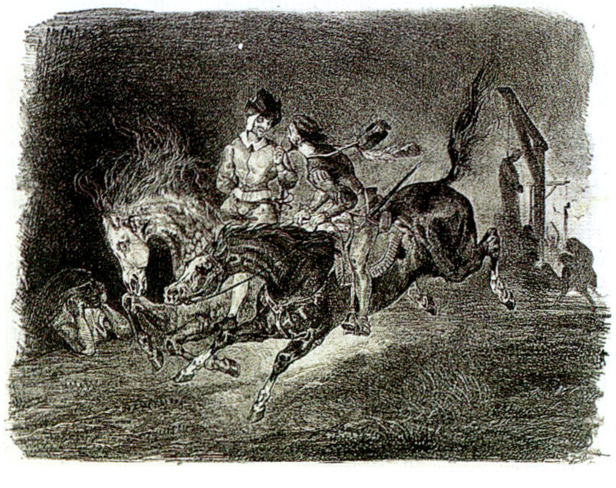

Fig. 30. Eugène Delacroix, suite lithographique du *Faust* de Goethe :
Faust et Méphisto dans la nuit du Sabbat, 1828,
Paris, musée Delacroix.

Joue enfin en ce sens la recherche de liaisons multiples entre les panneaux : avec le choix de l'éclairage, amenant, sur le mur de gauche, du plein midi au couchant du *Miracle,* ou la reprise des motifs (les chevaux et costumes des deux premiers panneaux, les chiens du second et du troisième, la ligne des arbres et des frondaisons dans l'ensemble, ou encore les trois sonneries de cors, sur chacun des trois murs...) ; comme à l'intérieur de chacun d'eux : dans *Le Départ* par exemple, la projection des ombres d'arbres, à la manière de la *Procession sous les arbres* de 1892, enchaînant avec le pommelage du cheval et le tachetage des bouleaux ; et enfin, constamment, ce « doublement » des figures par les arbres.

La grande peinture : c'est bien cela que vise Denis – et c'est là-dessus qu'il concluera au terme de cette expérience –, comme en témoigne la lettre à Paul Sérusier écrite, semble-t-il, durant l'été 1896 : « [...] je m'efforce d'atteindre, par le développement normal de mon goût, par l'amour de Poussin, de Delacroix et des chers primitifs, à cette science de la peinture qui me fait si complètement défaut »[35].

Parmi ces chers « primitifs », loin encore d'être abandonnés et si curieusement, mais si symptomatiquement, associés ici à Poussin et à Delacroix, il est pourtant un autre modèle, plus caché, mais singulièrement plus prégnant. Ce personnage en tête du noble cortège (Cochin, dans *Le Départ*), qui a pour fonction aussi, par son regard dirigé vers nous, de nous impliquer dans le déroulement du cycle qui va suivre, impose irrésistiblement à l'œil et à l'esprit, dans une vision en filigrane qui ne cesse de gagner en netteté, cet autre cavalier illustre à la tête d'une autre calme et majestueuse

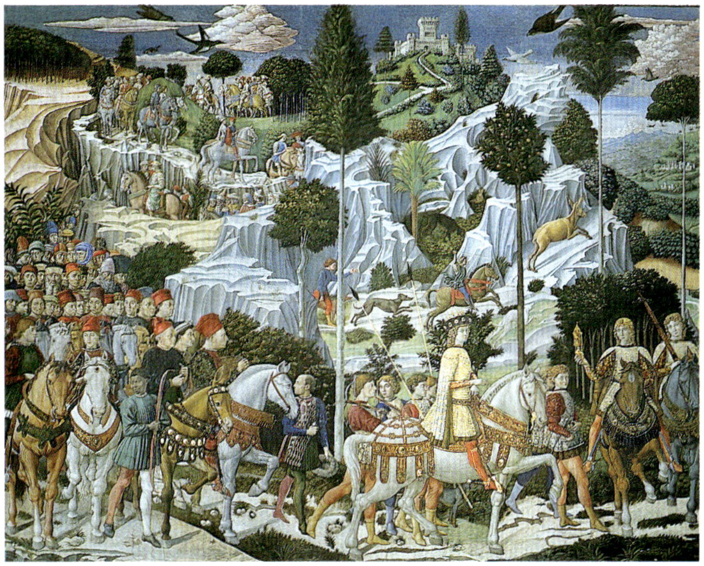

Fig. 31. Benozzo Gozzoli, *Cortège du Roi mage Gaspard*, mur de droite de la chapelle du palais Médicis-Riccardi, Florence.

procession : Laurent de Médicis, le jeune Laurent le Magnifique, en tête du cortège des Rois mages, lui aussi sur un cheval blanc pommelé, et l'œil fixé vers nous, au mur de la chapelle du palais Médicis à Florence (1459) (fig. 31).

Le nom de Benozzo Gozzoli n'apparaît dans le *Journal* de Denis que lors du passage à Florence du printemps 1904, mais en des termes tels qu'ils ne peuvent que confirmer une attentive contemplation antérieure – lors du voyage du printemps 1895 par exemple –, et toute d'admiration pour la fresque florentine : « La chapelle de Médicis de Benozzo ne m'avait jamais tant plu, peut-être à cause de la vigueur avec laquelle elle exprime ce paysage printanier »[36].

L'espace même de la chapelle construite par Michelozzo, au premier étage du palais (fig. 32), n'est pas sans analogie avec celui de la rue de Babylone : étroit, resserré, haut de plafond, peu éclairé, laissant aux fresques le soin de donner l'élargissement visuel en étendant la possesssion du lieu à celle de toute la campagne florentine, comme à *La nativité* de Filippo Lippi, placée sur l'autel, celui de lui assurer son ancrage spirituel – là où Denis place son *Miracle*, désignant quant à lui un autel virtuel. Le bureau étroit[37] n'était pas chapelle certes, mais le vitrail placé par Denis en 1895 l'avait déjà consacré une première fois en quelque sorte. Et qu'il soit, de fait, devenu la chapelle de l'archevêque de Paris, lors de son « exil » forcé de l'année 1907, ne relève pas seulement de l'anecdote, mais était inscrit dans la logique du

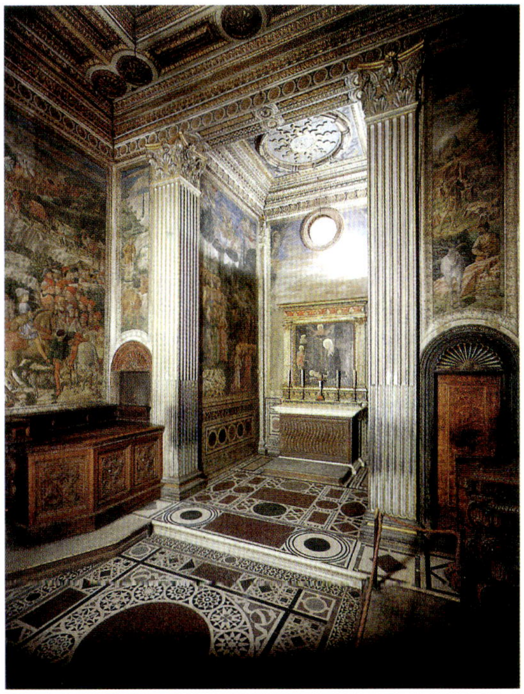

Fig. 32. Vue intérieure de la chapelle du palais Médicis-Riccardi, Florence.

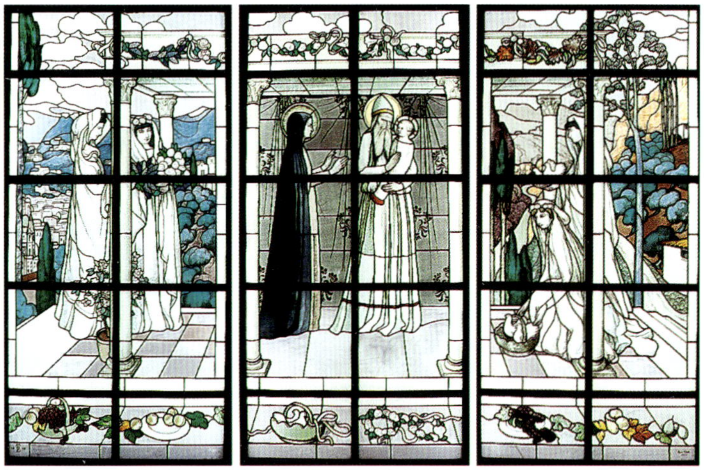

Fig. 33. Maurice Denis, *La Présentation au Temple à Florence*, 1898, vitrail, Saint-Germain-en-Laye, Musée départemental Maurice Denis « Le Prieuré ».

travail du peintre, qui en a validé le sens en assistant à la messe célébrée en ce lieu le 4 janvier 1907, et en en laissant le souvenir peint[38].

Scandé de la même façon par les arbres, avec sa nature édénique soigneusement recomposée (on y trouve à maints endroits le village blanc à flanc de colline que Denis place dans son *Départ*), sans rien d'« impressionniste », le paysage du peintre florentin sous-tend la façon dont Denis réordonne le sien propre. Le choix de l'horizon très haut, la ponctuation de l'espace par la végétation, la superposition des personnages (ceci est particulièrement frappant dans *Le Défaut*), le choix, majoritaire, des premiers plans plus sombres, et des ciels lumineux ou des éclairages matinaux ou tardifs permettant d'illuminer le seul sommet des arbres de l'arrière-plan (dans *Le Lâcher des chiens* et *Le Bien-aller*) répondent à autant de préoccupations semblables d'allier le sens décoratif en fonction des contraintes du lieu, et la valorisation de la donnée spirituelle. L'exemple italien n'a pas peu contribué, à ce titre, à discipliner l'ardeur expressive (la « déformation subjective ») du sentiment initial, comme on le voit de façon frappante en comparant la dramatique esquisse à l'huile du *Défaut*[39] (cat. n° 50) et l'ordre qui régit l'apparent hasard du panneau définitif, avec son tissage de figures alternées (vers la droite, vers la gauche, devant, derrière les arbres).

Reste pourtant le plus important : la signification de l'ensemble, où le Gozzoli, qui a pour fonction première d'ordonner un paysage social et politique, joue tout son rôle. Le vitrail du *Chemin de la vie* exposait dans le bureau une philosophie qui est d'abord acte de foi, développé dans la verticalité : de la cueillette des fruits de la terre au recueillement agenouillé des communiantes devant le don de ceux du ciel. Le cortège de la chasse propose un autre cheminement, dans un parcours terrestre déployé dans l'horizontalité, comme dans *L'Adoration des Mages* du Florentin – qui conduit lui aussi à des anges auréolés, placés sur les murs latéraux de la tribune... À cet éloge de l'action par la parabole de la chasse, « à la poursuite d'une idée comme à la poursuite d'une bête », le panneau de Gozzoli pouvait aider directement (Cochin, homme de culture, y aurait-il lui-même pensé ?) : juste au-dessus de Laurent le Magnifique figure l'évocation d'une chasse au cerf, avec l'animal même, poursuivi par un cavalier suivi de son chien ! Le panneau parisien fond les deux images superposées en un seul ensemble : le prince est devenu le chasseur, le chasseur est investi des pouvoirs et prestiges du prince.

La convergence avec le peintre florentin, et la richesse de sens qu'elle implique, ne saurait ainsi être trop soulignée, avec des effets d'écho qui ne cessent de s'amplifier[40]. Chez Gozzoli, l'assimilation de la famille Médicis, à sa demande et celle de ses amis et clients, aux Rois mages et à leur cortège. Chez Denis/Denys, l'assimilation du baron à Lorenzo, en même lieu et place : pour un hommage du prince au Prince du monde (le cortège des mages) ; pour un hommage du baron à la poursuite de « l'idée » (la chasse de saint Hubert) : celle de Dieu, manifestée dans le panneau du miracle, qui est l'objet d'une même révélation.

Gozzoli lui-même, élève de Fra Angelico si cher au jeune Denis, et si décisif pour sa formation, n'était-il pas dans une position d'attente, en cette fin de XVe siècle, à l'aube d'une peinture nouvelle, comme l'est Denis au moment de l'exécution de son cycle, à la veille de sa « conversion » romaine ? Il restera une référence majeure pour lui, même après le tournant classicisant de 1898, malgré son appartenance au monde des peintres antérieurs à Raphaël : en 1910, à San Gimignano, c'est une nouvelle exaltation devant les fresques de Sant'Agostino, « la merveille de Gozzoli », et particulièrement cette recherche de l'« effet de plein air, de grande lumière éclatante »[41], qui est celle même du *Départ*. En 1931 encore, au Camposanto de Pise, c'est toute une philosophie qui se dégage du dernier travail de grande ampleur (1468-1484) du peintre italien : « Que la vie était belle dans ces premiers âges du monde, à l'époque de cette genèse chrétienne encore familière, heureuse ! »[42] Ces « paysages verdoyants, organisés comme des parcs », et « cette petite race d'hommes frétillants d'esprit, aux traits fortement dessinés, et les femmes d'une si naturelle élégance », comme écrit encore Denis à cette date, de même que la vive clarté admirée à San Gimignano, ce sont ceux mêmes de *La Légende de saint Hubert* : un paysage d'Île-de-France, lumineux et si délibérément toscanisé, la distinction d'une famille heureuse parce qu'elle a su suivre le bon *chemin de la vie*.

L'autoportrait placé par Denis sur le bord gauche du panneau du *Défaut*, à côté du portrait de Marthe en cavalière, complète alors sa signification. Le procédé, avec ce regard à l'adresse du spectateur, mais rendu oblique par la contemplation dans le miroir, est, on le sait des plus classiques dans l'Italie centrale de la Renaissance. *L'Adoration des Mages* de Botticelli, aux Offices (1475) – précisément sur le même thème, et pour les mêmes Médicis – pourrait constituer ici la référence principale, avec sa figure de l'artiste placée sur le bord opposé, debout et dans une pose comparable, pour un nom qui compte depuis longtemps parmi les modèles de Denis. Elle se redouble de celle de l'autoportrait de Gozzoli lui-même, dans le panneau déjà évoqué de la chapelle florentine, où il figure (avec la signature portée sur son béret), accompagné, à sa droite, du portrait de son maître Fra Angelico – le premier « maître » véritable de Denis lui-même – par une assimilation qui dès lors ne semble plus faire de doute. Et, dans ce contexte, on ne manquera pas d'être frappé par le caractère « renaissant » encore plus marqué du beau dessin préparatoire au fusain pour cet autoportrait du *Défaut* (cat. n° 50) : autre façon de renouer avec la tradition – autre mode du « néo-traditionnisme » célébré dans l'article fondateur de 1890, sept ans plus tôt !

Si on la replace au milieu des décors de ses amis nabis, *La Légende* de Denis frappe par sa singularité. Elle marque en effet une réaction, violente, par rapport aux Bonnard (*Les Femmes au jardin*, 1891), et aux Vuillard (les panneaux Desmarais, 1892, *Les Jardins publics*, 1894, les panneaux pour Thadée Natanson, 1895, les panneaux Vaquez, 1896) : en rupture avec la mosaïque de leurs aplats et de leurs gros plans, de leurs cadrages japonisants, autant qu'avec l'intimisme, et la confidentialité de leurs thèmes. Dans l'œuvre même de Denis, l'inflexion n'est pas moindre, comme on l'a souligné, et le second voyage italien va ensuite l'accentuer : telle qu'elle se manifestera d'abord dans la *Présentation au Temple à Florence* (fig. 33), grand vitrail de 1898, réalisé à nouveau pour Cochin et l'hôtel de la rue de Babylone, où l'œuvre de Fra Angelico, que Denis copie scrupuleusement à San Marco, vient s'insérer au milieu d'un vaste portique classicisant, grande composition en tryptique à la symétrie accentuée – bien loin cette fois de la torsion et des décentrements du *Chemin de la vie*. Conformément à l'ambition initiale, l'expérience de *La Légende,* aura permis cette avancée décisive. Au-delà même d'une solution apportée à la problématique personnelle du peintre, elle permet aussi de constituer un point d'ancrage solide, avant de nouvelles conquêtes, au milieu des années incertaines du « post-impressionnisme », partagées entre tant de formalisme d'apparence opposée. Elle fait date à son tour, en réaffirmant la nécessité d'un « contenu » fort, et en cherchant à assumer pleinement la responsabilité sociale du peintre par sa volonté d'adhésion à la société française de la fin du siècle, et à un certain état de sa pensée.

Jean-Paul Bouillon
Lèvanto, avril 1999

Notes

1. Après les expositions au pavillon de Marsan, en 1924, et au musée national d'Art moderne, en 1945, la véritable réapparition s'est faite à la rétrospective Maurice Denis de l'Orangerie en 1970 (n° 106, avec le noyau de la documentation, et notamment l'essentiel de la lettre-programme du baron Denys Cochin). La première analyse poussée se trouve dans un dossier d'étude établi par Marianne Barbey en 1982 (inédit), dont la substance a été publiée dans le catalogue de la rétrospective Denis en 1994 (n° 85).

2. Selon la datation proposée par Marianne Barbey à partir de la correspondance – non datée – de Denys Cochin.

3. *Journal*, t. I, p. 116-117, indiquant : « Commencé à peindre la Chasse le 28 mai », et signalant l'achèvement dans la lettre à Mme Chausson datée du 10 octobre 1897 : « Mes panneaux seront faits avant la fin du mois, c'est la première condition » (pour venir à Fiesole). Denis ajoute : « Je suis très fatigué de mes panneaux de chasse » (ibid., p. 122). L'œuvre même est signée et datée 1897 sur le panneau central du *Miracle*.

4. Mise en place de ces grandes phases dans Jean-Paul Bouillon, *Maurice Denis*, Genève, Skira, 1993.

5. Reprise d'abord dans *Théories* en 1912 et en dernier lieu dans Maurice Denis, *Le Ciel et l'Arcadie*, Paris, Hermann, 1993, p. 25-31.

6. Ibid., p. 31.

7. *Journal*, t. I, p. 131, 6 février 1898 (repris ibid., p. 53, avec les passages correspondants des lettres à Vuillard).

8. Par exemple en septembre 1897 : « Avec cette habitude de situer un état d'âme dans un spectacle, tout, à la longue, devient expressif, c'est-à-dire sujet de tableau. [...] En somme, le besoin de noter les spectacles quotidiens n'est qu'un résultat des théories surannées au sujet de l'usage de la nature. On retrouve au fond de toutes les difficultés cette erreur primordiale. Pour s'attacher à une œuvre, il faut avoir en vue autre chose que l'expression de soi », la page concluant sur les Vénitiens, dont Denis regrette de n'avoir pas suivi suffisamment l'exemple dans ses panneaux (ibid., p. 120).

9. Ibid., l'expression « mes panneaux » ne pouvant renvoyer qu'à *La Légende*.

10. Reprises d'abord dans *Théories* en 1912 et en dernier lieu dans Denis, 1993, p. 32-48.

11. Ibid., p. 37.

12. Ibid., p. 46.

13. *Journal*, t. I, p. 81.

14. Selon l'expression de Spuller, ministre des Cultes dans le cabinet Casimir-Périer en 1893-1894.

15. Et encore à Mme Chausson au même moment : « [...] je me réjouis d'être à Rome, je sens qu'à Paris je ferais comme Rouart, je prendrais feu » (sur ces péripéties, et l'évolution de la position de Denis, voir notre article « Politique de Denis » dans cat. exp. *Denis*, Lyon, 1994, p. 95-109).

16. Passage inédit du *Journal*, cité dans Bouillon, 1994, p. 97-98.

17. *Journal*, t. I, p. 120.

18. Bouillon, 1993, p. 71-72.

19. Le passage central de cette lettre de Cochin à Denis a d'abord été cité dans le cat. exp. *Denis*, Paris, Orangerie, 1970, n° 106.

20. *Journal*, t. I, p. 112 (après la mort de Jean-Paul). Il est frappant de voir Cochin conclure, après achèvement de *La Légende*, sur la nécessité, pour lui aussi, de l'action – alors qu'il s'y sent naturellement si peu porté : « Je vous envie, étant au moment de l'horreur des élections ! Il le faut dit-on. Mais pourquoi faut-il que la Providence m'ait si peu doué pour ce que j'aurais aimé, et m'ait donné quelques facilités précisément pour ce que je n'aimais guère ? Enfin on doit agir en ce monde, et faire ce qu'on peut. » (à Denis, s. d., vers Noël 1898).

21. Marianne Barbey, dans le dossier cité ci-dessus à la note 1, puis dans le catalogue de l'exposition de 1994, p. 229.

22. *Journal*, t. I, p. 119.

23. Ibid., p. 111.

24. *Journal*, t. II, p. 139 (mai 1911).

25. Comme Suzanne Barrazetti l'avait bien noté dans *Maurice Denis*, Paris, Grasset, 1945, p. 149.

26. Avec objectivité, et aussi une certaine naïveté, non moins utile, dans sa description du décor, Achille Segard conclut en 1914 : « Ce panneau est le plus simple et le plus beau de tous. La part d'invention est très grande. » (« Maurice Denis », dans *Peintres d'aujourd'hui, les décorateurs*, Paris, Ollendorff, 1914, t. II, p. 171)

27. *Journal*, t. III, p. 229-230 (octobre 1941).

28. *Journal*, t. I, p. 67 (18 décembre 1887).

29. Reprise dans *Théories*, 1912, p. 20-23.

30. Sont mentionnés dans le *Journal* (qui ne rend pas compte du premier voyage en Italie de mai 1895), entre 1895 et fin 1897 : Ingres et ses élèves (à Montauban), Poussin, Delacroix, le Primatice (à Fontainebleau), les chasses en tapisseries (ibid.) et les chasses d'Oudry (ibid.), Cimabue, Lorrain, Rubens, les Vénitiens (au Louvre), Renoir, Santerre, et, à Versailles, Delacroix et Horace Vernet (pour ses chevaux « si élégants », Pentecôte 1897).

31. Cat. exp. *Denis*, 1994, n° 151.

32. Ibid., n° 153.

33. Les diagonales sont explicitement tracées sur le croquis donnant d'abord le cerf devant l'arbre principal : ibid. – une pensée antérieure ayant placé la scène devant l'oratoire, qui lui apportait la solidité supplémentaire de son architecture.

34. Ibid., n° 86.

35. Lettre à Sérusier, s. d., publiée à la suite de Paul Sérusier, *ABC de la peinture*, 3e édition, Paris, Floury, 1950, p. 85-86 (pour la datation, voir Bouillon, 1993, p. 81 et note 54).

36. *Journal*, t. I, p. 221.

37. 2,10 x 5,50 x 4,20 m.

38. *Journal*, t. II, p. 50 : « Messe de sept heures à la chapelle du Cardinal, chez Denys Cochin. Cette messe dans l'intimité de cette petite pièce, dite par ce grand vieillard, au-dessous de mes peintures d'il y a dix ans, j'en éprouve une grande émotion. » Seize ans plus tard, visiblement sans avoir vu les lieux, André Pératé parlera naturellement de la pièce comme d'une « chapelle ». (voir note 40 ci-dessous)

39. Repr. dans cat. exp. *Musée du Prieuré, cinq années d'acquisitions* 1980-1985, p. 31, n° 2.

40. En 1924, André Pératé évoquait Gozzoli à propos de sa description (des plus approximatives) de *La Légende de saint Hubert*, mais sans faire ce rapprochement précis : « [...] sous l'influence des premiers souvenirs italiens, le jeune rival de Benozzo Gozzoli entreprend, pour l'hôtel du baron Denys Cochin, toute la décoration d'une petite chapelle privée ; il y a peint, sur toile, une amusante légende de saint Hubert en sept tableaux, avec un vitrail : ce sont des scènes de chasse dans les vallonnements d'une forêt d'automne ; au plafond, Denys Cochin et ses enfants, à cheval, assistent à l'apparition du cerf miraculeux, tandis que les trompes des veneurs emplissent de leurs sonorités le grand décor fauve. » (« Maurice Denis », dans *L'Art et les artistes*, n° 41, novembre 1923, p. 58)

41. *Journal*, t. II, p. 120.

42. *Journal*, t. III, p. 130-131.

Saint Hubert, patron des chasseurs

De l'histoire à la légende, du mythe au culte chrétien

« L'histoire de saint Hubert [pourrait] tenir en quelques mots. »[1] Mais, du VIIIe au XVe siècle, elle ne cessera de s'enrichir. La tradition hagiographique a fait sienne la légende construite au fil du temps. Récit mythique, fabuleux, la légende[2] est, au Moyen Âge, une vie de saint destinée à être lue à matines. Peu lui importe donc l'exactitude historique, si la vérité morale s'y décèle aisément.

À l'époque mérovingienne, vers 665, en pleine expansion du christianisme, dans l'est de la Gaule, naît Hubert. Issu de l'illustre famille des Pippinide, il est peut-être le beau-frère de Pépin de Herstal. Il fut le disciple de saint Lambert (vers 650-705). Sacré évêque à Rome en 709 par le pape Serge, il succède à saint Lambert sur le trône épiscopal de Tongres-Maastricht. En 718, il transfère ce siège à Liège et y fait porter les reliques de son prédécesseur. Poursuivant son œuvre pastorale dans les Ardennes, il lutte contre les cultes païens et christianise plusieurs temples dédiés à Odin. Hubert s'éteint le 20 mai 727, à Tervueren, à la suite d'un accident de pêche ! Son premier biographe, resté anonyme[3], rapporte qu'il aimait pêcher sur les bords de la Meuse. Après son exhumation en 734, et sa canonisation en 744, son corps est transporté, en 825, à l'abbaye bénédictine d'Andage dans les Ardennes qui prend alors son nom[4]. En 1568, un vaste incendie ravage l'abbaye. Les reliques de saint Hubert disparaissent[5] et, avec elles, les plus anciennes sources manuscrites le concernant. Dès lors, l'histoire s'efface pour laisser place à la légende. D'un personnage historique, on façonne un mythe. Hubert, apôtre de la giboyeuse Ardennes, saint thaumaturge guérisseur de la rage, supplante, à la fin du XVe siècle, saint Eustache comme patron des chasseurs. Le culte de saint Eustache[6] s'était répandu en France au XIIe siècle, à la suite de la translation de ses reliques à l'abbaye de Saint-Denis et à l'église parisienne qui porte son nom. Jacques de Voragine, dans la *Légende dorée,* raconte l'histoire de Placide, général au service de Trajan, qui, bien qu'adonné aux cultes des idoles, pratiquait « avec grande assiduité les œuvres de miséricorde ». Un jour qu'il se livrait à la chasse, il « rencontra un troupeau de cerfs, au milieu desquels il en remarqua un plus beau et plus grand que les autres ». Rassemblant tous ses efforts, il s'acharne à le poursuivre. Après une course effrénée, le cerf gravit un rocher. Placide l'observe attentivement et « songe aux moyens de ne le pas manquer ». C'est alors qu'il voit, entre ses bois, un crucifix resplendissant. Le Christ lui parle par la bouche du cerf : « Placide, pourquoi me persécutes-tu ? C'est par bonté pour toi que je t'apparais sur cet animal [...]. Je suis le Christ que tu honores sans le savoir : tes aumônes ont monté devant moi, et voilà pourquoi je suis venu ; c'est pour te chasser moi-même par le moyen de ce cerf que tu courais. » Placide se fait alors baptiser sous le nom d'Eustache. L'empereur Adrien, apprenant sa conversion, promet de le gracier s'il consent à sacrifier aux idoles. Son refus le condamne à être brûlé dans un taureau de bronze avec sa femme et ses deux fils.

Lorsque le culte de saint Eustache décline, sa légende s'empare d'Hubert. Cette substitution d'Hubert à Eustache résulte sans doute de la confusion de leur fête, l'une et l'autre fixées généralement le 3 novembre[7]. On attribue alors à Hubert la vision d'un cerf crucifère. Un récit merveilleux, qu'aucune certitude n'étaye, va donner à saint Hubert une nouvelle vie[8] : sa filiation se précise, sa vie s'enrichit de maints détails, sa conversion se fait aussi subite que celle de saint Paul sur le chemin de Damas.

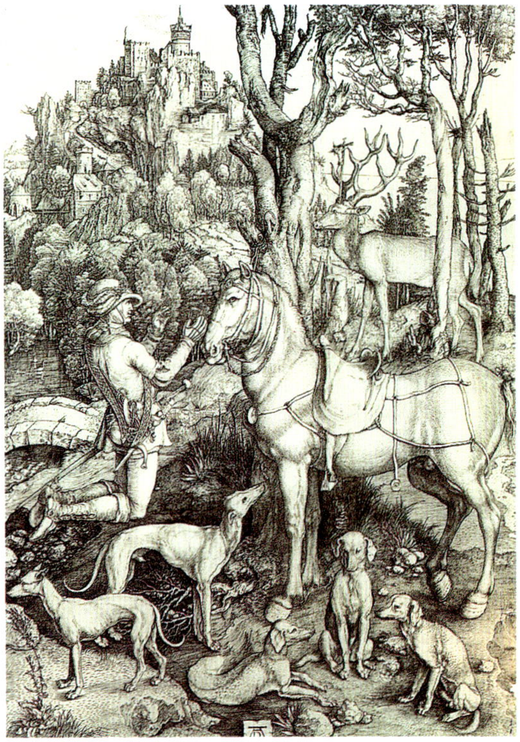

Fig. 34. Albrecht Dürer (1471-1528), *La Vision de saint Eustache*, gravure sur cuivre, Paris, Musée de la Chasse et de la Nature.

On fait de lui le fils de Bertrand, duc d'Aquitaine et descendant « en droite ligne du célèbre Pharamond, premier roi des Français »[9]. Le jour de sa naissance, le Christ apparut à sa mère, Egberne, l'avertissant que son fils « ne tuera pas mais rendra la vie à ceux qui l'auront perdue »[10]. Élevé pieusement par sa tante sainte Ode, il suit très tôt son père à la chasse. Il acquiert dans cet exercice une adresse si remarquable que « les seigneurs les plus habiles étaient souvent étonnés de ses remarques pleines de sagesse et de prudence et sur les habitudes du gibier et sur les moyens de découvrir une voie »[11].

À dix-huit ans, il quitte ses parents pour la cour de Thierry, roi de Neustrie puis, à la suite d'intrigues entre le roi Thierry et son maire du palais, Ebroin, émigre en Austrasie. Pépin de Herstal, roi d'Austrasie, son parent, le nomme alors grand veneur. Hubert, oubliant les pieux principes de son enfance, mène à la cour une vie dissipée et se livre entièrement à sa passion favorite. En 683, le Vendredi saint, Hubert chasse dans la forêt ardennaise. Ses chiens lancent un dix cors gigantesque. « La bête se fait chasser sans recourir aux ruses habituelles, point de change, ni de retour, et après plusieurs heures ne montre pas plus de fatigue qu'au moment du lancer. »[12] Proche de l'hallali, le cerf s'avance vers Hubert. Celui-ci aperçoit alors un crucifix dont « chaque bois s'appuie sur un andouiller et sur [lequel] resplendit le Christ dans une nuée lumineuse »[13]. Son cheval se cabre, les chiens se couchent et une voix retentit : « Hubert, Hubert, pourquoi me poursuis-tu ? Jusqu'à quand ta passion de la chasse te fera-t-elle perdre ton salut ? Va à Maastricht vers mon serviteur Lambert : il te dira ce que tu dois faire. » Hubert Le Prévost, dans sa *Vie de monseigneur sainct Hubert dardeine* (Paris, vers 1520), situe l'épisode de la vision un jour de Noël et précise que le cerf était blanc. Ce détail accroît le caractère miraculeux de la vision. Le blanc était en effet le symbole de l'invisible, du transfiguré, de l'au-delà, et quiconque touche un animal albinos est menacé de malédiction. Saint Bavon, originaire lui aussi des Flandres, et patron des fauconniers, est condamné à mort pour avoir volé un faucon blanc.

Hubert se rend donc auprès de saint Lambert et lui déclare qu'il désire se consacrer à Dieu. Il attend, pour prononcer ses vœux, le décès de sa femme Floribane qui meurt en donnant le jour à leur fils Floribert, qui succèdera à son père sur le trône épiscopal de Liège.

Il se retire alors comme ermite dans la forêt, qu'il quittera pour un pèlerinage à Rome. Le jour de son arrivée à Rome, saint Lambert est assassiné à Liège. Le pape Serge, averti et conseillé en songe par un ange, désigne Hubert comme successeur de saint Lambert. Arguant de son indignité, Hubert tente de se dérober. Un ange lui apporte alors le bâton pastoral, les vêtements de saint Lambert et une étole tissée de ses propres mains par la Vierge. Hubert n'a plus qu'à se soumettre à la décision du pape. Pendant la messe de son sacre, saint Pierre en personne lui offre une clé d'or. Après plus de quinze ans dans les Ardennes il meurt, le 20 mai 727, d'une fièvre violente. Il est inhumé près de saint Aubin dans l'église Saint-Pierre de Liège. Son fils et successeur, Floribert, décide, le 3 novembre 743[14], d'exposer son corps à la vénération des fidèles. Les miracles qu'il accomplit sont nombreux mais le plus populaire d'entre eux est la guérison d'un homme atteint de la rage, appelée aussi « mal de saint Hubert ».

La dévotion à saint Hubert relève d'abord d'un rituel thérapeutique[15]. Son pouvoir antira-

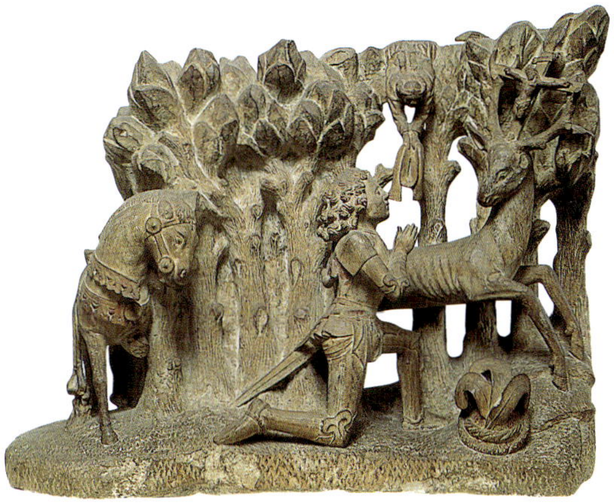

Fig. 35. France, 2e moitié du XVe siècle ou début du XVIe siècle, *La Vision de saint Hubert.*
Outre la vision traditionnelle du crucifix entre les bois du cerf, cette sculpture représente aussi un épisode plus tardif de la vie de saint Hubert : l'ange apportant l'étole tissée par la Vierge.
Paris, Musée de la Chasse et de la Nature.

bique est lié à sa légende de chasseur habitué aux bêtes sauvages, mais la tradition l'impute à l'étole qui lui a été remise par l'ange : « cette étole que Dieu vous envoie aura un pouvoir efficace sur les démons, les énergumènes, les frénétiques et les puissances infernales [...]. Quiconque aura été mordu par des animaux enragés sera préservé de la rage par sa vertu qui se perpétuera de siècle en siècle en votre mémoire ». L'étole et la clef d'or deviennent très vite des objets de vénération et des instruments de guérison. L'une des pratiques les plus répandues était la « taille », pratiquée par les moines de Saint-Hubert. On incisait le malade avec un canif et le prêtre, soulevant l'épiderme, introduisait un filament de la sainte étole[16]. Puis, la plaie était recouverte d'un bandeau noir que le patient s'engageait à garder neuf jours. Pendant ces neuf jours, il ne devait ni se raser, ni se laver le visage et les mains, s'abstenir de vin, dormir seul dans un lit aux draps blancs, se confesser et communier.

Des imitations en fer de la clé de saint Pierre, dite aussi clé de saint Hubert, consacrées par les moines d'Andage, servaient à marquer les chiens tout en les « vaccinant » contre la rage. Puis les chiens recevaient pendant neuf jours un peu de pain béni[17]. Ses pouvoirs de guérisseur et d'exorciste amènent les pèlerins, dès le Xe siècle, à lui offrir les prémices de la saison cynégétique. Vénéré à la cour de Brabant au XIIIe siècle, il suscite très vite une dévotion en tant que patron des chasseurs.

Hubert a hérité des sacrifices liés au culte topique de la Diane des Ardennes, la *Diana Arduenna*, maîtresse du monde sauvage et déesse de la chasse. Plus de mille ans après, sous le Directoire, Paul de Barras, « par une étrange bizarrerie [...] voulut célébrer la Saint-Hubert à Gros-Bois ; mais comme à cette époque de tourmente la qualification de saint n'était point en bonne odeur, les invitations portèrent prudemment *Fête de Diane* »[18].

À la fin de la saison des pâturages et au commencement de la saison de chasse, vers le début du mois de novembre, les chasseurs offraient à Diane leurs premières prises. Le dieu celte, Cernunnos, requérait lui aussi de semblables oblations. « Dieu cornu », coiffé d'une ramure de cerf, il connut une grande efflorescence en Gaule de l'est.

La christianisation va petit à petit effacer et assimiler ces cultes païens[19]. Sous l'impulsion des moines d'Andage, naît puis se propage *La Légende de saint Hubert.* L'ajout, au XVe siècle, de l'épisode de la vision du cerf crucifère, assoit définitivement Hubert comme saint patron des chasseurs[20]. Dès son introduction dans l'hagiographie officielle, la rencontre avec le cerf merveilleux deviendra le fleuron de sa légende. La peinture, la sculpture, l'imagerie religieuse et populaire trouveront, dans cet épisode, de nombreuses sources d'inspiration. Hubert est aussi représenté en évêque[21] comme dans *L'Arrivée à l'ermitage*. Le plus souvent figuré en chasseur agenouillé, ses attributs sont des chiens, un cheval, un cor ou une trompe, parfois même un faucon. Son attribut principal est bien entendu le cerf crucifère souvent réduit à un simple protomé.

Dans l'iconographie chrétienne fleurissent de nombreux autres « saints au cerf »[22], chasseurs ou non. Saint Germain d'Auxerre, chasseur invétéré avant sa conversion, qui suspendait à un arbre les têtes des bêtes qu'il avait tuées. Il reçut d'ailleurs, avant saint Hubert, les pieuses offrandes des chasseurs. Saint Conrad de Plaisance, au XIVe siècle, mit le feu à une forêt pour faire débucher le gibier. Saint Gengoul[23] qui possédait de nombreuses forêts, est souvent représenté en chasseur. Saint Rieul, évêque et apôtre de Senlis, sur la tombe duquel venaient se prosterner le jour de sa fête, des cerfs, daims et biches. Saint Gilles, qu'une biche venait nourrir de son lait à heures fixes[24]. Saint

Siméon de Polirone qui, sur le point de succomber à la faim, voit venir un cerf qui s'offre à lui. Saint Edern[25] qui recueille un cerf dans son monastère. Sainte Nennoc[26] fonde, au Ve siècle, un monastère abritant une biche blanche. Saint Kenan sauve un cerf traqué par un chasseur. Le saint refuse de livrer l'animal et le chasseur, irrité, enlève tout le bétail du monastère. Le lendemain, huit cerfs se mirent à la disposition du saint. Saint Lunaire[27] et ses compagnons qui se font aider par douze cerfs pour labourer[28] leurs champs. Saint Télo qui est représenté chevauchant un cerf[29]. Saint Branchion fut converti par un ermite près duquel s'était réfugié le cerf qu'il courrait. Une biche, poursuivie par des chasseurs, chercha refuge auprès de saint Bassien[30]. Retiré du monde, saint Cainnic[31] avait pour compagnon un cerf sur les bois duquel il posait le livre qu'il était en train de lire. Un des chasseurs, voulant à tout prix le tuer, fut possédé par le démon.

Sainte Ida, au XIe siècle, se fait guider la nuit par un cerf aux cors lumineux. Sainte Catherine de Suède[32], voulant préserver sa virginité, échappe à l'assiduité d'un seigneur grâce à l'apparition d'un cerf venu détourner son attention. Le cerf (ou la biche) est donc un attribut fréquent. Sa présence, aux côtés de saints personnages, est le plus souvent liée à une scène de conversion ou à la poursuite effrénée d'un gibier cherchant refuge et protection.

Depuis les temps les plus anciens, le cerf est un animal sacré et vénéré[33]. C'est aussi un animal psychopompe, qui accompagne les âmes dans l'au-delà. La peau du cerf, réputée imputrescible, permettait le passage de la vie à la mort[34]. Des sépultures bretonnes du mésolithique montrent les têtes des défunts reposant sur des bois de cerf. Au IIe millénaire avant Jésus-Christ, dans les tombes royales hittites en Anatolie, les morts sont placés sous la protection de figures de cerf fichées sur des hampes de bronze. L'Église reprendra l'image du cerf comme symbole de la lumière et du Christ[35]. Saint Jérôme[36] compare le désir de vérité du catéchumène et la soif religieuse, au cerf se désaltérant, image que l'on trouve fréquemment dans l'iconographie religieuse. La chute annuelle des bois des cervidés puis leur refait, est assimilée à la résurrection et fait du cerf un symbole de longévité et d'éternité. Enfin, les dix cors de la ramure d'un cerf symbolisent les dix commandements.

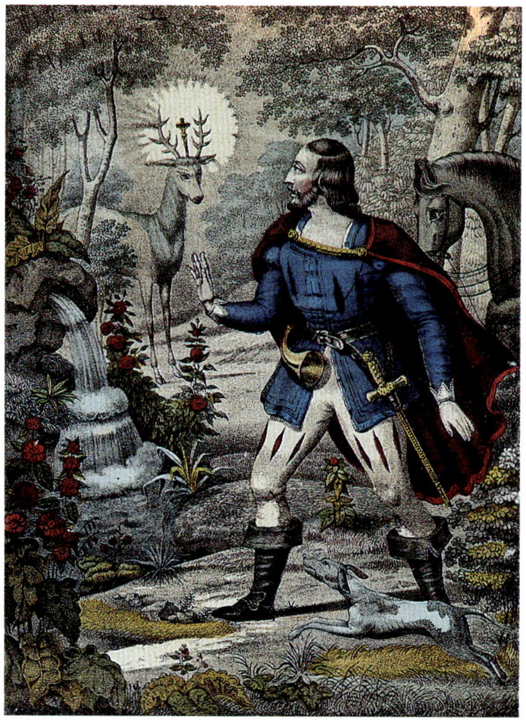

Fig. 36. Fabrique d'estampes de Grangel à Metz,
France XIXe siècle,
La Vision de saint Hubert,
lithographie, Paris, Musée de la Chasse et de la Nature.

Le cerf est aussi doué d'un pouvoir prophétique et indique l'existence de reliques inconnues[37]. La vision d'un cerf, porteur d'un message divin, est un thème récurrent dans d'autres légendes chrétiennes[38]. Saint Julien l'Hospitalier, dont la légende a inspiré Flaubert, est arrêté lors d'une chasse par un cerf qui lui prédit qu'il fera périr son père et sa mère. Saint Meinulphe fonde le couvent de Böddeken à l'emplacement où lui apparut un cerf crucifère. Saint Jean de Matha et saint Félix de Valois[39] créèrent le chef d'ordre des Trinitaires là où ils virent venir à eux un « cerf d'une éclatante blancheur, portant dans son bois une croix rouge et bleue »[40]. L'endroit fut baptisé *Cervus frigidus*, d'où Cerfroid.

Parmi ces « saints au cerf », Hubert incarne le patron idéal des chasseurs[41]. Il est le seul d'entre eux qui ait été touché par la grâce. Le cerf l'invite non seulement à se convertir mais à cesser immédiatement sa traque et à bannir « le plaisir ». L'anathème ne porte pas sur la chasse elle-même, mais sur le fait qu'il s'adonne au « noble déduit » un jour saint[42]. L'Église imposait, en effet, aux chasseurs des périodes ou des jours d'abstinence. Saint Ambroise condamne la chasse les jours de jeûne et de pénitence. Le concile de Latran (1215) interdit à « tous les serviteurs de Dieu la chasse et le vagabondage dans les bois avec des chiens » et de « posséder ni autours ni faucons ». Cependant certains monastères, voulant transgresser cet interdit, prétextent avoir besoin de peaux de cerf pour relier les Bibles, et de gibier pour fortifier les faibles.

Le message de l'Église varie selon « que l'on considère dans la chasse la violence dangereuse ou le loisir sociable »[43]. Les chasseurs se justifient en qualifiant la chasse de remède à l'oisiveté. Du Fouilloux écrit « qu'entre les honnêtes exercices et labeurs délectables des hommes, il ne s'en trouve aucun mieux excusé d'oisiveté et de péché que le plaisir de la chasse, vénerie et fauconnerie » [44].

Aujourd'hui, seul Hubert a le privilège de veiller sur les chasseurs et les chiens de chasse[45]. Le 3 novembre, un peu partout en France et en Belgique, les églises résonnent encore des sonneries des trompes de la messe de la Saint-Hubert à laquelle les chiens ont toujours le droit d'« assister ».

Sa légende a joui d'une immense popularité. Ne se servait-on pas à Liège de la longueur du pied d'une statue de saint Hubert comme unité de mesure ! Qu'elle soit fondée sur des textes apocryphes, des faits historiques ou imaginée de toutes pièces, sa large diffusion grâce à l'imagerie, aux chansons populaires et aux prières incantatoires, qui circulent, dès le XVIIe siècle, par l'intermédiaire des colporteurs, en font une légende toujours vivante que les veneurs se plaisent parfois à galvauder.

Courant les bois, aussi les demoiselles,
Hubert était sous les lois du démon.
Mais un beau jour sur les passions charnelles
Un cerf lui fit un effrayant sermon.
Devenu saint, il négligea les belles
Mais il vécut en chasseur de renom.
À son exemple, amis, soyez fidèles,
Courez le cerf et non le cotillon.[46]

Patricia de Fougerolle

Notes

1. Louis Réau, *Iconographie de l'art chrétien*, Paris, PUF, 1955-1959.

2. Du latin *legenda*, ce qui doit être lu.

3. La plus ancienne biographie de saint Hubert, la *Vita sancti Hubert*, a été rédigée par un clerc en 744.

4. Saint-Hubert reste de nos jours un important lieu de pèlerinage.

5. On imprime encore aujourd'hui des « appels à la prière pour retrouver le corps de saint Hubert ». (P. Riché, *Histoire des saints et de la sainteté chrétienne*, Paris, 1986-87, t. IV)

6. Martyr romain (98-117).

7. La Saint-Eustache figurait dans les bréviaires et missels médiévaux à différentes dates : le 20 septembre et les 2, 3, 4, 5 et 9 novembre. C'est la première date qui, à partir du XVIe siècle, prévaut dans les livres liturgiques. (*Dictionnaire d'histoire et de géographie ecclésiastiques*, t. XVI)

8. En 825, date à laquelle les reliques de saint Hubert sont transférées à l'abbaye d'Andage, Jonas d'Orléans rédige une nouvelle vie du saint. Deux autres paraissent avant le XVe siècle, mais aucune d'elles ne mentionne l'apparition du cerf. Il faut attendre la cinquième, écrite par Hubert Le Prévost au milieu du XVe siècle, et imprimée entre 1510 et 1530, pour voir apparaître la mention de la légende du cerf crucifère. En 1628, le monastère Saint-Hubert fait imprimer une *Histoire abrégée de la vie de saint Hubert, prince de sang de France*. La légende deviendra si populaire que Thiébaud, dans sa *Bibliographie des ouvrages français sur la chasse*, (Paris, Nourry, 1934), répertorie près de 100 ouvrages, parus entre la fin du XVIe et le premier tiers du XXe siècle sur saint Hubert.

9. *Abrégé de la vie et miracles de saint Hubert patron des Ardennes*, par un religieux de l'abbaye dudit saint Hubert, Liège, Broncart, 1697.

10. Charles des Granges, *Vie de saint Hubert*, Moulins, Desrosiers, *ca.* 1872.

11. Charles des Granges, *op. cit.*, p. 13.

12. L. Huyghebaert, *Saint Hubert patron des chasseurs*, Paris, Nourry, *ca.* 1927, p. 8.

13. L. Huyghebaert, *op. cit.*

14. Saint Hubert est vénéré le 3 novembre dans les calendriers et martyrologes depuis le IXe siècle.

15. Bernard Hell, *Le Sang noir. Chasse et mythe du sauvage en Europe*, Paris, Flammarion, 1994, p. 303 *sq.*
Saint Willibrord (635-739), évêque d'Utrecht et contemporain d'Hubert, est aussi invoqué pour la guérison des fous et des épileptiques. Chaque année a lieu encore, à Echternach, la procession dansante de Saint-Willibrord. Louis Réau, *op. cit.*, précise que La Légende de saint Hubert est aussi en partie calquée sur celle de saint Willibrord dont la fête était le 7 novembre.

16. En 1561, Calvin aurait fait « tailler » son fils mordu par un chien. Une vieille tradition allemande rappelle cet usage. Les veneurs distribuaient à leurs invités un cordon rouge appelé *fil de Saint-Hubert* qui devait les protéger de tout accident.

17. Cet usage se perpétuera aux siècles suivants. En effet, lors de la bénédiction des meutes pour la Saint-Hubert, on distribuait encore aux chiens du pain béni.

18. Charles Diguet, *La Vision de saint Hubert*, Paris, Vve Pairault & fils, 1884.

19. Saint Walfroy, moine dans les Ardennes au VIe siècle, et seul stylite occidental, détruisit une statue de Diane que le peuple adorait.

20. C'est à cette époque que Gérard, duc de Juliers-Berg, fonde l'ordre de chevalerie de Saint-Hubert après la bataille de Linich, le 3 novembre 1444. Le collier de l'ordre était composé de 12 huchets et d'un médaillon au centre duquel figure la scène de la conversion du saint.

21. Parfois tenant un livre sur lequel figure un cerf crucifère.

22. Charles Cahier, *Caractéristiques des saints dans l'art populaire,* Paris, 1867, t. I.

23. Martyr, mort en 760, vénéré en Haute-Marne.

24. Saint Mammés, martyr à Césarée au IIIe siècle ; sainte Anne enfant ; saint Baudelin, évêque d'Alexandrie se voient aussi apporter leur nourriture par un cerf ou une biche.

25. Religieux irlandais, il accompagna saint Colomb en Grande-Bretagne au VIe siècle.

26. Descendante d'un roi de Grande-Bretagne, elle naît vers 403 et décide d'embrasser la vie religieuse à la suite de la prédication de saint Germain d'Auxerre. Quittant les îles britanniques, elle fonde le monastère de Lanne-Nennoc en Ploermeur, dans l'église duquel, à l'heure de l'office, se réfugia une biche traquée par le roi Erec'h.

27. Ou Léonor, evêque breton du VIe siècle.

28. Saint Kentigern, évêque de Glasgow au VIe siècle, fait signe à une harde de daims pour l'aider à préparer les champs une année où les bêtes de traie furent frappées d'épizootie.

29. Évêque de Landaff avant l'an mille. Il existe à Landeleau un chêne dans lequel saint Télo serait monté pour échapper à la meute de chiens d'un seigneur du pays.

30. Bassien fut évêque de Lodi. Saint Humbert de Maroilles, saint Fructueux, saint Laumer recueillent, eux aussi, un cerf ou une biche voulant échapper aux chasseurs.

31. Ermite irlandais (*ca.* 525-*ca.* 600), il fonde le monastère de Aghaboe dans le comté de Laoighis. (*Cf.* G. Kenneth Whitehead, *The Whitehead encyclopedia of deer,* Shrewbury, Swan Hill Press, 1993).

32. Seconde fille de sainte Brigitte (*ca.* 1330-1381).

33. Les premiers chrétiens croyaient voir sur le front du cerf la marque du Tau : signe de la croix.

34. Jean-Baptiste de La Curne de Sainte-Palaye, dans ses *Mémoires sur l'ancienne chevalerie*, Paris, 1731, t. III, p. 205, note que l'on se servait de peaux de cerf pour ensevelir les corps des rois. « Ainsi ses chasseurs passionnés emportaient avec eux au tombeau les objets de leurs plaisirs. » Dans le roman de *Tristan et Iseult*, le roi Morholt, oncle d'Iseult, est inhumé dans une peau de cerf.

35. Les bestiaires, très en vogue au XIe siècle, véhiculent les propriétés réelles ou légendaires des animaux ainsi que leurs symboles moraux et religieux. Le cerf est aussi considéré comme l'ennemi acharné du serpent, vivante image du démon. Du Fouilloux rapporte que le « cerf est le vrai contraire du serpent : et quand il est vieux, décrépi et malade s'en va aux fosses et cavernes des serpents, puis avec les narines souffle et pousse son haleine dedans, en sorte que par la vertu et force d'icelle il contraint le serpent de sortir dehors : lequel étant sorti, il le tue avec le pied, puis le mange et le dévore ». (*La Vénerie* de Jacques Du Fouilloux, Paris, 1628). Faut-il voir aussi dans le calendrier de la chasse au cerf un symbole christologique ? On chassait à courre en effet le cerf de la *Sainte-Croix de septembre* jusqu'à l'*Invention de la Sainte-Croix* (3 mai) (Du Fouilloux, *op. cit.*).

36. Commentant les premiers versets du psaume 41-42 : « Quemadmodum desiderat cerva rivos aquarum, ita desiderat anima mea Te, Deus. » (Comme un cerf altéré cherche l'eau vive, ainsi mon âme Te cherche, Toi, mon Dieu.)

37. Un cerf aurait indiqué à Dagobert l'oratoire où avait été enseveli saint Denis.

38. Un cerf aurait aussi montré à Clovis le gué de la Vienne qui le conduira à la victoire sur les Alamans. *Cf.* La Curne de Sainte-Palaye, *op. cit.*, t. III, p. 168.

39. Jean de Matha (1160-1213) et Félix de Valois (†1212) fondèrent l'ordre des Trinitaires, voué au rachat des chrétiens capturés par les infidèles.

40. *Les Saints de la famille capétienne* par le père Charton rédemptoriste, Paris, 1939, p. 10.

41. Il est aussi le patron des gardes forestiers, des arbalétriers de Liège, des pelletiers, des gainiers et des fondeurs de cloche.

42. De nombreux chasseurs, à la différence d'Hubert, ne surent pas se repentir à temps. Ainsi naissent de nombreuses légendes narrant des chasses maudites ou fantastiques dont les héros, transgressant le tabou cynégétique, et se laissant emporter par leur passion (*Cf. Le beau Pécopin et la belle Bauldour* de Victor Hugo), sont voués à l'errance, sont frappés de malédictions, ou de chasseurs se retrouvent eux-mêmes gibier.

43. Philippe Salvadori, *La Chasse sous l'Ancien Régime,* Paris, Fayard, 1996, p. 176.

44. *La Vénerie* de Jacques Du Fouilloux, *op. cit.* Epistre aux princes seigneurs et gentilshommes de France, p. 68 et 69.

45. On élevait jadis à l'abbaye de Saint-Hubert des chiens, les fameux « Saint-Hubert », dont on a dit qu'ils avaient été la première race de chiens courants.

46. [Charles de Salverte], *Essai sur la chasse du daim, par Thya Hillaud*, Compiègne, Decelle, 1906, p. 64.

Le courre du cerf

La chasse à courre (a), ou vénerie (b), est certainement l'un des plus anciens modes de chasse.

Attesté dès l'Antiquité, cet art, qui consiste à forcer (c) l'animal chassé, à l'aide d'une meute de chiens courants, a longtemps été le sport favori des rois. Il en a gardé le faste. Un laisser-courre (d) se déroule suivant un rituel précis, très tôt codifié, dont les traditions ont pu se maintenir, au fil des siècles, et garder toute leur authenticité. Son riche vocabulaire a été, en particulier, conservé et a su résister aux conséquences de l'anglomanie apparue au XIXe siècle.

L'usage, dans la vénerie, d'expressions et de termes d'origine française, a toujours été considéré comme une marque de savoir-vivre. La personnalité de Denys Cochin, homme cultivé et de grande distinction, s'identifie à cet esprit.

La chasse à courre, ou chasse « à cor et à cris », possède deux langages qui lui sont propres :

• celui des fanfares (e) « qui donne à un laisser courre traditionnel toute sa grandeur et sa noblesse »[1]. « [...] Hommes et chiens les comprennent et s'appuient sur ces sonneries. Elles sont le langage sonore et musical de la chasse, en commentant chaque aspect et chaque surprise [...] ».[2]

Chaque circonstance particulière est annoncée par une sonnerie de trompes, permettant aux veneurs de communiquer et de se transmettre des informations.

• celui des mots que Jacques du Fouilloux[3] définit, dès 1561, en précisant « [...] des mots et tenues de vénerie que doit entendre les veneurs pour faire les rapports et pour parler devant les bons maîtres [...] ».

Ce dernier langage, ainsi que le recommande le duc de Brissac[4] « [...] mérite qu'on s'y applique sans être chasseur [...] ». De nombreuses expressions de la langue commune trouvent leur origine dans celle de la vénerie. Nous utilisons familièrement, en dehors du contexte de la chasse, des locutions comme *être aux abois*, *donner le change*, *mettre en défaut*, *aller sur les brisées* et bien d'autres encore. Parfois certains mots comme hallali (f) ont leur origine dans le vocabulaire particulier à l'usage des chiens de meute « [...] qui constituent des ordres qu'ils comprennent fort bien [...] »[5].

Parmi tout le gibier, le cerf a toujours été considéré « [...] pour le plus beau des animaux [...] »[6] et « [...] la chasse au cerf est sans contredit la plus belle des chasses aux chiens courans [...] »[7]. (fig. 37)

Le laisser-courre du cerf se pratique suivant un cérémonial bien ordonné. Goury de Champgrand écrit, à son propos, qu'il « [...] se fait avec équipage et meute de chiens [...] »[8].

Dans la grande vénerie, l'équipage est composé de veneurs, à cheval, portant une tenue aux couleurs particulières et aux boutons (g) spécialement dessinés à leur intention. Ils sont accompagnés des piqueurs (h) et des valets de limiers (i) chargés des chiens de la meute. C'est le maître d'équipage qui décide de leur action.

La veille, ou très tôt au petit matin, les valets de limiers et leurs chiens partent faire le bois (j). Ils parcourent la forêt à la recherche de volcelest (k). À l'aide des brisées (l) ils indiquent leur cheminement. Puis, ils les rembuchent en suivant leur piste jusqu'à ce qu'ils soient rentrés dans leur fort (m). « [...] La manœuvre des cerfs pendant la nuit, quand ils vont aux gagnages, ou quand ils se rembuchent, doit servir à les faire juger. »[9]

Les résultats de cette quête sont exposés au maître d'équipage. Tous les veneurs se rassemblent au lieu de rendez-vous et « lorsque le rapport est fait on mène les chiens à l'endroit où l'on veut attaquer, après que les relais ont été envoyés chacun à leur destination »[10]. La meute est découplée, en otant aux chiens le couple (n) qui sert à les attacher deux par deux. Ceux-ci mis sur la voie par le sentiment (o) du cerf, se lancent

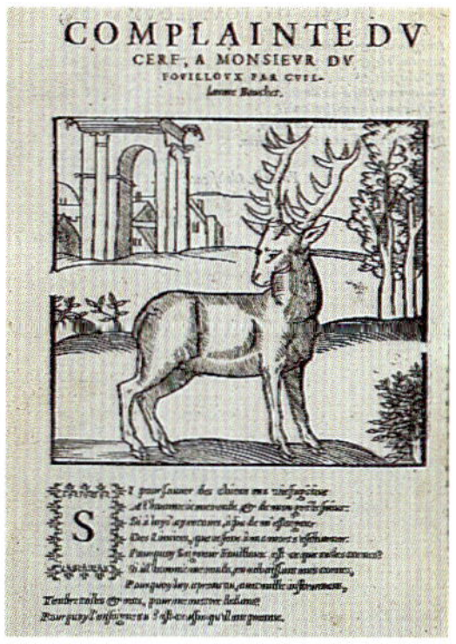

Fig. 37. Jacques du Fouilloux, *La Vénerie,* gravure sur bois, 1628
« Complainte du cerf, a Monsieur du Fouilloux par Guillaume Bouchet », Paris, Musée de la Chasse et de la Nature.

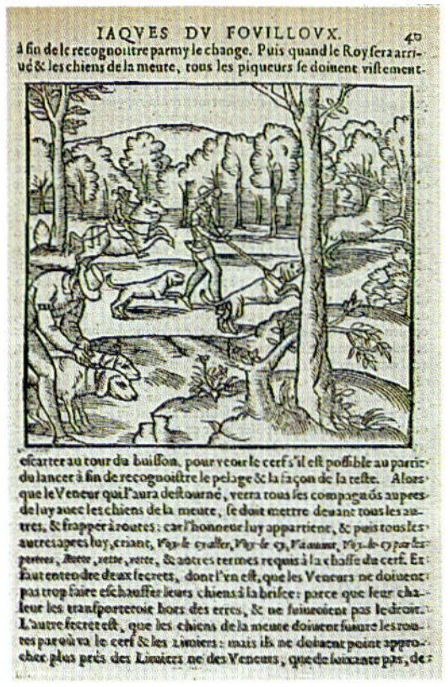
IAQVES DV FOVILLOVX. 40

à fin de le recognoistre parmy le change. Puis quand le Roy sera arriué & les chiens de la meute, tous les piqueurs se doiuent viftement

escarter au tour du buisson, pour veoir le cerf s'il est possible au partir du lancer à fin de recognoistre le pelage & la façon de la teste. Alors que le Veneur qui l'aura destourné, verra tous ses compagnós aupres de luy auec les chiens de la meute, se doit mettre deuant tous les autres, & frapper à routes : car l'honneur luy appartient, & puis tous les autres apres luy, criant, *Vay le cy aller, Vay le cy, Va auant, Vay le cy par les portees, Batte, vette, vette*, & autres termes requis à la chasse du cerf. Et faut entendre deux secrets, dont l'vn est, que les Veneurs ne doiuent pas trop faire eschauffer leurs chiens à la brisee : parce que leur chaleur les transporteroit hors des erres, & ne suiuroient pas le droit. L'autre secret est, que les chiens de la meute doiuent suiure les routes par où va le cerf & les Limiers : mais ils ne doiuent point approcher plus prés des Limiers ne des Veneurs, que de soixante pas, de

Fig. 38. Jacques du Fouilloux, *La Vénerie*, gravure sur bois, 1628, Paris, Musée de la Chasse et de la Nature.

à sa poursuite. Les trompes retentissent du bien-aller, tout se passe au mieux. (fig. 38)

Tout à coup « celui qui voit le cerf sonne fanfare »[11]. C'est la vue. « Les veneurs [...] examinent le cerf afin de le reconnaître pendant la chasse [...]. »[12] Harcelé, affolé par ces sonneries, les cris des chiens, le galop des chevaux, « [...] le cerf qui se sent malmené redouble de ruses... »[13]. Il sait d'instinct que ses traces seront plus difficiles à suivre s'il se jette dans un étang ou un ruisseau. Le voilà qui nage à vue des chasseurs. C'est le bat-l'eau.

Mais « [...] il y a des cerfs qui sont si malicieux [...] »[14] qu'ils essaient de donner le change. « Il cherche encore d'autres animaux pour s'accotter d'eux [...] »[15] et lancer les chiens sur la voie d'une autre bête. S'il réussit, « les veneurs pour se coup croyient leurs chiens en faute [...]. »[16]

Mis en défaut (p), ils doivent le relever et retrouver la trace de l'animal pourchassé. La poursuite reprend. Le débuché (q) retentit car le cerf a quitté l'abri des bois pour se mettre à découvert dans un champ ou dans la plaine. Mais bientôt, épuisé, le voilà rejoint par la meute. « Il leur tient tête dressé encore, aux abois devant eux, fier et digne et sachant que ses derniers moments sont arrivés [...]. »[17](r)

L'hallali peut sonner. Sur ses fins , il est servi (s) à l'aide d'une dague ou d'un couteau. Un silence total lui rend hommage. Les honneurs où « [...] le premier piqueur levait le pied droit de devant et le remettait au maître d'équipage [...] »[18] afin que celui-ci l'offre à l'invité de son choix. Puis vient le rite ultime de la curée (t) au cours de laquelle les chiens reçoivent en récompense une partie de l'animal. « Pendant ce temps les trompes sonnent une fanfare [...]. »[19] Puis elles enchaînent la retraite. Celle-ci peut être exprimée de façons différentes selon le résultat de la chasse : retraite prise si l'animal est pris, retraite manquée s'il a pu s'échapper, retraite de grâce si les veneurs lui ont accordé la vie sauve.

Marie-Christine Prestat

Notes

1. Robert Ambelain, *Symbolisme et rituel de la chasse,* Paris, Robert Laffont, 1981.
2. Paul Vialar, *La Chasse, Paris,* Flammarion, 1973.
3. Jacques du Fouilloux, *La Vénerie,* [1561], Paris, Sébastien ou Claude Lamoisy, 1628.
4. Duc de Brissac, *La Vénerie, études*, éd. del Duca, 1966.
5. Robert Ambelain, *op. cit.*
6. Goury de Champgrand, *Traité de vénerie et de chasse*, [1769], Paris, Saugrain et Lamy, 3e éd., 1780.
7. M. d'Yauville, *Traité de vénerie,* [1788], Paris, Émile Noury, 3e éd. 1929.
8. Goury de Champgrand, *op. cit.*
9. M. d'Yauville, *op. cit.*
10. M. d'Yauville, *op. cit.*
11. M. d'Yauville, *op. cit.*
12. M. d'Yauville, *op. cit.*
13. Goury de Champgrand, *op. cit.*
14. Jacques du Fouilloux, *op. cit.*
15. Goury de Champgrand, *op. cit.*
16. Jean de La Fontaine, *Le cerf et la vigne*.
17. Paul Vialar, *op. cit.*
18. Paul Bourget, *L'Emmigré,* Paris, Plon, 1907.
19. Gunnar Tilander, *Nouveaux essais d'étymologie cynégétique,* Lund, Blom, Cynegetica, 1957.

Glossaire

a. Du latin *currere* signifiant courir.

b. Du latin *venare* signifiant chasser.
On distingue la grande vénerie, à cheval, pour le cerf, le brocard, le sanglier et le daim, de la petite, à pied, pour le lièvre et le chevreuil.

c. A été substitué à *forsener* qui signifiait « être hors de sens ». L'animal forcé a été exténué par ses poursuivants et a dû se rendre.

d. Est souvent utilisé comme synonyme de chasse à courre.

e. Le plus illustre auteur, le marquis de Dampierre, en a publié un recueil en 1778.

f. Vient de la contraction de « halle à li ».
Halle était un cri destiné à encourager les chiens à courir sus l'animal sur ses fins.

g. Par extension, on appelle « boutons » les membres d'un équipage. C'est le maître d'équipage qui autorise le veneur à porter le bouton.

h. Du latin *picare* qui signifie piquer.
(Prononcé « piqueux » en Normandie et Île-de-France). Valet à cheval qui suit les chiens et conduit la chasse.

i. Du vieux français (XIe siècle) *liem* signifiant lien.
Chien, à l'origine tenu par un homme au bout d'une laisse, caractérisé par un odorat particulièrement développé.

j. Essayer de localiser des animaux.

k. De « vois ce l'est » que crie le veneur qui voit l'animal de chasse. Empreinte marquée dans le sol par le pied des animaux. Elle permet d'en déterminer l'âge et le sexe.

l. Branches cassées, disposées par les piqueurs, dans le sens où se dirige l'animal. Sont doubles pour le cerf.

m. Enceinte boisée.

n. Du latin *copula* signifiant lien, chaîne.

o. Du latin *sentare* signifiant sentir. Odeur émise par l'animal de chasse et qu'il laisse au sol.

p. Du verbe défaillir.

q. De bûcher signifiant sortir d'un bûcher ou amas de bois.

r. Les abois sont les cris des chiens entourant l'animal chassé.

s. Du latin *servire* signifiant être soumis à. L'animal, vaincu par le veneur, est soumis à sa volonté.

t. De cuir. Les morceaux de l'animal chassé étaient présentés sur sa peau, son cuir.
On distingue la curée chaude, faite sur place, de la curée froide.

La renaissance de la vénerie au XIXe siècle

La vénerie française du XVIIIe siècle est comme une perfection. Aux fastes de la vénerie royale, remarquable d'élégance et d'efficacité, faisaient écho ceux de la vénerie de Chantilly installée dans les somptueuses écuries du château. Ces modèles princiers donnaient le ton, suscitaient des vocations, modelaient une culture. Dampierre, composant ses fanfares, dotait d'harmonie les antiques et utiles « cornures » ; les Gaffet de La Briffardière et les d'Yauville, publiant leurs traités, fixaient les usages du « bien chasser » ; les François Desportes, les Jean-Baptiste Oudry, les Carle Vernet, peignant ce qu'ils voyaient à la chasse, indiquaient les modèles à suivre ; et le chic anglais, déjà sous Louis XVI, s'insinuait jusque dans les chenils et les écuries. Dans les provinces, les meutes étaient d'importance variable selon la taille des territoires : à grand seigneur, grande terre, donc grand équipage ; les membres de la petite noblesse avaient au chenil ce qu'il fallait de chiens courants pour chasser chez soi, ou chez le voisin s'il le voulait bien.

Comment chassait-on ? On aurait tort de croire à la généralisation des façons de la vénerie royale telles qu'elles étaient recommandées par le si compétent d'Yauville : chaque équipage faisait du mieux qu'il pouvait avec son élevage, son personnel, ses traditions et son territoire, ces caractéristiques propres n'étant pas comparables, en quantité et en qualité, à celles des équipages de Sa Majesté. Mais si ces veneurs des « provinces » avaient eu autant le goût d'écrire que celui de chasser, sans doute aurait-on des preuves qu'ils suivaient dans l'esprit, sinon à la lettre, les préceptes les plus impératifs de d'Yauville : forcer l'animal de chasse et non l'étouffer, obtenir des chiens de change, servir discrètement les chiens en intervenant le moins possible, ne jamais les enlever de la voie, arrêter et faire rallier les chiens qui chassent un change, arrêter une tête qui se forme pour rameuter…

Encore et déjà, le grand débat était celui de l'élevage, un art difficile en des temps où la moindre épidémie condamnait tout un chenil. On s'accordait à penser que le sang anglais fortifiait les vieilles races françaises et que les chiens d'ici étaient plus criants que ceux d'outre-Manche, mais on disputait sans cesse de leurs qualités comparées de vitesse, de nez, de résistance et de tempérament.

Voilà les désordres de la Révolution. *Volens nolens,* on n'épargne aucun des acteurs du grand théâtre de la chasse, essentiellement les veneurs, les chiens et le gibier. De nombreux veneurs – ils sont tous nobles – passent par la fenêtre (de la guillotine), selon le délicat euphémisme du temps ; les meutes sont cruellement sacrifiées ou disparaissent ; quant au gibier, il est exterminé par les citoyens qui exercent en trop grand nombre leur droit de chasse tout neuf.

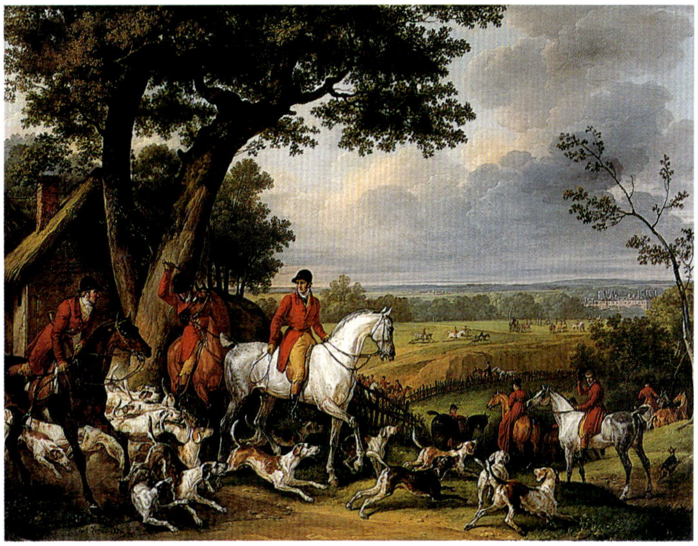

Fig. 39. Carle Vernet, *Départ pour la chasse,* 1827,
Paris, Musée de la Chasse et de la Nature, dépôt du musée duLouvre.

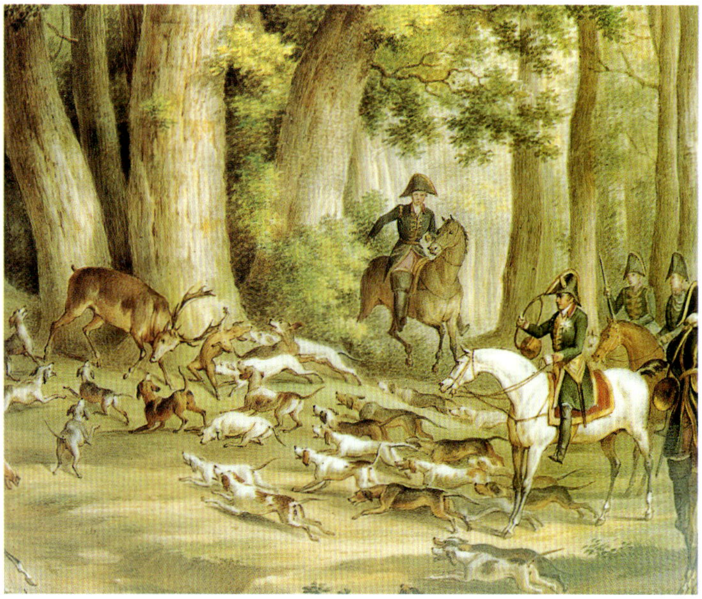

Fig. 40. D'après Carle Vernet, équipage du duc du Berry, *Chasse du daim dans la forêt de Compiègne le 17 avril 1818*, vase en porcelaine de Paris, Paris, Musée de la Chasse et de la Nature.

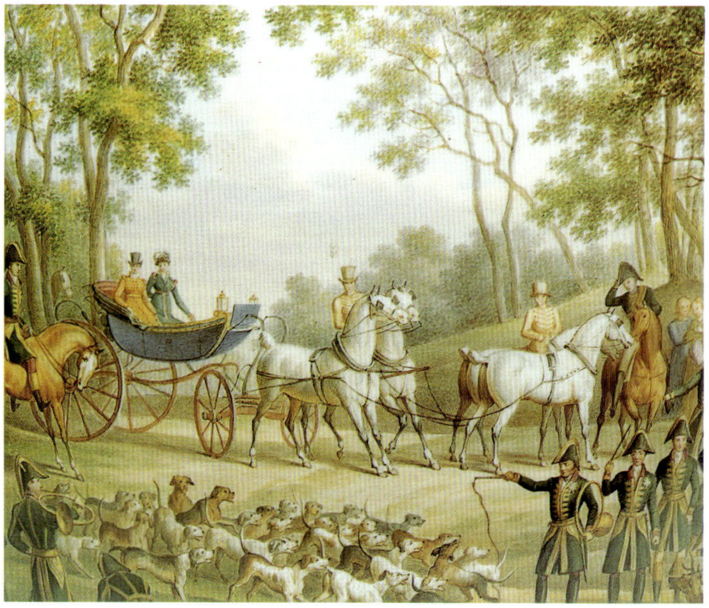

Fig. 41. D'après Carle Vernet, équipage du duc de Berry, *Curée du daim dans la forêt de Malmaison le 20 mai 1898*, vase en porcelaine de Paris, Paris, Musée de la Chasse et de la Nature.

Hommes du nouvel ordre, le gentilhomme régicide Paul de Barras, directeur, puis Bonaparte, Premier consul, montent leur équipage. Le personnel est recruté chez des rescapés de la vénerie royale. Poursuivant dans la voie ainsi tracée par le Premier consul, l'empereur repeuple les forêts et crée une vénerie impériale, moins par goût, dit-on, que pour entretenir son prestige.

Ces efforts sont des encouragements pour ceux qui brûlent de galoper comme autrefois derrière des chiens. En outre, pour le pouvoir impérial avide de popularité, soutenir la vénerie est une manière adroite de séduire les partisans de l'ancienne monarchie. Et il faut détruire les loups qui infestent certaines régions. Alors, dans les provinces, grâce aux ventes ou aux saillies consenties par ceux qui ont pu conserver des chiens, des équipages se montent ou se remontent, si l'on peut nommer équipage une poignée de chiens d'ordre que l'on fait chasser dans les règles de la vieille vénerie.

Le retour des Bourbons favorise cette tendance. Sagement restaurée par Louis XVIII qui ne chassait pas, la vénerie royale retrouve sa traditionnelle magnificence sous l'autorité du comte de Girardin à qui Charles X, veneur acharné, conserve sa charge de grand veneur lorsqu'il accède au trône. L'anglomanie sort de l'ombre : les chiens sont très anglais, les chevaux tout à fait. À Chantilly, le duc de Bourbon, dernier des Condés, ressuscite la gloire de la tenue ventre de biche : il repeuple ses forêts, reconstitue des meutes en puisant dans les meilleurs élevages de France ou d'Angleterre et engage un personnel de qualité. Mais il meurt en 1830 et l'équipage est démonté.

La révolution de 1830 fait partir les Bourbons. Ouvrant à la location les forêts du domaine, Louis-Philippe supprime la vénerie royale. Dieu merci, ses fils, le duc d'Orléans et le duc de Nemours, suivis par le prince de Joinville et le duc d'Aumale, entretiennent de leurs deniers un équipage qui, d'abord modeste, devient considérable. L'exemple princier fait des émules : des veneurs s'associent pour acquérir le droit de chasser dans les forêts royales d'Île-de-France ou sur des territoires étendus ; l'élevage des chiens est toujours la grande préoccupation, soit que l'on s'acharne à retrouver et conserver pures les anciennes races françaises, soit que l'on crée de nouvelles races, par l'introduction de sang anglais, principalement.

L'élan ainsi donné à la vénerie sous la Restauration est très durable, couvrant les trois derniers quarts du siècle. La renaissance de la monarchie façon romantique induit une culture qui exalte les valeurs de l'ancienne chevalerie. La chasse étant un privilège des seigneurs d'autrefois, la noblesse d'hier, celle d'aujourd'hui, et surtout celle de demain, doivent chasser. La vénerie envahit les forêts, mais aussi le théâtre et la littérature. Le culte de saint Hubert se renouvelle (toutes les « messes de Saint Hubert » ont été composées après 1850). *Le Journal des chasseurs,* tissu de la tradition cynégétique, est émaillé de récits des prouesses des anciens chasseurs auxquels le lecteur s'identifie. L'essor économique et les progrès de l'agriculture engendrent (et jusqu'en 1914) la prospérité, laquelle permet à certains de consacrer des moyens importants à la chasse, une activité saine, utile, captivante et prestigieuse. Chassons !

Lorsque Napoléon III remonte une vénerie en 1852, Ney, prince de la Moskowa, premier veneur, a la sagesse d'engager La Trace, piqueur de Napoléon Ier et des Orléans, donc pétri de traditions. L'équipage impérial brille jusqu'à la guerre de 1870 qui le fait disparaître, comme beaucoup d'autres. Les chefs d'État ne chasseront plus à courre, du moins officiellement, et l'histoire de la vénerie est désormais celle des équipages tenus par des particuliers ou organisés en société.

Et il y a beaucoup d'équipages : pendant plus de cinquante ans, malgré quelques révolutions, les meutes se sont reconstituées, les forêts se sont repeuplées. Les rois comme l'empereur, ou leur famille, en donnant l'exemple, ont propagé le goût de la vénerie. Leur gestion a contribué à la développer. Les équipages naissent, renaissent, se transforment, permettant accessoirement à une bourgeoisie nouvellement fortunée de se frotter à la noblesse, d'en acquérir les façons, de nouer des liens familiers ou familiaux avec elle. Après celui des chiens, le sang des veneurs se renouvelle. Les malheurs de 1870 ne cassent pas cette tendance.

Comment juger de la qualité de la vénerie ressuscitée par rapport à ce qu'elle était au siècle précédent ? Les veneurs, d'abord ; ils se recrutent dans un milieu moins exclusif, et sans inconvénients, semble-t-il, car les nouveaux venus adoptent les valeurs de leurs anciens, créant un terreau fécond. Les veneurs qui marquent cette fin de siècle sont nombreux à se distinguer par leur élégance, leur science, leur efficacité ou leur esprit sportif (et trop nombreux pour qu'on puisse les citer ici). Les chiens, eux, sont très britannisés, en raison d'une injection continue de sang anglais (qui nous vaut d'avoir aujourd'hui des meutes composées de bâtards anglos-français pour une écrasante majorité) ; des avantages et des désavantages de ces croisements, on débattra contradictoirement jusqu'à exaspérer saint Hubert. Sans doute, les meutes, plus spécialisées, sont-elles plus efficaces, en particulier dans le cas du chevreuil. Quant à la façon de chasser, adaptée, comme la meute d'ailleurs, au caractère du territoire et à celui… du maître d'équipage, elle est très variée, comme elle l'était sous l'Ancien Régime et comme elle le sera de nos jours…

Quoi qu'il en soit, il y a 200 équipages de grande vénerie rassemblant 6 500 chiens d'ordre en 1900 (Le Couteulx de Canteleu), et la vénerie française, qui manqua disparaître un siècle auparavant, est pleine de santé : voilà un miracle de saint Hubert !

Et, aujourd'hui, c'en est un autre que, malgré les guerres et les révolutions, qu'en dépit du chant mélodieux des tenaces et sportives sirènes britanniques, soient encore vivantes les traditions uniques, singulières, fondées sur des siècles d'effort et de progrès, qui sont l'essence de l'art de la chasse à la française.

Roland de Chaudenay

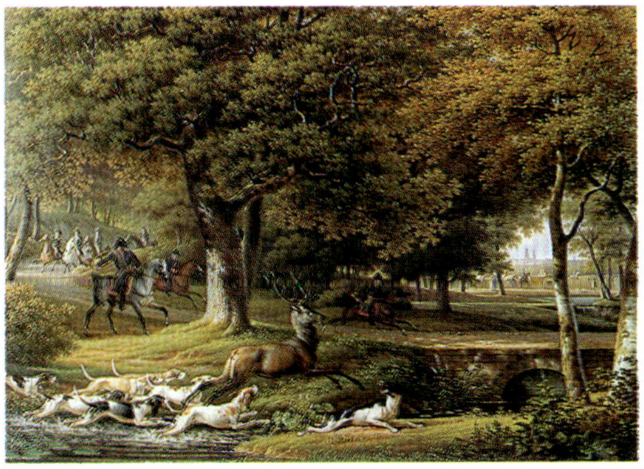

Fig. 42. Jean-François Robert, plat en porcelaine du service du duc de Berry dite *Déjeuner des chasses*, Paris, Musée de la Chasse et de la Nature.

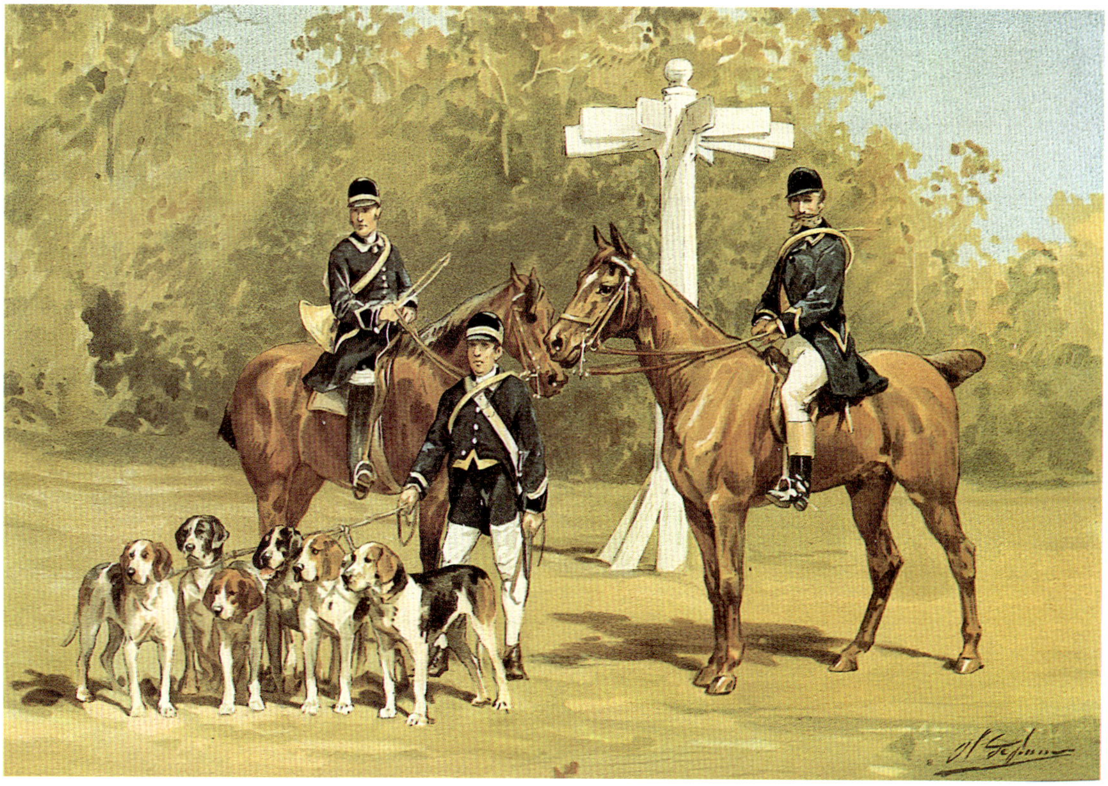

Fig. 43. Charles Olivier de Penne, *Équipage du comte Greffulhe*,
tiré de *L'Armorial de la vénerie*, par le baron de Vaux, Paris, J. Rothschild, 1895,
Paris, Musée de la Chasse et de la Nature.

Denys Cochin et l'équipage de Boisboudran

« Mon cher ami,

J'ai reçu et vous en remercie, l'invitation des chasses de l'équipage de Francport dans la forêt de Villefermoy. Que de bons souvenirs de votre équipage ce nom me rappelle. Je voudrais, j'essaierai, de suivre encore une ou deux chasses à cheval.

Ici – autre sport – Jules Roche vient d'achever un bon discours contre l'absurde impôt sur le revenu – que personne ne désire et que tout le monde votera… »[1] Cette lettre sans date (probablement 1912) de Denys Cochin au comte Greffulhe donne le ton d'une correspondance où de brèves notations politiques voisinent avec les propos cynégétiques et les invocations à saint Hubert. Elle trahit, chez Cochin, toute la nostalgie de ces chasses qu'il a tant aimées et qu'il n'a plus le loisir de suivre.

Le Journal des chasses de Boisboudran[2], où sont consignés au jour le jour les récits des chasses à courre, du laisser-courre à l'hallali, le lieu du rendez-vous, la nature et l'âge de l'animal chassé, le parcours de chasse, la liste des invités, mentionne, pour la première fois, le baron Denys Cochin à la chasse du 5 novembre 1885. Désormais, il sera pratiquement de toutes les chasses à courre de son ami Greffulhe, manquant rarement le rendez-vous. « Mon cher ami, à mon grand regret, je ne peux aller à la chasse à courre : je l'ai écrit à Mme de Greffulhe. J'ai des gens à voir, un article à finir, le budget de la marine… enfin un tas d'affaires aujourd'hui… »[3]. S'il invite Greffulhe en retour à venir tirer le perdreau dans sa propriété, ce n'est pas sans quelque coquetterie, ne voulant pas comparer sa chasse à celle de Boisboudran :

« M. Greffulhe m'écrit qu'il viendra chasser à Ollainville le 26 septembre. J'en suis enchanté, mais horriblement intimidé. Je vais faire une neuvaine à saint Hubert – et encore, saint Hubert y entend-il quelque chose ? Il ne devait pas chasser en battue. »[4] Au-delà du mot d'esprit, cette réflexion traduit le contexte culturel de la commande passée à Maurice Denis. La chasse à courre, saint Hubert, tiennent une place de premier plan dans les préoccupations de Cochin.

La vénerie, telle que la pratique l'équipage de Boisboudran, n'a-t-elle pas tout pour séduire l'esthète ? Résolument attachée à la tradition française, elle représente incontestablement plus qu'un simple sport : elle veut être l'héritière des rites immémoriaux de l'ancienne chevalerie.

En fait, deux équipages se succèdent à Boisboudran. Les frères Charles et Henri Greffulhe montent le premier, qui sera actif de 1836 à 1848. L'équipage n'est pas spécialisé et chasse indifféremment le daim, le cerf et le loup. Ce dernier animal est alors abondant dans les forêts d'Île-de-France. Charles et Henri Greffulhe sont louvetiers pour l'arrondissement de Provins. Pendant toute cette période, l'équipage est mené par le piqueur Landouiller, d'excellente réputation.

À la date du 3 août 1837, où s'ouvre le livre des chasses, il se compose, outre le piqueur, d'un seul valet de chiens à cheval, d'un valet de limiers à pied et d'un valet de chiens à pied, ainsi que de 8 chevaux, 50 chiens, anglais pour la plupart mais également vendéens, 7 lices (ou chiennes reproductrices). Il chasse régulièrement à Boisboudran, en forêt de Villefermois et se déplace à Rambouillet. Louis-Philippe ayant supprimé la vénerie royale en 1830, différents équipages sont invités dans les forêts de la Couronne. Proches de la famille d'Orléans, les Greffulhe viennent ainsi chasser le sanglier et parfois même le cerf à Fontainebleau. Le duc d'Orléans a bien monté un équipage, mais celui-ci ne chasse que le cerf[5]. Les Greffulhe mettent donc leur vautrait à la disposition du prince, quand celui-ci veut

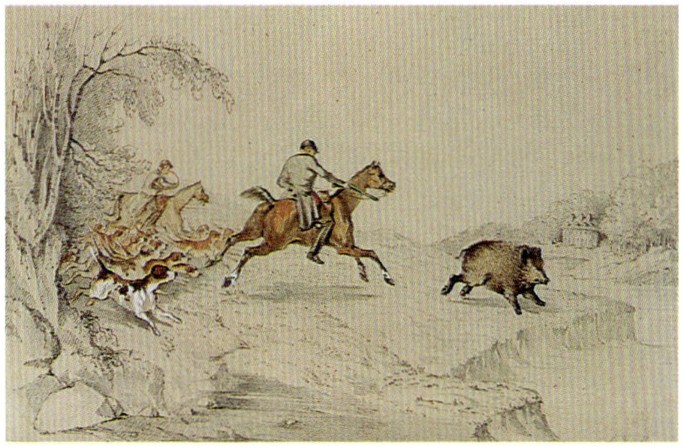

Fig. 44. A. de Mun,
Chasse de l'équipage de Boisboudran le 14 octobre 1843,
collection particulière.

courre le sanglier[6] . Le roi lui-même assiste à la chasse du 16 avril 1845 où le sanglier est servi par le prince de Joinville.

Des deux frères, Henri Greffulhe, resté célibataire, semble le plus vivement intéressé par la chasse dont il manque rarement une sortie.

En 1847, l'équipage a déjà tué 156 sangliers, 44 loups (dont 18 pour la seule année 1841) et 27 daims et cerfs. Parmi les invités se trouve souvent mentionné A. de Mun, auteur d'un dessin humoristique (fig. 44).

Selon le journal manuscrit de l'équipage de Boisboudran, ce premier équipage cesse son activité après la chasse du 15 avril 1847. La meute est vendue alors au comte de La Guiche et à la Société de Rambouillet[7].

Henri, fils de Charles, apprécie la chasse sous toutes ses formes. Aux battues qu'il organise, chefs d'État, ou magnats de la finance côtoient les grands noms du gotha international. Il remonte l'équipage en 1869 et le dote de moyens supérieurs : 5 hommes avec Charriez comme piqueur et Barrot comme valet de chiens à cheval, 8 chevaux, 57 chiens et 3 lices. Contrairement aux chasses à tir, qui constituent un instrument efficace au service de la politique mondaine des Greffulhe, la chasse à courre a vocation à réunir les amis proches, les voisins, qui sont vraiment intéressés par cette activité exigeante.

Le livre manuscrit des chasses reprend donc en indiquant qu'il s'agit d'une continuation des chasses par M. Henri Greffulhe (junior). La continuité est en effet bien assurée, ne serait-ce que par la présence assidue de l'oncle Henri dans les premiers temps de ce nouvel équipage. *Le Journal des chasseurs* relate l'une des toutes premières chasses du vautrait de Boisboudran nouvellement remonté. « Monsieur le comte Henri Greffulhe, qui ce jour-là, était à la chasse, avouait qu'il n'en avait jamais vu de plus belle ; cet aveu, de la bouche d'un pareil veneur, est plus qu'un éloge pour son neveu. » Le chroniqueur ajoute : « Le sanglier a été servi par Barrot, qui s'est jeté au milieu de la mêlée. Il a saisi par la vrille le ragot littéralement couvert par la meute. Quel beau surtout pour la table de Boisboudran ! Mais où trouver l'artiste capable de rendre pareil tableau ? »[8]

Dès cette première année, les chasses du nouveau vautrait de Boisboudran sont suivies par les grands noms de la vénerie renaissante. Le journal de l'équipage mentionne fréquemment la présence, à côté des Louvencourt et La Rochelambert, du comte de Chabot, historiographe de la vénerie française, ainsi que celle du comte de l'Aigle. L'assiduité de ce dernier ne doit pas surprendre. Louise Greffulhe, la sœur du maître d'équipage a en effet épousé Robert de l'Aigle, membre de cette famille qui s'est particulièrement illustrée dans l'art de la vénerie. L'équipage des marquis de l'Aigle, actif dès 1790 n'a-t-il pas fourni à Napoléon III les chiens nécessaires à remonter la vénerie impériale ? Pour les théoriciens contemporains de la vénerie, le Francport incarne le respect des traditions de la chasse à la française, en résistance contre les influences anglaises[9].

La conception anglaise de la chasse à courre tend à privilégier l'exercice équestre au détriment du raffinement cynégétique. Il semble que cette influence anglomane ait été particulièrement importante dans la première moitié du XIXe siècle où le chasseur *fashionable* emprunte outre-Manche la tenue équestre et les rapides fox-hounds.

Or, à Boisboudran, comme au Francport, on se veut ancré dans la tradition française. Cela se

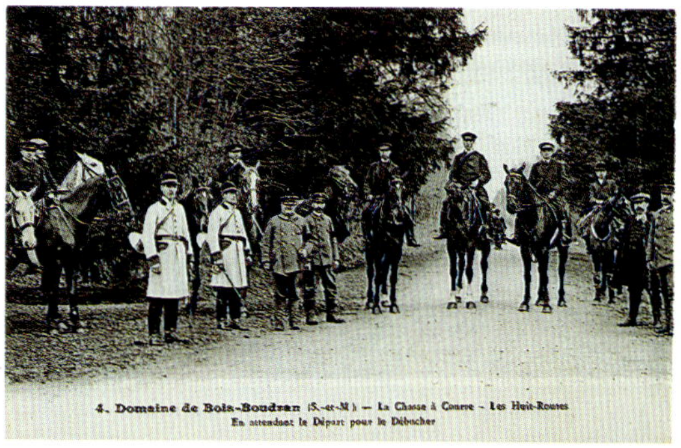

Fig. 45.

traduit notamment par la familiarité du maître d'équipage avec ses chiens, ce qui, au dire des contemporains, n'est pas le propre du chasseur *fashionable* : « Monsieur le comte Henri n'avait pas assez de mouchoirs dans ses poches pour panser et soigner les plaies béantes des pauvres chiens. On reconnaissait là le bon veneur qui ne se laisse pas griser par les fanfares, et qui, après, la rentrée, reporte toute sa sollicitude sur les braves animaux qui lui ont donné la victoire. »[10]

L'attachement à la tradition se traduit dans l'observance scrupuleuse, voire même la « réactivation », de rites ancestraux. L'archaïsme est inhérent à l'esthétique du veneur. L'évolution du costume de chasse, dans la plupart des équipages contemporains, en constitue l'illustration.

Sous l'Ancien Régime, la pratique de la chasse au chien courant ne s'accompagne pas nécessairement du port d'un costume spécifique (hormis les grands équipages qui sont le privilège du roi et des princes de sang). Or, les sociétés de chasse qui se montent sous la Restauration et sous la monarchie de Juillet adoptent des tenues uniformes d'inspiration anglaise, de coupe contemporaine et souvent de couleur rouge[11].

La tenue permet de caractériser l'équipage. Selon une codification qui se généralise au cours du XIXe siècle, des différences d'accessoires permettent de préciser le statut de la personne qui la porte : maître d'équipage, personnel, membre associé, invité...

Certains tailleurs se font une spécialité de la confection de ces tenues de vénerie[12].

À partir du Second Empire, l'attachement à la tradition française favorise un style d'habillement « historique ». À défaut de modèle vraiment ancien, qui puisse constituer l'équivalent vestimentaire du vocabulaire hérité du traité de vénerie de Du Fouilloux, c'est vers la vénerie royale du XVIIIe siècle que l'on se tourne. Napoléon III donne l'exemple lorsqu'il restaure la vénerie impériale[13].

L'équipage de Boisboudran adopte ainsi une tenue inspirée des modèles de l'Ancien Régime : bleu clair ; parements noirs ; gilet jaune ; galon ; bas et bottes de vénerie ; culotte blanche. Comme c'est à nouveau l'usage, les dames sont coiffées du tricorne directement inspiré du siècle précédent. Concession à la modernité et au confort, les messieurs portent la *cape* contemporaine, sorte de casquette équestre de forme hémisphérique. C'est la tenue que portent les membres de la famille Cochin dans la scène du *Départ* de Denis. Afin de distinguer les hommes d'équipage, piqueur, valets de chiens et de limiers, leur tenue comporte une culotte bleue et non pas blanche[14]. Pour distinguer le piqueur, la cape en est ornée d'un *ruban de vénerie*, sorte de galon courant à la base de la calotte. Ce détail est bien observé par Denis lorsqu'il représente le piqueur au *Lâcher des chiens*. Il lui met en main le fouet qui permet de diriger la meute.

« Les invités n'ont droit ni à la trompe, ni au

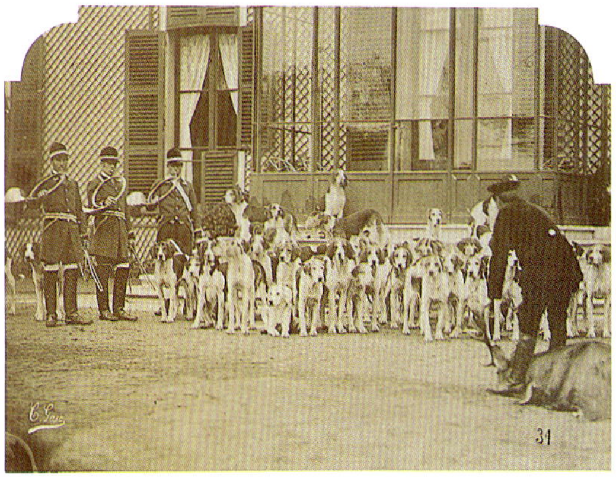

Fig. 46. Équipage de Boisboudran, (Photo C. Gasc), coll. part.

fouet. S'ils ont un fouet, ils en retirent la flotte même enroulée autour du manche. Mais le maître d'équipage autorise volontiers un invité à porter la toque et le fouet. Lorsque la faveur de porter la trompe est accordée, l'invité peut avoir son fouet déroulé. Un maître d'équipage invité à chasser peut revêtir sa propre tenue »[15]. Toutefois le costume réglementaire des invités correspond à la description suivante : chapeau haut de forme, jaquette noire, rouge ou gris foncé, culotte blanche et bottes à revers[16].

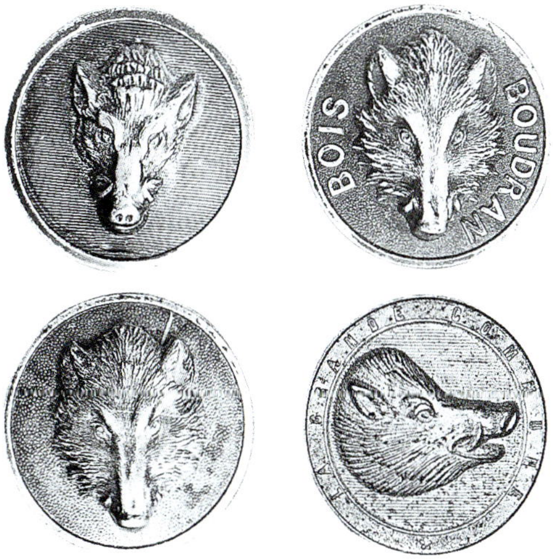

Fig. 47. Boutons de tenues de vénerie de l'équipage de Boisboudran.

La tenue comporte des boutons spécifiques. (fig. 47) Apparu, vers 1750, le bouton de vénerie constitue l'insigne de l'équipage. Il est le plus souvent décoré d'un emblème qui en évoque le caractère. Une variation du motif permet de distinguer le personnel. Boisboudran a porté différents boutons correspondant à des tenues successives[17]. La présence de la hure de sanglier rappelle la vocation initiale du vautrait.

L'adoption d'un uniforme pour les équipages de simples particuliers, fussent-ils fortunés comme le comte Greffulhe, témoigne d'une démocratisation de la vénerie au cours du XIXe siècle. Celle-ci tend à divulguer les usages réservés sous l'Ancien Régime aux équipages royaux ou princiers. L'adoption d'une fanfare propre à chaque équipage, relève de cette même tendance. Pour cet hymne qui doit être adapté aux possibilités musicales de la trompe de chasse, l'identité de l'auteur, souvent simple veneur, est souvent perdue. C'est le cas pour *La Greffulhe*. (fig. 48)

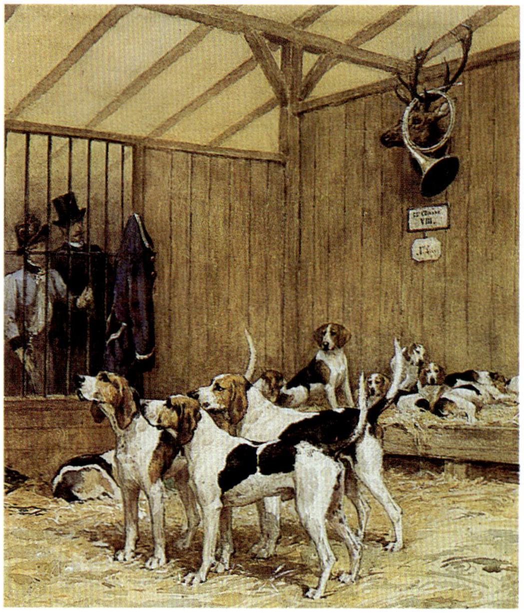

Fig. 49. Charles Olivier de Penne, *Chiens de la meute de l'équipage Boisboudran*, aquarelle , coll. part.

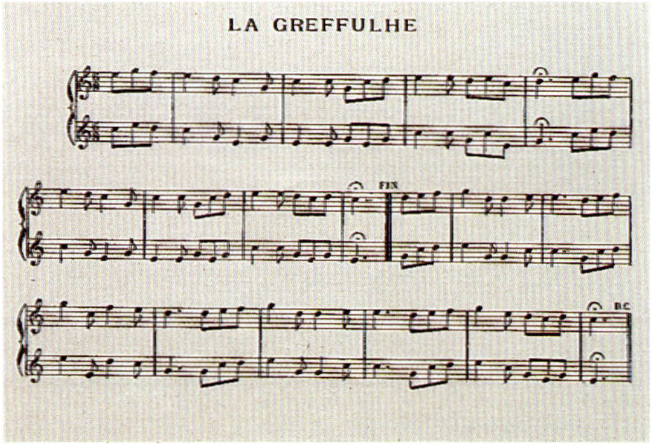

Fig. 48.

Après l'interruption causée par la guerre de 1870, Boisboudran connaît une période faste. Les chasses sont suivies par un public élégant dont la loi d'exil n'a pas encore exclu le comte et la comtesse de Paris. Barrot devient piqueur en remplacement de Charriez en 1871. C'est lui qui est représenté par Denis dans *Le Lâcher des chiens*. Il occupe cette fonction jusqu'à la fin de l'équipage puis demeure au service du comte Greffulhe[18]. Avec Barrot pour piqueur, Boisboudran s'oriente vers la chasse au cerf. En 1873, il ne comporte pas moins de 3 valets de chiens à cheval et 82 chiens. L'effectif de la meute tend à s'accroître encore avec l'introduction de chiens d'origine vendéenne pour le cerf. En 1879, l'équipage comprend deux meutes, l'une pour les cerfs et l'autre pour les sangliers. L'apogée se situe dans les années 1880. À cette date, Boisboudran a les sangliers de la forêt de Fontainebleau[19]. Avec 8 hommes et 2 meutes, l'une de 51 chiens pour le cerf et l'autre de 63 pour le sanglier, c'est l'un des plus importants équipages de France[20].

18 cerfs et 17 sangliers sont servis en 1882.

En 1881, pour loger cette meute considérable, le chenil de Boisboudran est doté des derniers perfectionnements techniques. Un téléphone relie le cabinet de travail du comte au chenil. La comtesse Greffulhe, en qui l'on veut voir le modèle de la duchesse de Guermantes, écrit à sa mère pour lui conter l'émotion très proustienne qu'elle a eu à communiquer à distance avec le piqueur Barrot[21].

Toutefois, Élisabeth de Caraman-Chimay, est loin de partager d'emblée la passion de son mari, le comte Henri Greffulhe, pour la chasse : « Aujourd'hui, ennui distillé, c'est la chasse à courre, on déjeune sans faim, on s'affole, on crie, on court, puis après trois heures debout dans les carrefours, on écoute ce qu'on ne désire pas entendre, puis on roule derrière cette bête et tout cela dure six et huit heures »[22]. Le maître d'équipage doit employer sa force de persuasion pour convaincre son épouse : « Vous croyez donc qu'à la chasse à courre on attaque pour prendre. Ah bien, on voit bien que vous n'avez jamais chassé de votre vie ! »[23]

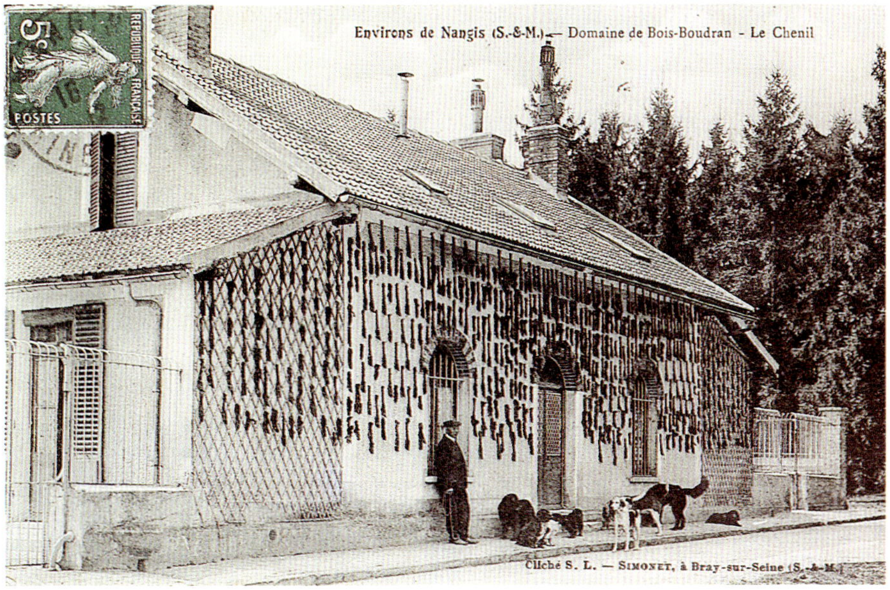

Fig. 50.

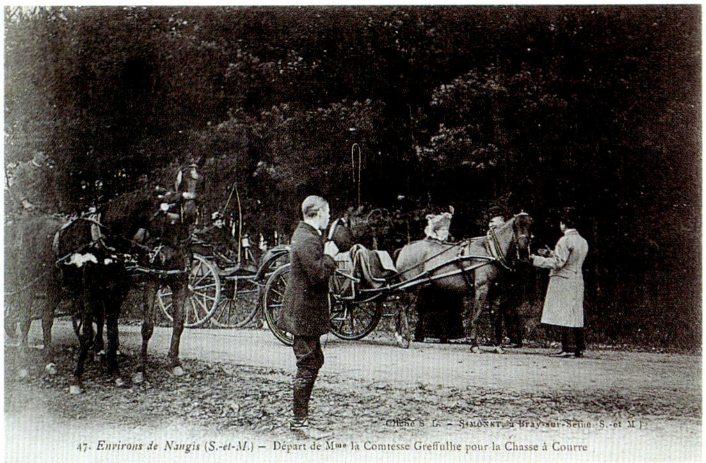

Fig. 51.

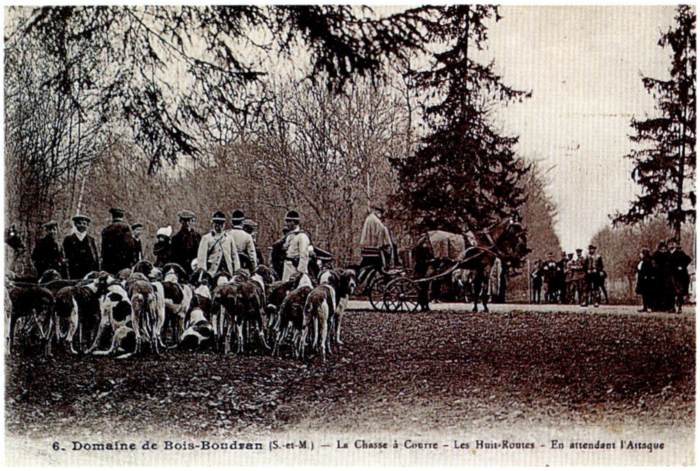

Fig. 52.

C'est cet équipage en pleine vigueur que connaît Cochin. Pour la première fois, en 1885, il *courre* le cerf et s'en trouve enchanté. « Rien n'approche comme sport, organisation, charme de conversation, les journées de Boisboudran »[24].

Mais l'intérêt qu'y trouve le comte Greffulhe est-il toujours aussi vif ?

En 1893, l'équipage réduit à 4 hommes et 45 chiens, chasse seul, sans même la présence de son maître. En 1894, il chasse seul encore à l'exclusion d'une journée où sont présents MM. Lebaudy et Cochin dont c'est la 48e chasse. Le livre des chasses de Boisboudran s'achève sur cette dernière chasse, suivie de nombreuses pages blanches. Depuis 1869, l'équipage a pris 248 cerfs et 164 sangliers. L'équipage perdure toutefois et n'est démonté qu'en 1912. Mais il chasse le plus souvent en petit comité. Comme en ce jour de décembre 1895 où le baron Cochin convie Denis à venir assister au courre du cerf dans la forêt de Villefermoy*. Selon les annuaires de la vénerie, les sangliers diminuant, il ne chasse plus que des cerfs[25]. En 1912, les difficultés économiques se faisant sentir, le comte Greffulhe démonte l'équipage. Les chasses de Boisboudran sont cédées à l'équipage du marquis de l'Aigle qui maintient les grandes traditions de la vénerie française.

* Lettre de Denys Cochin à Maurice Denis.

Claude d'Anthenaise

Notes

1. L'équipage de Boisboudran ayant été démonté, c'est l'équipage de Francport, au marquis de l'Aigle qui lui succède dans les territoires de chasse comme la forêt de Villefermois. Le comte Greffulhe a transmis au marquis de l'Aigle une liste de personnes à inviter parmi lesquelles figure le baron Denys Cochin ; Archives nationales ; AP/101 (I) 35.

2. Ce journal en deux volumes est en main privée.

3. Lettre sans date de Denys Cochin au comte Greffulhe ; AP/101 (I) 35).

4. Lettre sans date de Denys Cochin à la comtesse Greffulhe ; AP/101 (II) 77.

5. H. Tremblot de La Croix & Bernard Tollu, *Deux Siècles de vénerie,* éd. Horarius, Chantilly, 1988.

6. Baron de Vaux, *L'Armorial de la vénerie – Les grands veneurs de France,* 1895.

7. H. Tremblot de La Croix & Bernard Tollu, *op. cit.*

8. *Le Journal des chasseurs,* 34e année, novembre 1869 à mai 1870, Paris au bureau du *Journal des chasseurs,* p. 86-87. *Le Journal des chasseurs* date cette chasse du 11 novembre 1869 ; en fait il s'agit de la chasse du 9 novembre.

9. [...] « Nous avons deux camps : celui des veneurs classiques et celui des veneurs romantiques. On reproche à ces derniers d'être anglomanes, de pousser trop loin l'amour du chien anglais, et d'être la cause de la corruption du beau langage de la vénerie, assez riche et trop pittoresque pour avoir besoin d'emprunter des mots à la langue saxonne des sportsmen d'outre-Manche.
L'art de forcer les animaux avec des chiens et des chevaux, de les chasser à cor et à cri, est éminemment français ; c'est chez nous que ce noble délassement a été soumis à des règles, à des principes qui diffèrent totalement de la manière de procéder des autres peuples. Ne serait-ce que par esprit national, notre manière de chasser ne fût-elle pas la plus élégante et la plus logique, ne devrions-nous pas conserver précieusement ces bonnes traditions par orgueil national ? » Lage de Chaillou (Baron de), La Rue (A. de), Cherville (Marquis de). *Nouveau traité des chasses à courre et à tir*, Paris, Goin, s. d., 1869. L'ouvrage fait des chasses du marquis de l'Aigle, dans la forêt de Villefermois, le modèle de ce que doit être la vénerie française : Bien que le courre n'y soit pas des meilleurs, je préfère ce pays à beaucoup d'autres, à cause des nombreux débuchers et de l'aspect sauvage des étangs qui donnent lieu à des bat-l'eau ravissants. C'est d'ailleurs un terrain classique que nos veneurs romantiques n'ont pas encore gâté, p. 202.

10. *Le Journal des chasseurs*, *op. cit.*

11. « Si vous formez une société nouvelle, posez toutes ces questions : agitez la coupe, la forme, la couleur, les boutons, le collet, les passepoils, et suivez l'avis du plus grand nombre. Si vous entrez dans une société déjà formée, vous devez vous conformer aux usages reçus [...] Si vous êtes voisin de plusieurs sociétés de chasseurs, et si l'on vous invite à quelque partie de chasse, il faut arriver avec le costume adopté par les invitants ; vous vous feriez siffler si vous n'étiez pas en uniforme. Dans une grande chasse à courre, l'uniforme est de rigueur ; il produit un bel effet, soit à l'assemblée, soit à la curée, soit au repas du soir. » Elzéar Blaze, *Le Chasseur au chien courant,* Paris, 1838.

12. Le comte Greffulhe fait confectionner ses tenues chez Henry Creed & Cie, 25 rue de la Paix ; AP/101 (I) 56.

13. « Ne serait-ce que par esprit national, notre manière de chasser ne fût-elle pas la plus élégante et la plus logique, ne devrions-nous pas conserver précieusement ces bonnes traditions par orgueil national ? C'est ce sentiment qui a guidé, sans doute, le chef de la vénerie impériale, qui a fait adopter le gracieux et historique costume du temps du roi Louis XV ; il ne reste qu'à regretter que, pour des raisons que nous n'avons pas à apprécier ici et qui doivent être plausibles, le souverain ne chasse qu'avec des chiens anglais, [...]. » Lage de Chaillou (Baron de), La Rue (A. de), Cherville (Marquis de), *op. cit.*

14. Maurice Denis n'a pas retenu cette distinction dans la représentation fantaisiste des valets de limiers.

15. Ch.-J. Hallo, *De la cape à la botte, historique des tenues françaises de vénerie,* Moulins, Crépin-Leblond et Cie, éd., 1951.

16. Ibid.

17. 1. Hure allongée de face, fond rayé, cerclé (or) – 2. Hure dans un collier et devise « La Grande Commune » (argent estampé) – 3. Hure de face ; en exergue, la devise « Bois-Boudran » (argent). Pour les hommes d'équipage : le même, sans devise ; H. Tremblot de La Croix & Bernard Tollu, *op. cit.*

18. Ce dernier lui est très attaché et lui fait décerner par le prince Murat, président de la Société de vénerie, le diplôme d'honneur pour services rendus de 1859 à 1921. Lors de ses funérailles en 1922, Henri Greffulhe prononce un discours lui témoignant son estime ; AP/101 (I) 56.

19. H. Tremblot de La Croix & B. Tollu, *op. cit.*

20. Comte Le Coulteux de Canteleu, *Manuel de vénerie française,* Hachette et Cie, Paris, 1890.

21. Lettre de la comtesse Greffulhe à sa mère en date du 8 octobre 1881 ; AP/101 (II) 40.

22. Lettre de la comtesse Greffulhe à sa mère, 20 novembre 1883 ; AP/101 (II) 40.

23. Journal du mariage de la comtesse Greffule, cité par Anne de Cossé Brissac, *La comtesse Greffulhe,* Terre des Femmes, Perrin, 1991, p. 37.

24. Lettre sans date au comte Greffulhe ; AP/ (I) 33.

25. H. Tremblot de La Croix & Bernard Tollu, *op. cit.*

Catalogue

établi par Marianne Barbey

La Légende de saint Hubert

1896-1897

Décoration pour le bureau de Denys Cochin

Catalogue conçu à partir d'une étude documentaire réalisée en 1982, sur « La genèse de *La Légende de saint Hubert* » et d'un article parus dans le catalogue de l'exposition *Maurice Denis*, 1994-1995, Lyon, Cologne, Liverpool, Amsterdam.

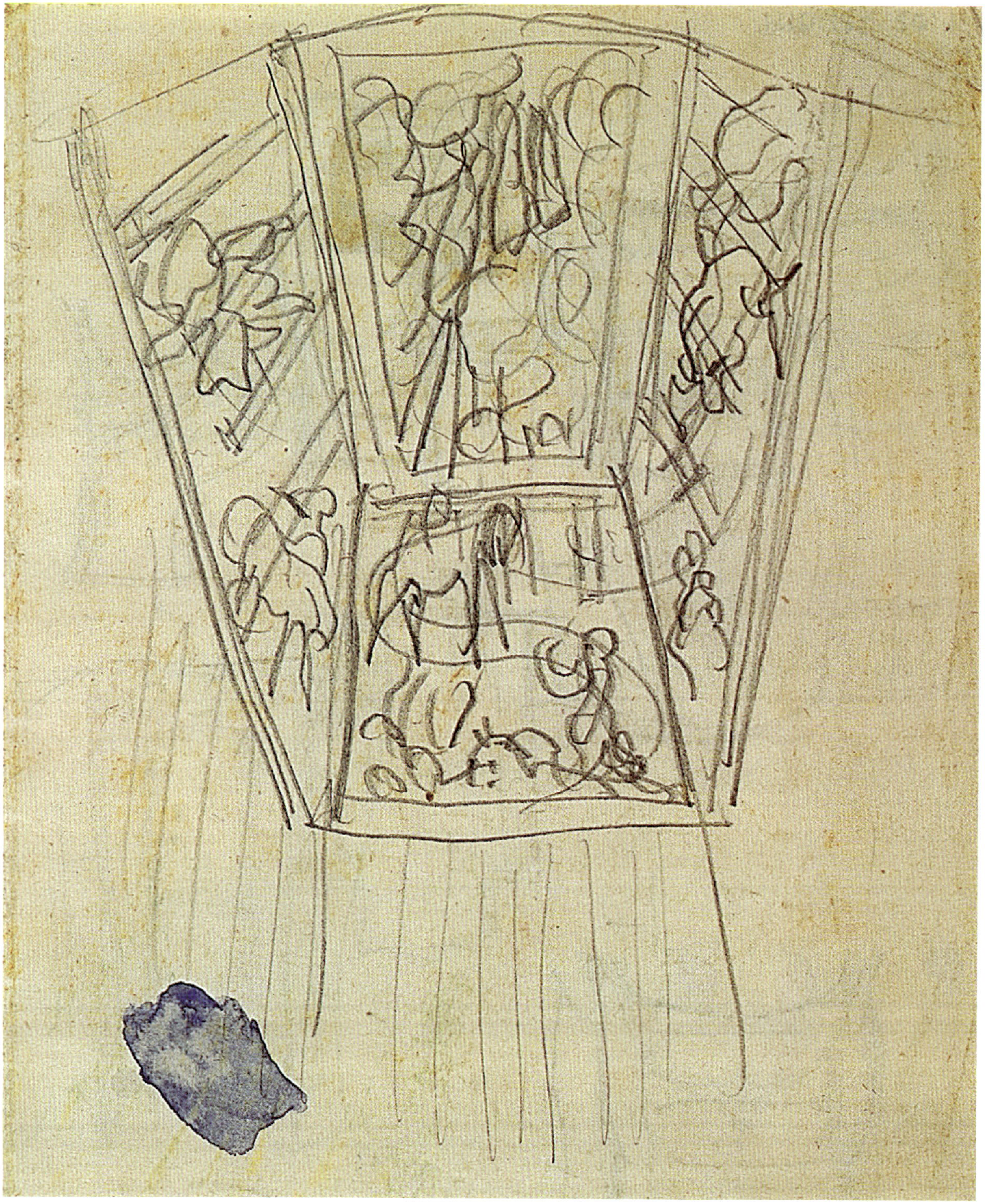

1.

Premières pensées

1. *Recherche de composition pour les trois murs et le plafond*

crayon sur papier
13,5 x 20,5 cm
Feuille pliée en deux

- recto à droite : *Étude pour La Légende de saint Hubert*
- recto à gauche et verso : *Étude pour des assiettes et des meubles*

Saint-Germain-en-Laye,
Musée départemental Maurice Denis « Le Prieuré »
PMD 982.20.1
Donation Dominique Denis, 1982
Exp. : 1994-1995, Lyon, Cologne, n° 151, repr. N/B

Ce tout premier croquis montre bien la disposition d'ensemble des panneaux et du plafond : décor complet, où toute la surface est peinte, sans espace vide.

2. *Carnet de croquis*

1896

crayon et aquarelle sur papier (feuillets détachés)
9 x 13,7 cm
Collection particulière

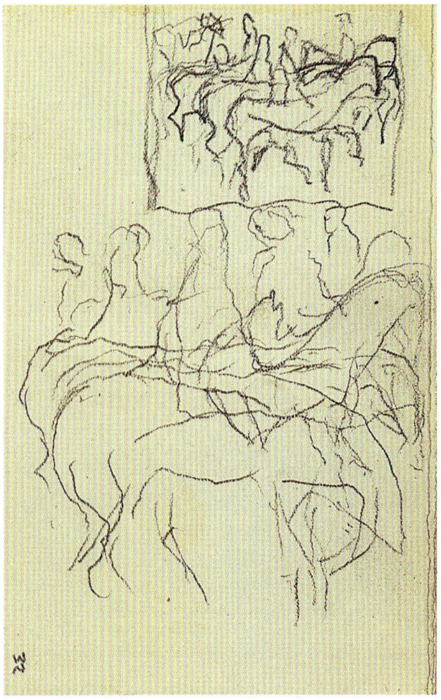

2.

3. *Carnet de croquis*

1897-1898

crayon et aquarelle sur papier (feuillets détachés)
9,7 x 17,5 cm
Collection particulière

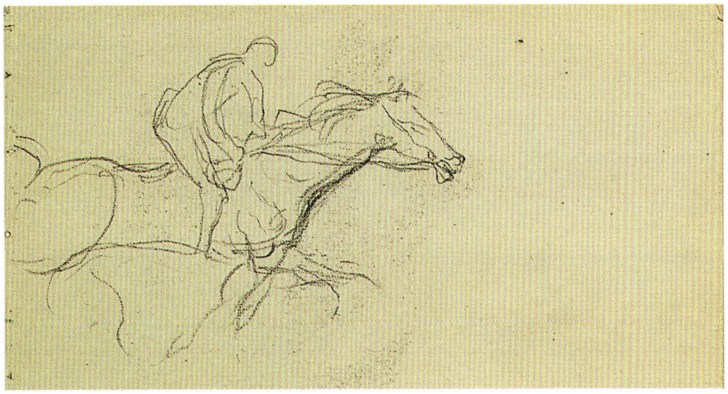

3.

4. ***Carnet de croquis***

octobre 1896

crayon et aquarelle sur papier
9 x 13,8 cm
Collection particulière

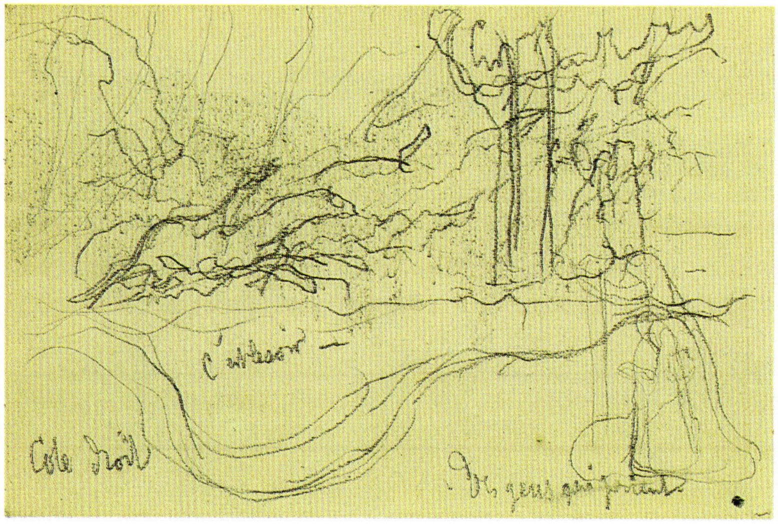

4.

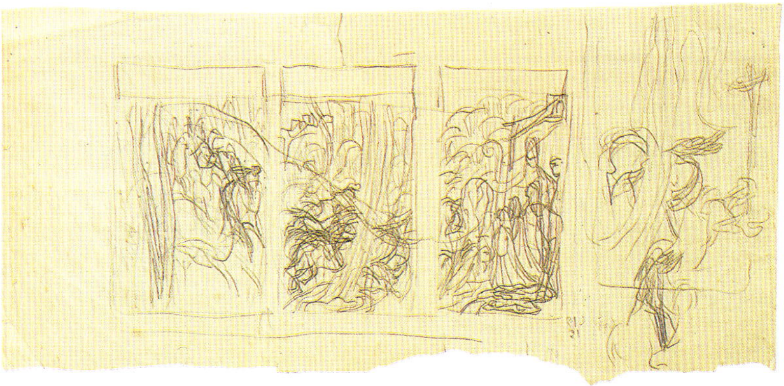

5. recto

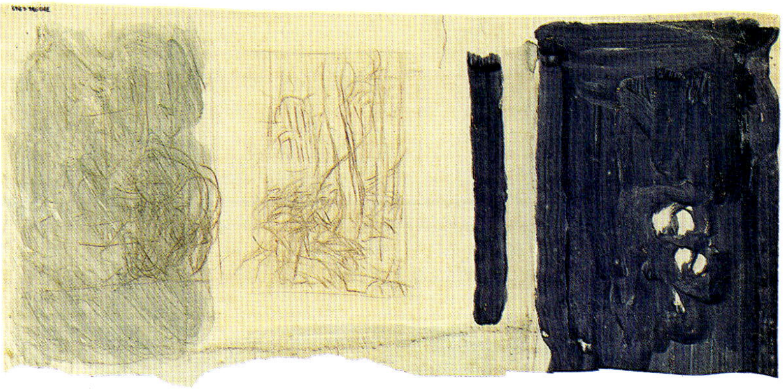

5. verso

5. ***Recherche de composition pour les trois panneaux du côté droit***

crayon sur papier
23 x 50 cm

• recto : *Étude pour Le Départ, La Chasse infernale, L'Arrivée à l'ermitage, Le Miracle*
• verso : *Étude pour Le Miracle* et *La Chasse infernale*

Saint-Germain-en-Laye,
Musée départemental Maurice Denis « Le Prieuré »
PMD 976.1.969
Donation des enfants de l'artiste, 1976
Exp. : 1994-1995, Lyon, Cologne, n° 152, repr. N/B

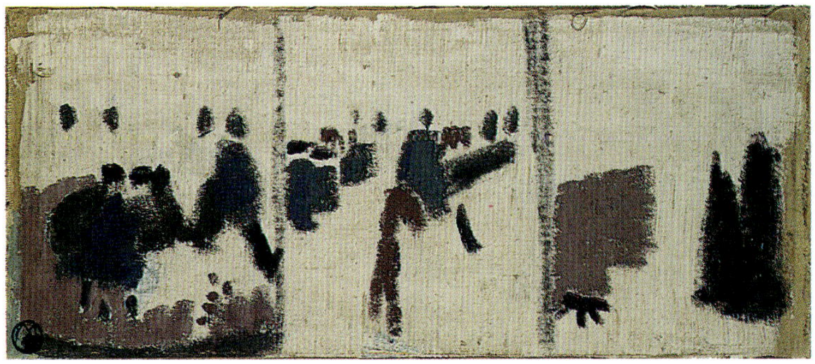

6.

6. ***Recherche de composition pour trois panneaux***

huile sur toile
18 x 42 cm
monogramme rond de l'atelier en bas à gauche
Collection particulière

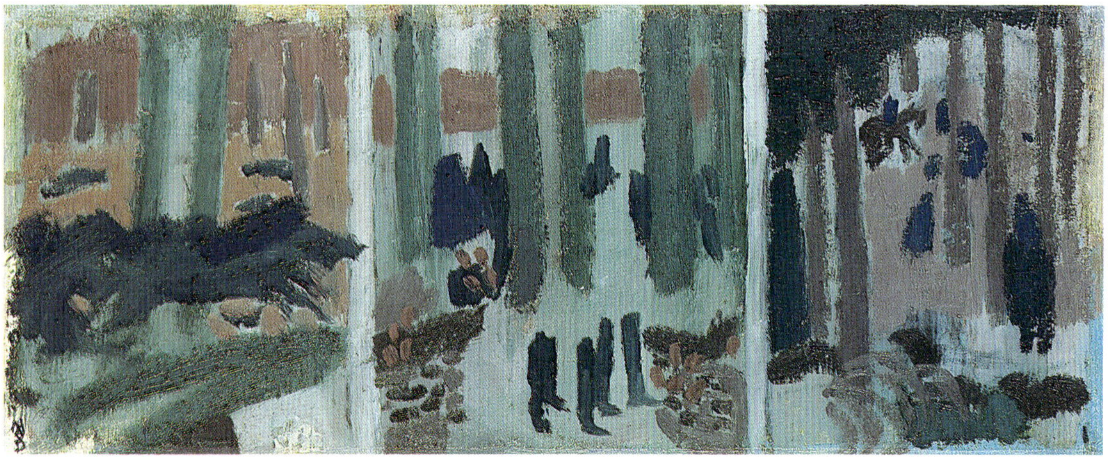

7.

7. ***Recherche de couleurs pour Le Défaut, Le Miracle, La Chasse infernale***

huile sur toile
21 x 51 cm
monogramme vertical de l'atelier en bas à gauche
Collection particulière
Exp. : 1994-1995, Lyon, Cologne, n° 86, repr. coul.

On reconnaît bien au centre *Le Miracle*, à droite *Le Défaut*, comme dans la décoration définitive. Mais le panneau de gauche est différent. Sans doute le peintre voulait-il, dans un premier temps, montrer ici la course effrénée d'Hubert qui poursuit passionnément le cerf en négligeant hommes et Dieu, jusqu'à la rencontre du soir. Mais l'iconographie était trop proche de celle de *La Chasse infernale*. Denis choisit finalement de regrouper les thèmes pour exprimer dans ce dernier panneau la passion dévorante commune à Hubert, au beau Pécopin et ... à Denys Cochin.

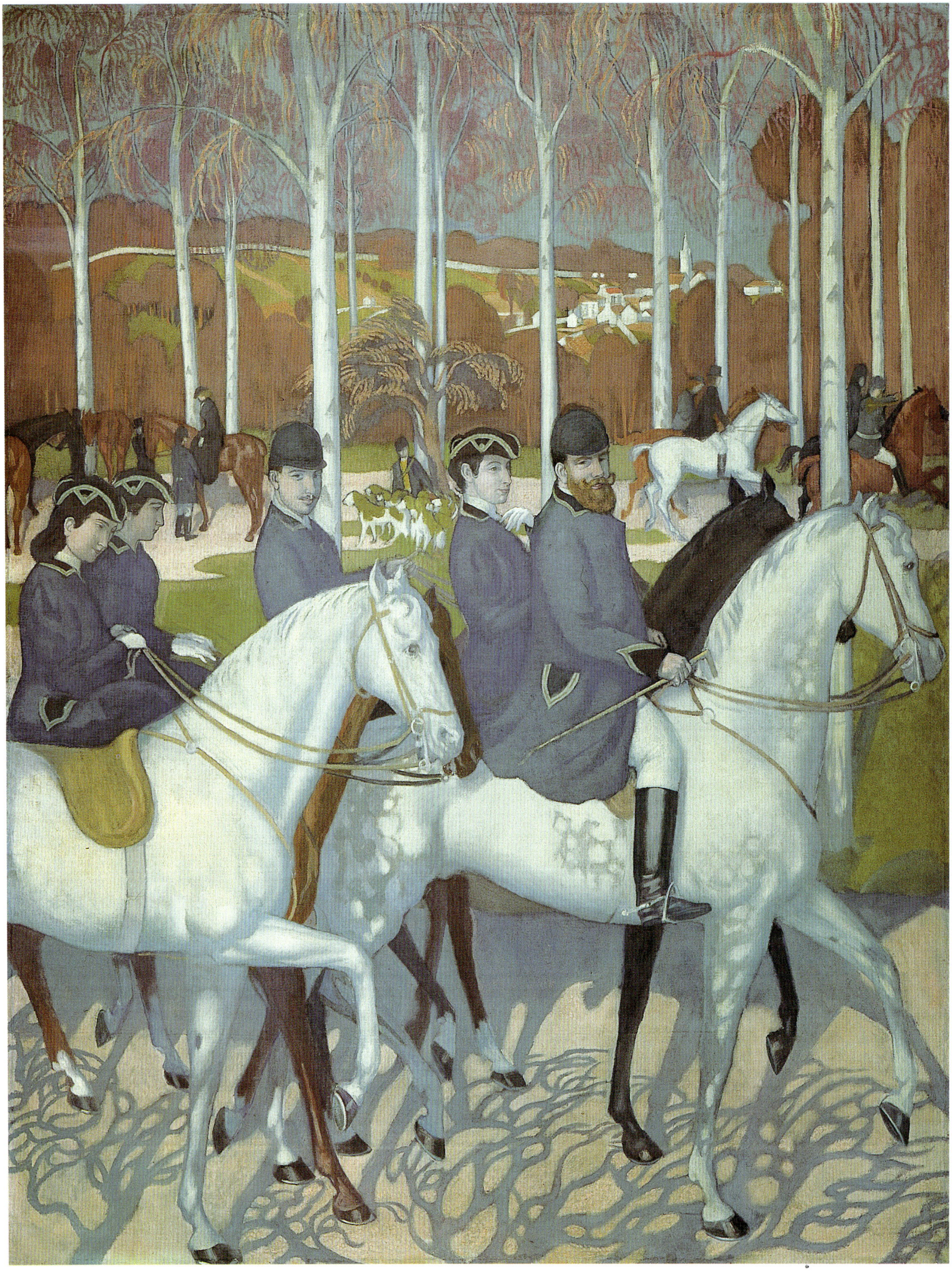

Le Départ
Premier panneau

8. *Le Départ*

1897

huile sur toile
225 x 175 cm
Saint-Germain-en-Laye,
Musée départemental Maurice Denis « Le Prieuré »
Inv. PMD 999.4.1
Hist. : collection baron Denys Cochin, Paris
Exp. : 1945, Paris, musée d'Art moderne, n° 48 ; 1970, Paris, Orangerie, n° 106 ; 1994-1995, Lyon, Cologne, Liverpool, Amsterdam, n° 85, repr. coul.
Bibl. : Bouillon, 1993, repr. coul. p. 80

La décoration se lit comme une histoire continue, de gauche à droite. La narration se veut évidente, presque naïve, comme dans une tapisserie médiévale ou une peinture du Quattrocento – tandis que, par une composition très structurée, un subtil emploi des liaisons et des oppositions, l'esprit et l'émotion naissent de la peinture pure et de la force de la synthèse.

Maurice Denis, comme il le fait souvent, place l'observateur dans une position un peu dominante, ce qui permet, par un effet de plongée et de contre-plongée, par un relèvement extrême de l'horizon et une « structure en vallon », d'accentuer l'impression que le paysage est d'abord un décor signifiant où se développent les activités et les émotions humaines.

Dans le premier panneau, les cavaliers se mettent en marche. En tête, s'avance le baron Denys Cochin, sur son cheval « Petit Gris », suivi de son épouse, Hélène, née Péan de Saint-Gilles ; derrière, vient son deuxième fils Jean, puis ses filles Madeleine et Françoise. Les hommes sont solidement assis en selle, les femmes montent élégamment en amazones. La composition laisse entendre que le défilé familial et social peut continuer, hors cadre, dans l'avenir.

L'équilibre et la joie dominent, le décor est clair, les lignes ordonnées, l'harmonie du matin règne entre l'homme et la nature, les arabesques se répondent de la terre au ciel. La simplification des couleurs et des attitudes dit l'unité familiale ; les horizontales accentuées du paysage et les verticales des hauts troncs réguliers indiquent la stabilité du monde, où s'avancent les grands chevaux calmes. Leurs jambes comme multipliées, ou les cavaliers qui s'élancent à l'arrière-plan, entraînent le spectateur vers la chasse future.

9. *Bouleaux sur fond de ciel bleu*

huile sur carton
24 x 14,2 cm
signé du monogramme en bas à droite : « MAV.D. »
annoté par Eugène Chevalier au verso : « Maurice Denis – 1895. Étude pour la légende de St Hubert. Décoration de l'Hôtel de Denys Cochin. Décoration d'un fumoir. »
Autun, musée Rolin
CH. 150
Hist. : Collection Eugène Chevalier, Autun
(acquis de l'artiste, probablement en 1927-1928, avec *Bouleaux, sous-bois d'automne* (étude pour *Le Bien-aller*), cat. n° 35, qui comporte la même annotation du collectionneur au verso)
Exp. : 1996, Autun, repr. coul. p. 49

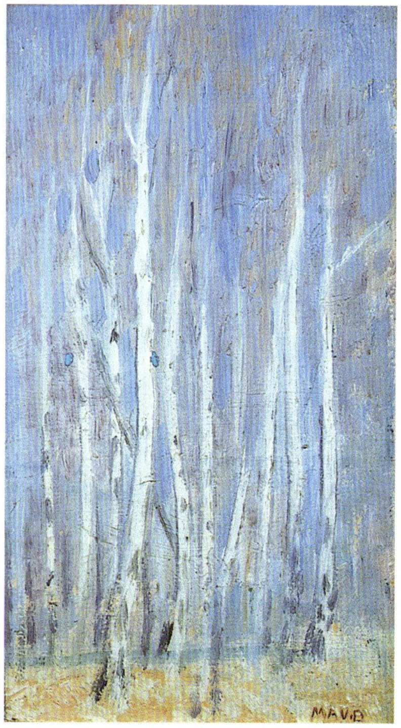

9.

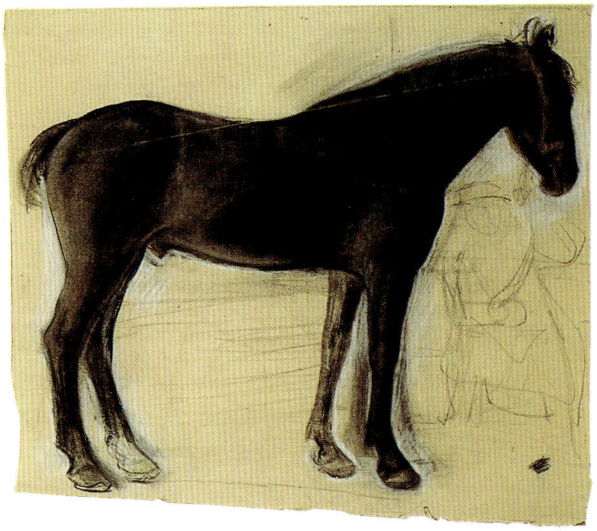

10.

10. *Cheval noir*

étude pour le cheval de Mme Denys Cochin
pastel sur papier
47 x 46 cm
Collection particulière

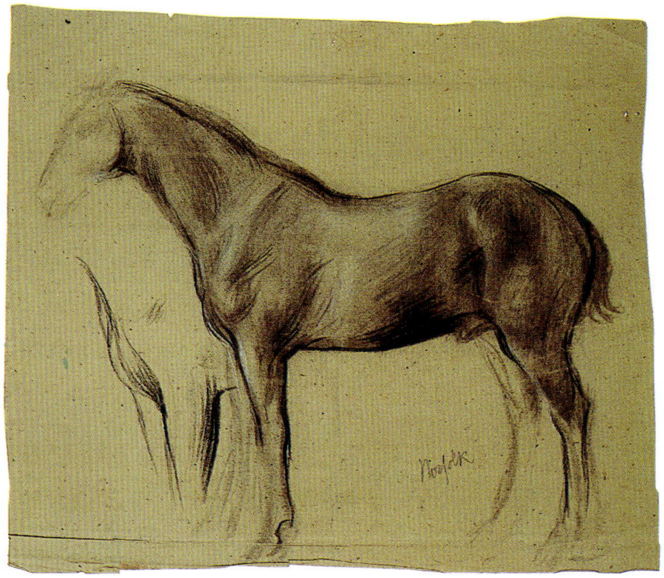

11.

11. *Cheval noir Norfolk*

pastel sur papier
35 x 41,5 cm
inscription autographe au centre vers le bas : « Norfolk »
Saint-Germain-en-Laye, Musée départemental Maurice Denis
« Le Prieuré »
PMD 982.20.3
Donation Dominique Denis, 1982

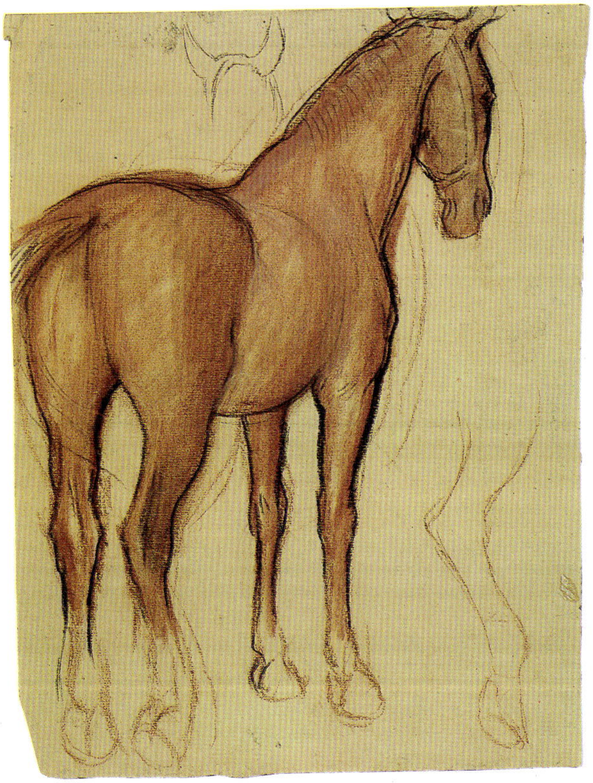

12.

12. *Cheval alezan*

sanguine et fusain sur papier
40,5 x 32 cm
Collection particulière

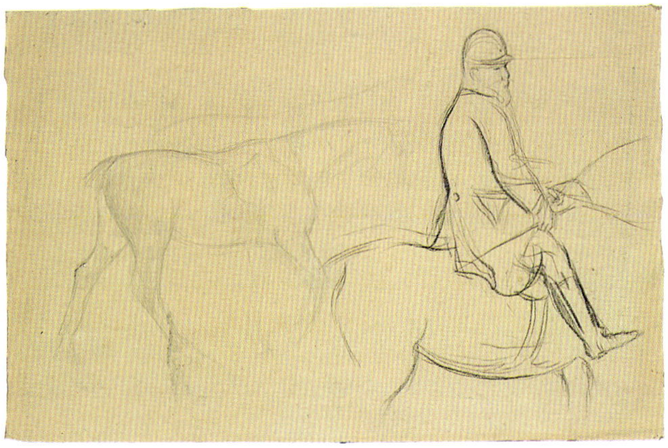

13.

13. *Denys Cochin à cheval*

crayon sur papier
30 x 46 cm
Saint-Germain-en-Laye,
Musée départemental Maurice Denis « Le Prieuré »
PMD 982.20.2
Donation Dominique Denis, 1982

14. *Denys Cochin à cheval*

(avec études de tête et de position de pied dans l'étrier)
crayon sur papier
30 x 46 cm
Collection particulière

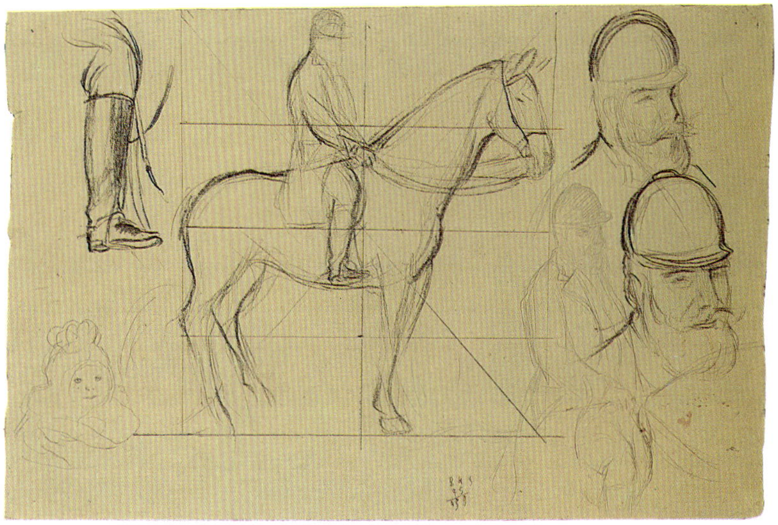

14.

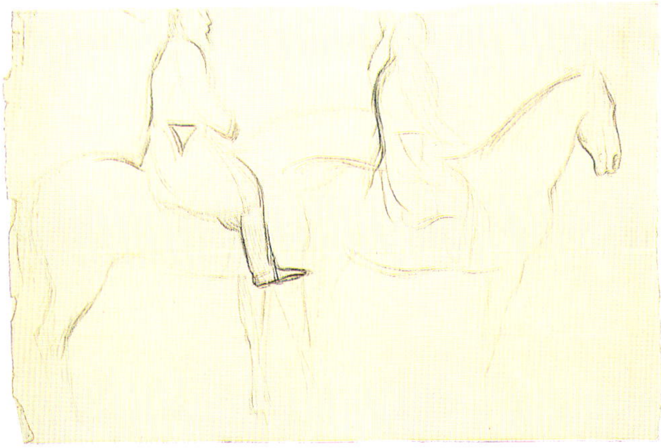

15.

15. *Deux cavaliers*

crayon sur papier
30 x 46 cm
Saint-Germain-en-Laye,
Musée départemental Maurice Denis « Le Prieuré »
PMD 982.20.4
Donation Dominique Denis, 1982

Le cavalier de gauche est Denys Cochin.

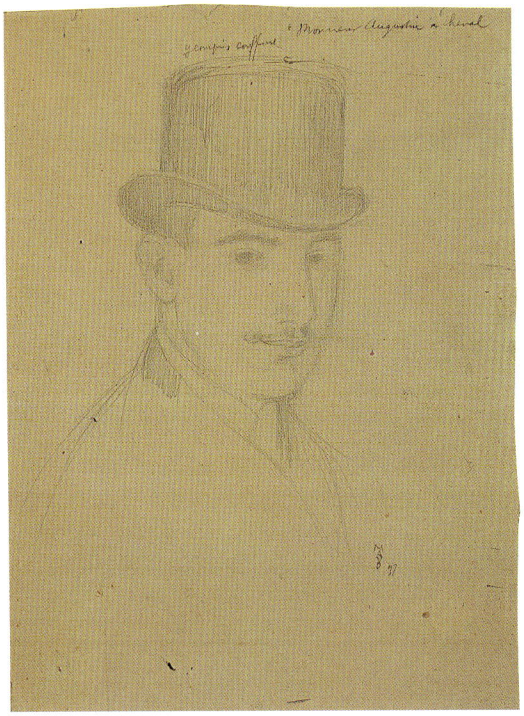

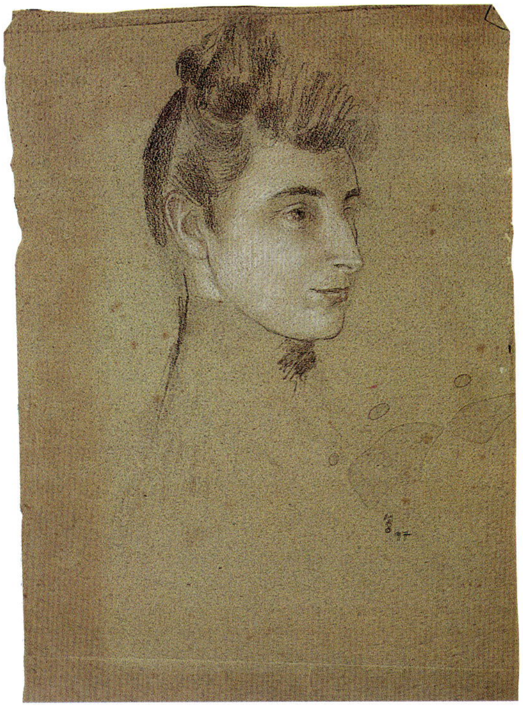

16. ***Portrait d'Auguste Cochin***

crayon sur papier
40,5 x 29,5 cm
signé et daté en bas à droite du monogramme vertical
« MAVD 97 »
inscription autographe en haut au milieu « Monsieur Augustin
à cheval/y compris coiffure »
Collection particulière

17. ***Portrait de Mme Denys Cochin***

crayon et craies sur papier
43 x 30,5 cm
signé et daté en bas à droite du monogramme vertical
« MAVD 97 »
Collection particulière

18. ***Mme Denys Cochin***

double étude

crayon sur papier
79 x 60,5 cm
Collection particulière

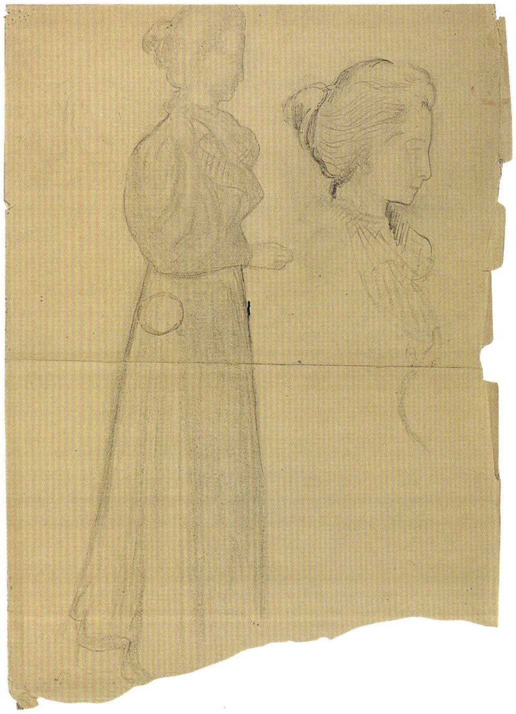

18.

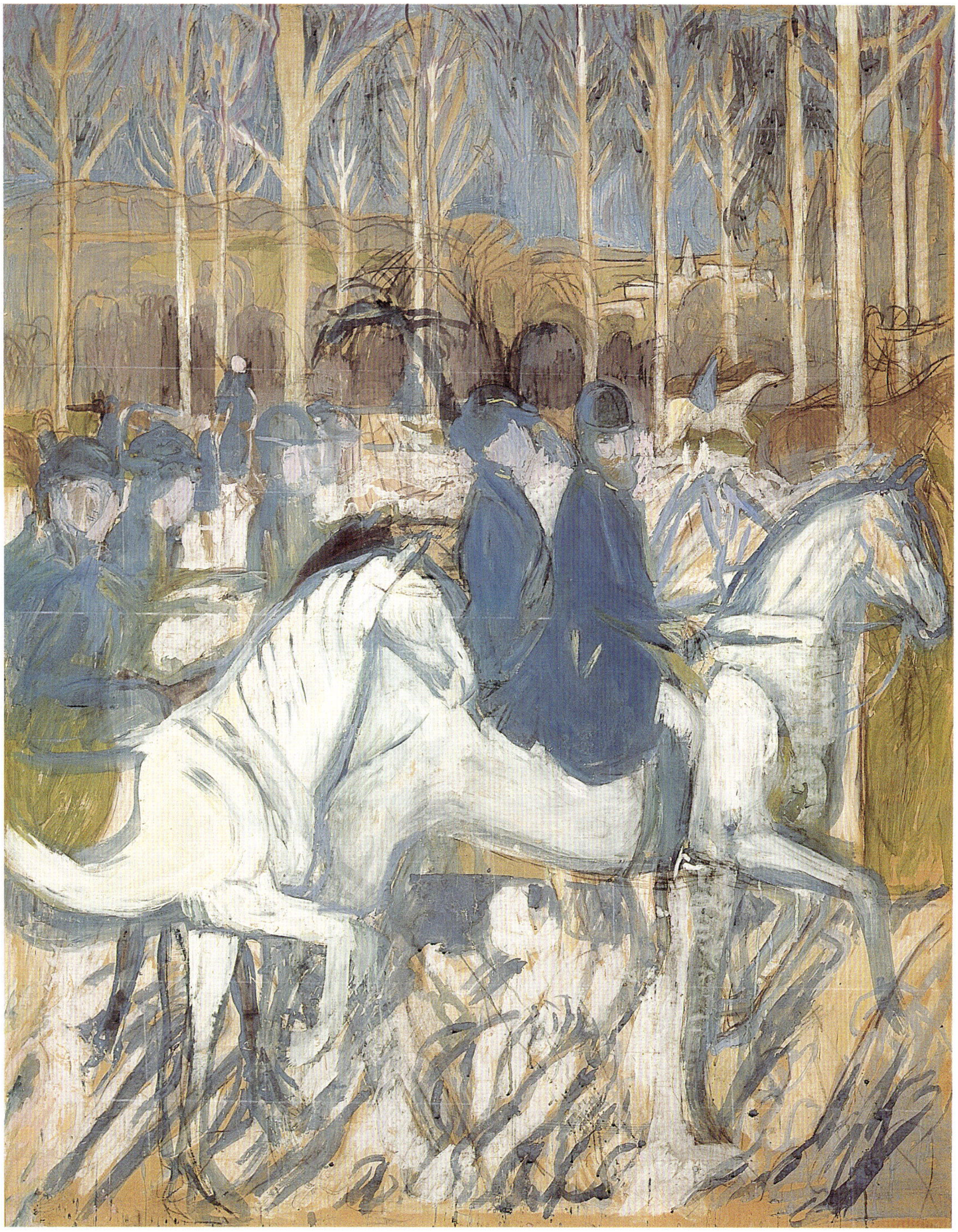

19.

19. ***Le Départ***

esquisse d'ensemble

peinture à la colle et craie blanche sur papier
228 x 184 cm
deux feuilles collées
mise au carreau à la craie
Saint-Germain-en-Laye,
Musée départemental Maurice Denis « Le Prieuré »
PMD 976.1.137
Donation des enfants de l'artiste, 1976

20. ***Tête de cheval***

calque d'exécution

crayon sur papier calque
34 x 50 cm

• verso : *Cheval sautant*
crayon

Saint-Germain-en-Laye,
Musée départemental Maurice Denis « Le Prieuré »
PMD 982.20.5
Donation Dominique Denis, 1982

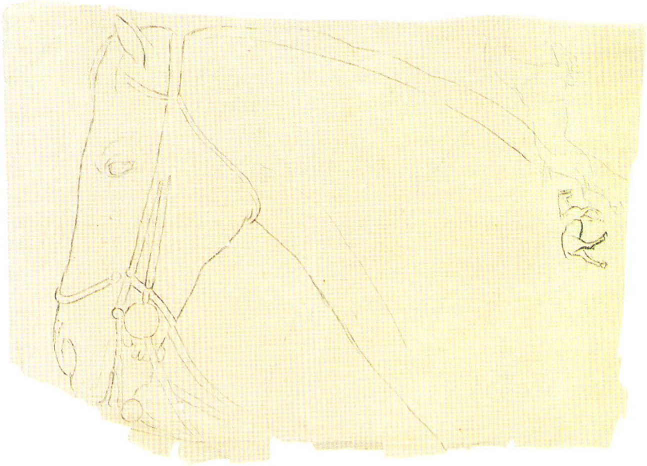

20.

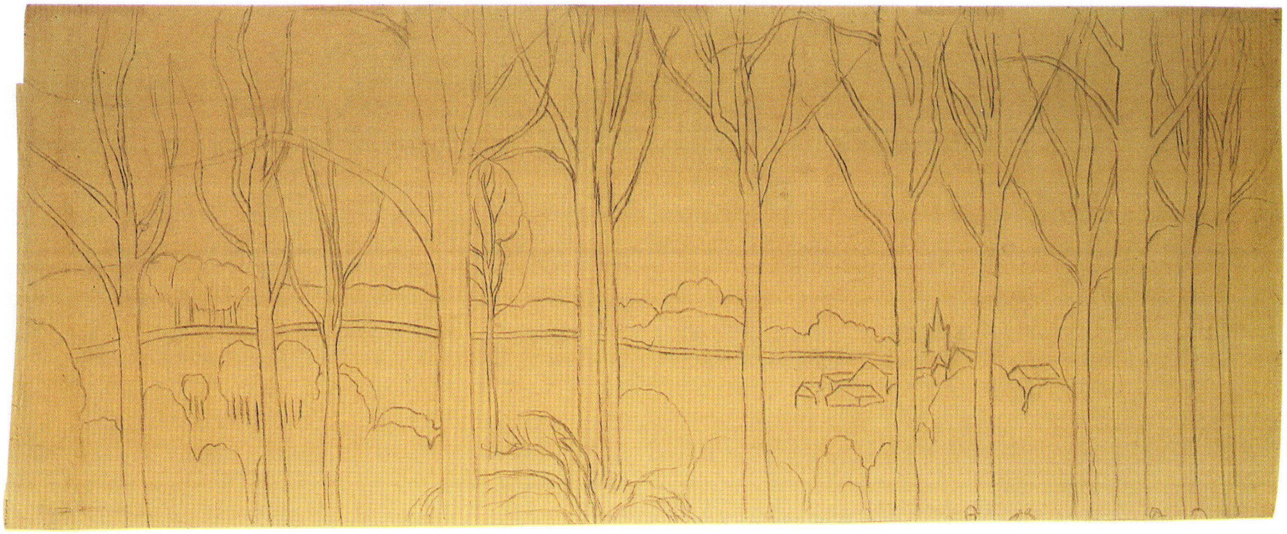

21.

21. ***Le Départ***

partie haute

calque d'exécution
fusain sur papier calque
69 x 174 cm
Saint-Germain-en-Laye,
Musée départemental Maurice Denis « Le Prieuré »
PMD 976.1.138
Donation des enfants de l'artiste, 1976

22. *Le Départ*

partie basse

calque d'exécution
fusain sur papier calque
160 x 176 cm
Saint-Germain-en-Laye,
Musée départemental Maurice Denis « Le Prieuré »
PMD 976.1.139
Donation des enfants de l'artiste, 1976

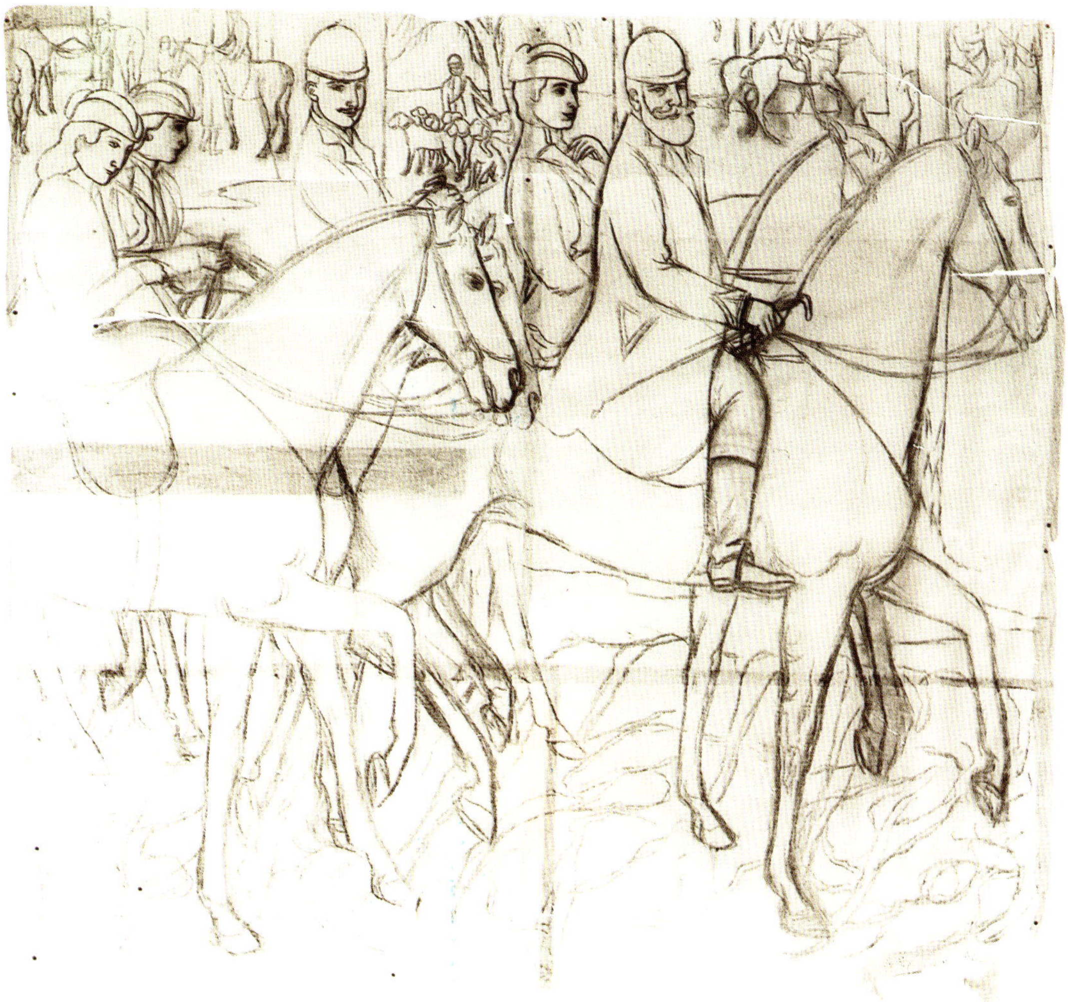

22.

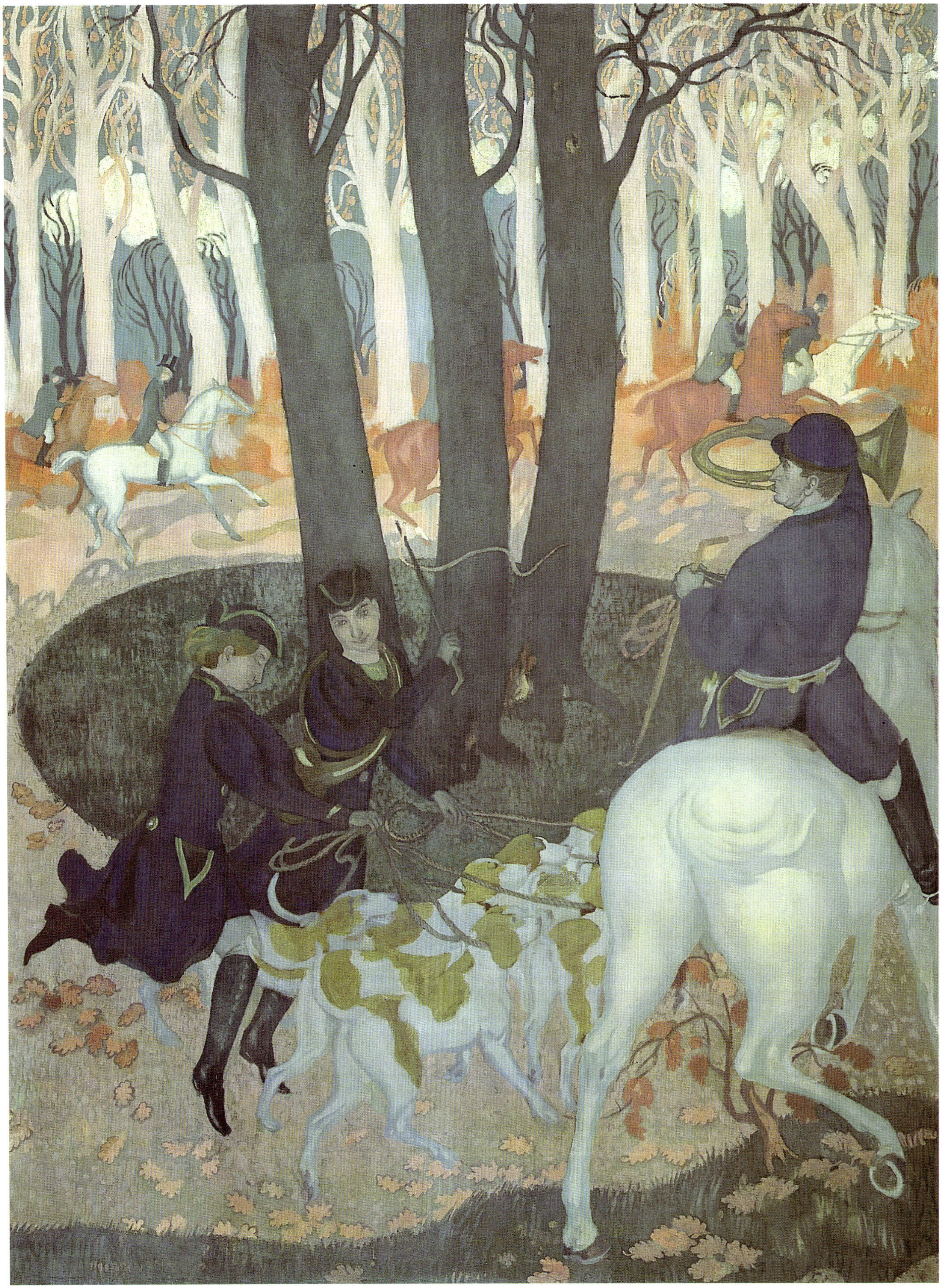

Le Lâcher des chiens
Deuxième panneau

23. *Le Lâcher des chiens*

1897

huile sur toile
225 x 175 cm
Saint-Germain-en-Laye,
Musée départemental Maurice Denis « Le Prieuré »
Inv. PMD 999.4.2
Hist. : collection baron Denys Cochin, Paris
Exp. : 1945, Paris, musée d'Art moderne, n° 49 ; 1970, Paris, Orangerie, n° 106 ; 1994-1995, Lyon, Cologne, Liverpool, Amsterdam, n° 85, repr. coul.
Bibl. : Frèches-Thory - Terrasse, 1990, repr. coul. p. 136 ; Bouillon, 1993, p. 80

Le Départ, Le Lâcher des Chiens et *Le Bien-aller* s'inscrivent dans une trajectoire ascendante de couleurs chaudes, qui mène au *Miracle* : c'est l'excitation de la quête et la montée vers la révélation.

Quand la chasse est arrivée près de l'enceinte où est localisé le cerf, le rythme change, la sonnerie retentit, le contraste des couleurs est plus intense autour des trois troncs noirs cerclés d'herbe sombre. Les formes dansantes des chasseurs et des animaux sont entraînées dans un mouvement circulaire, accentué par l'arrondi de la trompe et la position retournée du cheval – croupe au premier plan, sabots montrant les fers dans la diagonale du trot, queue balayée par l'accélération – présentations quasi baroques. Même l'animation des branchages, et jusqu'aux courbes des nuages dans une pleine lumière colorée et sonore, tout exprime l'allégresse et l'enthousiasme de la jeunesse, l'exaltation du départ vers l'aventure.

Le sonneur est Barrot, le piqueur de Boisboudran, qui servit de modèle pour les différents sonneurs de *La Légende* : « J'ai tant chassé avec lui que je serai heureux de garder de lui ce souvenir », écrivait Cochin à Denis (lettre n° 12).

24. *Chien tête levée*

(avec étude de patte)
crayon et craie sur papier
25 x 32,5 cm
Collection particulière

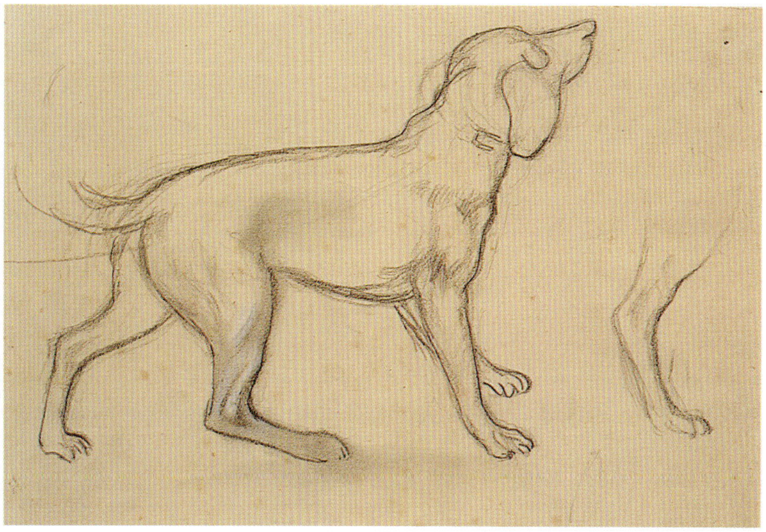

24.

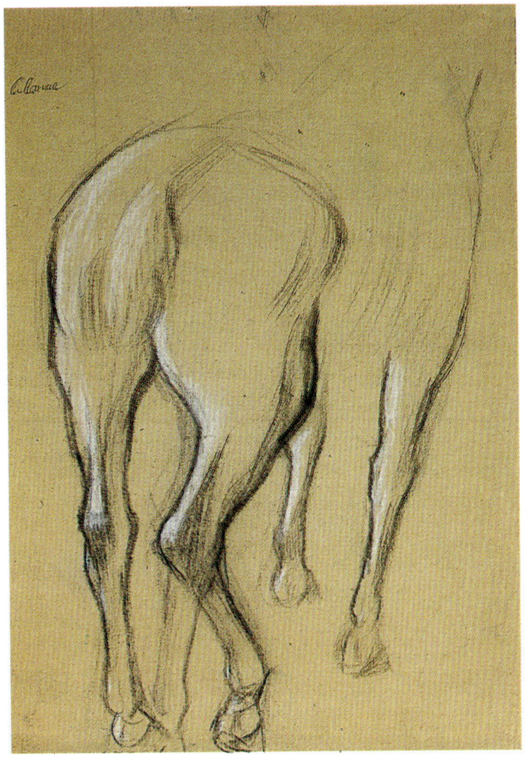
25.

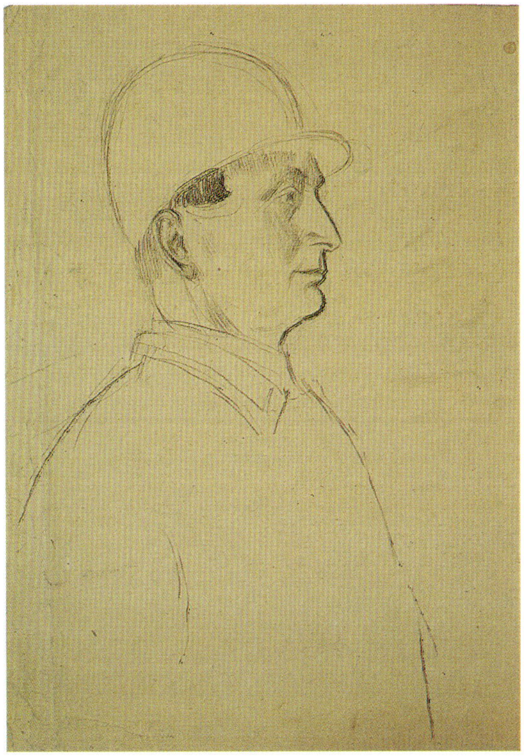
26.

25. ***Cheval gris***

étude de croupe

pastel sur papier
33,5 x 30 cm
inscription autographe en haut à gauche : « Cheval blanc »
Collection particulière

26. ***Barrot le piqueux***

profil droit

crayon sur papier
52 x 41 cm
Saint-Germain-en-Laye,
Musée départemental Maurice Denis « Le Prieuré »
PMD 982.20.6
Donation Dominique Denis, 1982

27. *Barrot le piqueux*

en pied (avec études de bottes)

crayon sur papier
69 x 42 cm
monogramme rond de l'atelier en bas à droite
Collection particulière

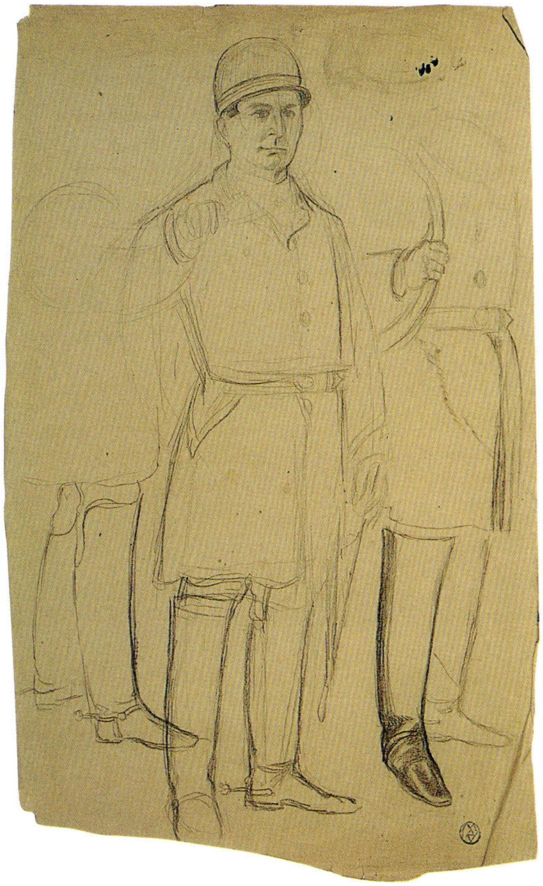

27.

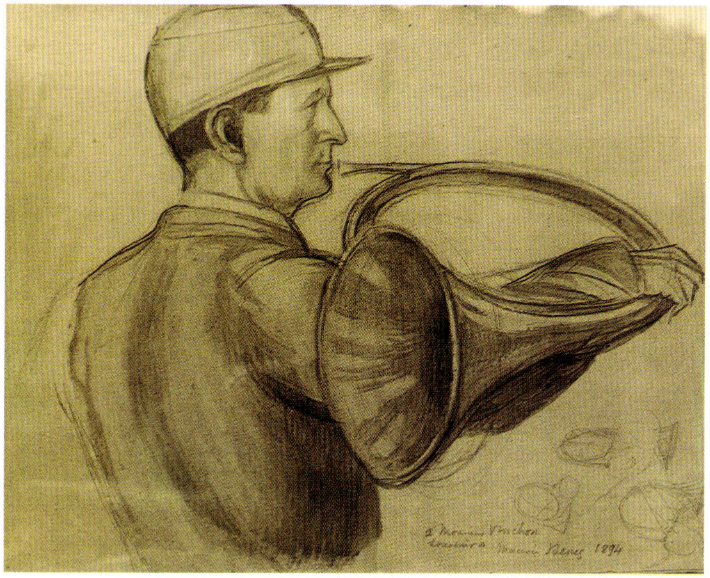

28.

28. *Cor de chasse, portrait de Barrot le piqueux*

crayon, fusain et lavis sur papier
42 x 54 cm
dédicacé et daté en bas à droite : « à Monsieur Vinchon – souvenir de Maurice Denis – 1894 »
Collection particulière
Hist. : CDV n° 1536 : « 1937, un dessin cor de chasse, Vinchon »
Offert par l'artiste en 1937, et daté « 1894 » par erreur, ce dessin appartient bien à la série d'études réalisée pour *La Légende de saint Hubert* en 1896-1897

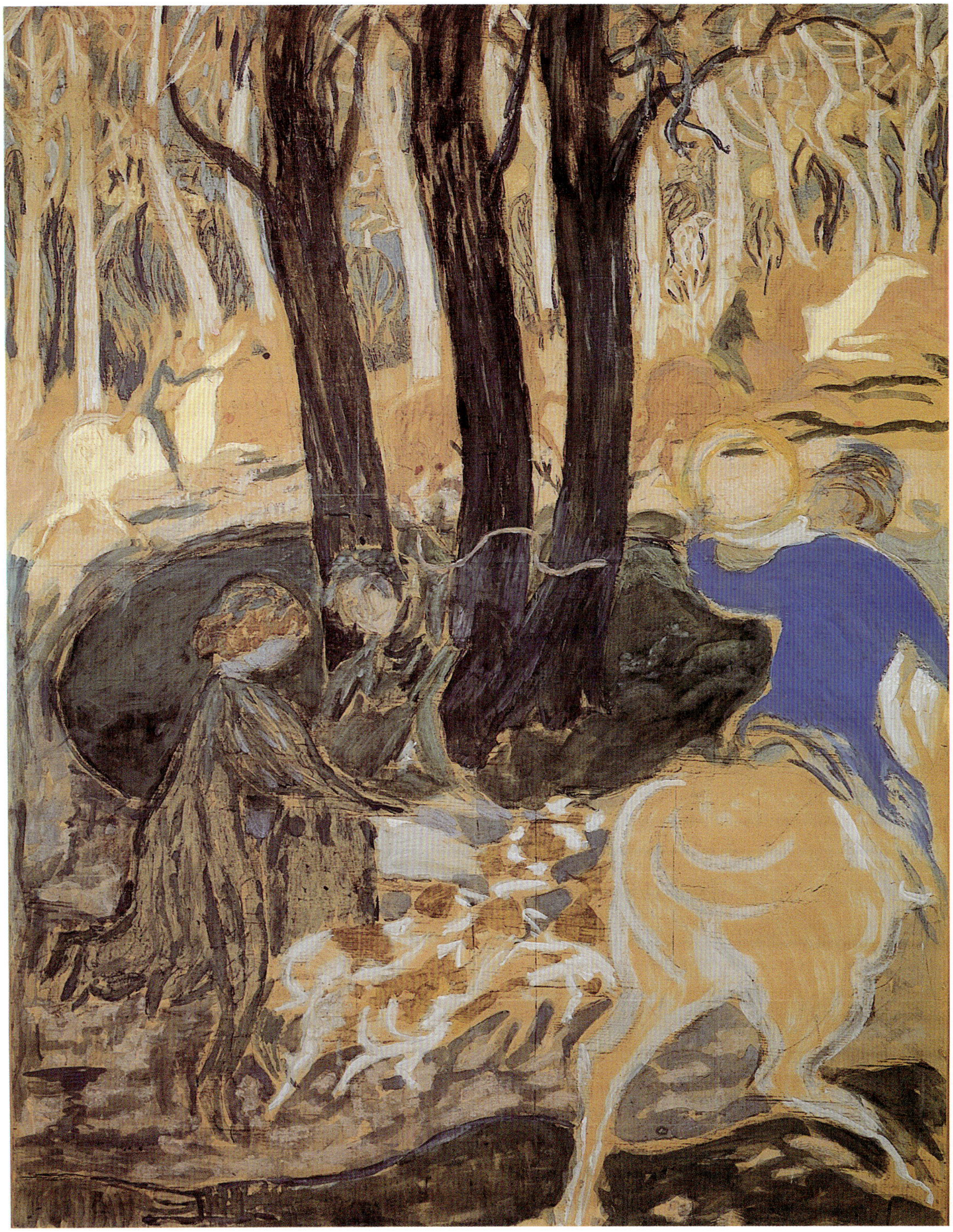

29.

29. ***Le Lâcher des chiens***

esquisse d'ensemble

peinture à la colle sur papier contrecollé sur toile
218,6 x 171 cm
Saint-Germain-en-Laye,
Musée départemental Maurice Denis « Le Prieuré »
PMD 985.3.1
Exp. : 1996, Saint-Germain-en-Laye, n° 40, repr. coul. p. 64

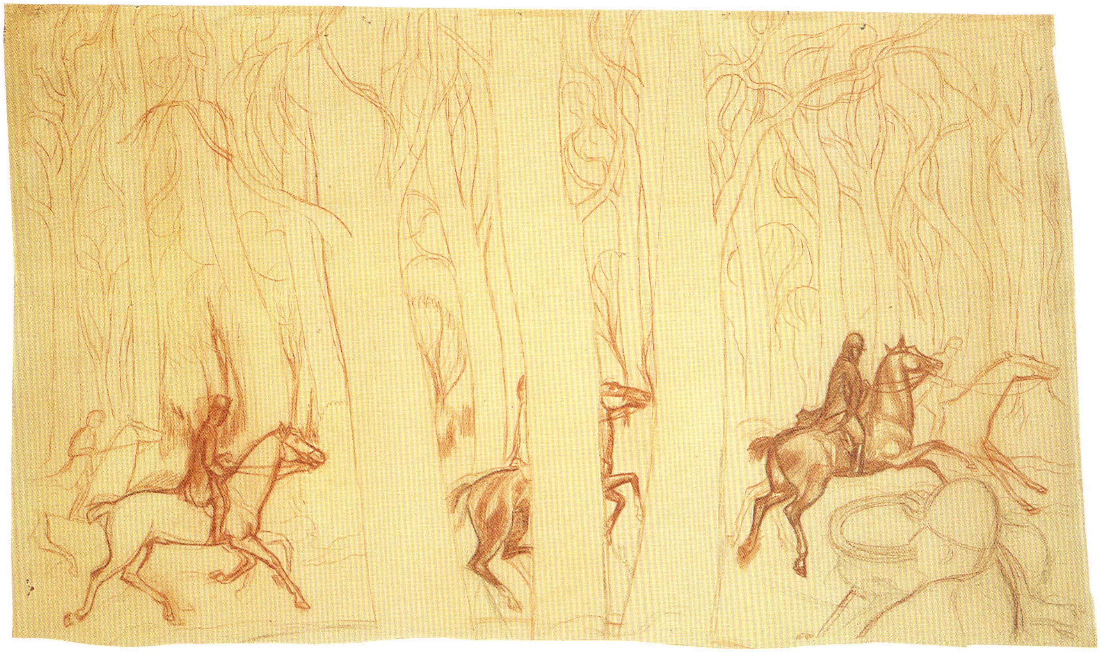

30.

30. *Le Lâcher des chiens*

partie haute

calque d'exécution
sanguine et fusain sur papier calque
105 x 173 cm
Saint-Germain-en-Laye,
Musée départemental Maurice Denis « Le Prieuré »
PMD 976.1.141
Donation des enfants de l'artiste, 1976

31. *Le Lâcher des chiens*

partie basse

calque d'exécution
sanguine et fusain sur papier calque contrecollé sur toile
117 x 168 cm
Collection particulière

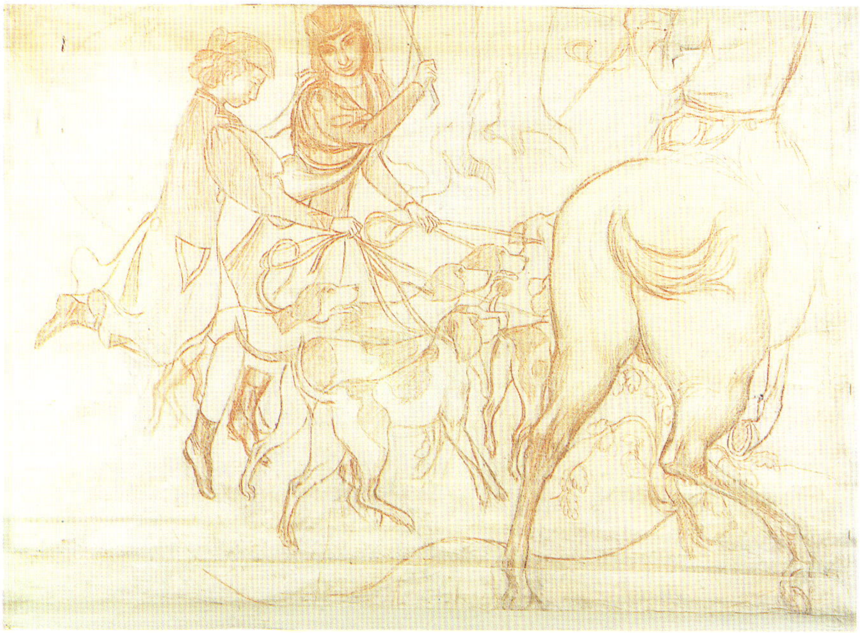

31.

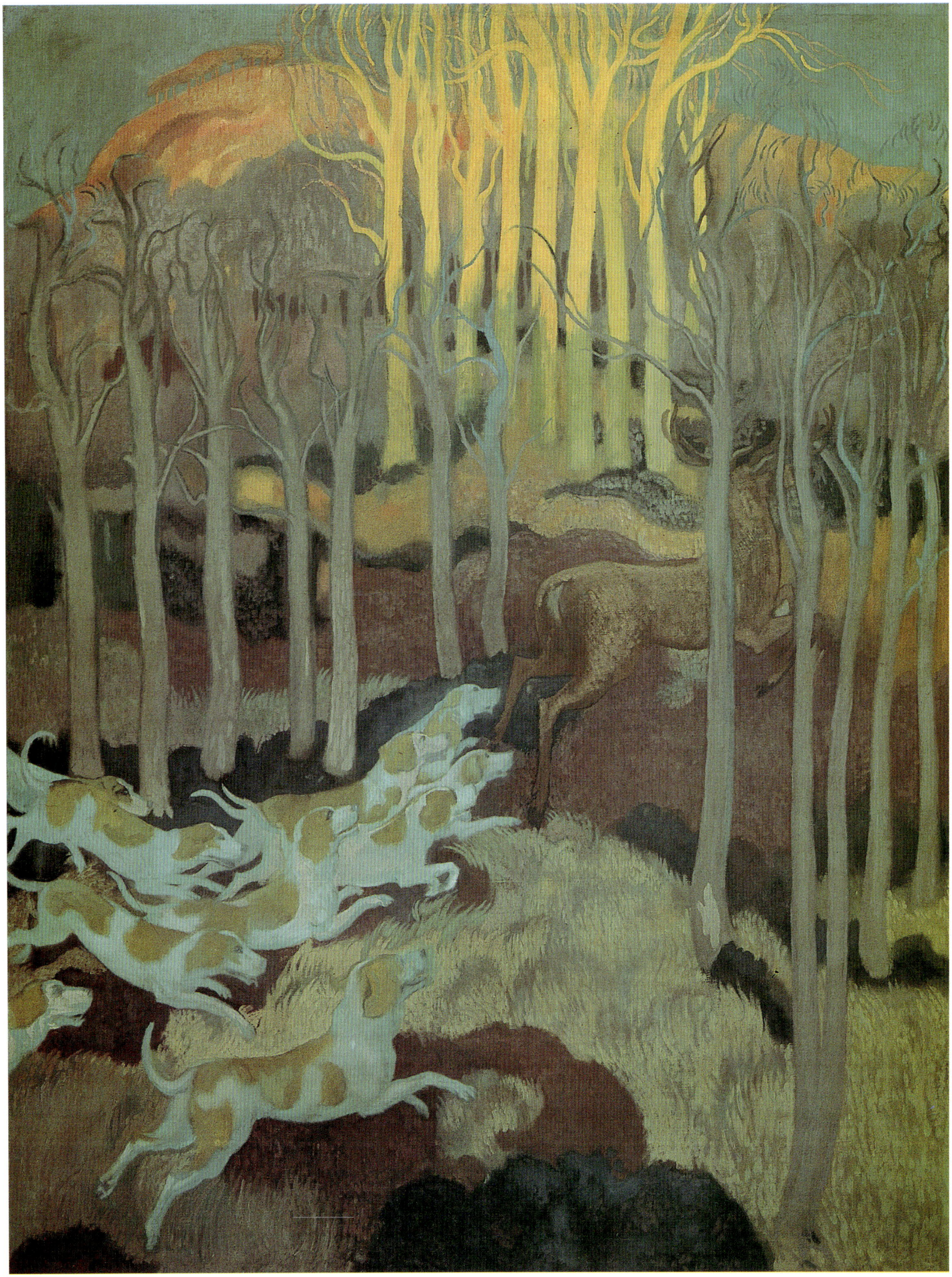

Le Bien-aller
Troisième panneau

32. *Le Bien-aller*

1897

huile sur toile
225 x 175 cm
Saint-Germain-en-Laye,
Musée départemental Maurice Denis « Le Prieuré »
Inv. PMD 999.4.3
Hist. : collection baron Denys Cochin, Paris
Exp. : 1945, Paris, musée d'Art moderne, n° 50 ; 1970, Paris, Orangerie, n° 106 ; 1994-1995, Lyon, Cologne, Liverpool, Amsterdam, n° 85 , repr. coul.
Bibl. : Frèches-Thory - Terrasse, 1990, repr. coul. p. 137 (sous le titre *La Chasse infernale*) ; Bouillon, 1993, p. 80

Le troisième tableau, *Le Bien-aller* (ou, comme disent aussi les chasseurs : *Le Cerf au nez des chiens*) est le seul où Maurice Denis a peint les animaux dans la nature sauvage, hors de la présence des hommes. Les formes, le croisement des lignes obliques, l'éclat, la couleur, la texture du tapis végétal sombre, le bouquet d'arbres violemment ensoleillé au fond, devant la colline rougeoyante, suggèrent une réalité intense et mystérieuse. Le cerf, au lieu de se détacher sur la terre et les arbres, semble s'y fondre, indistinct encore. Le soir descend. Tout est élan, désir, attente de l'intrusion du sacré.

33. *Troncs d'arbres pâles*

pastel sur papier
14,5 x 11 cm
monogramme vertical de l'atelier en bas à droite
Collection particulière

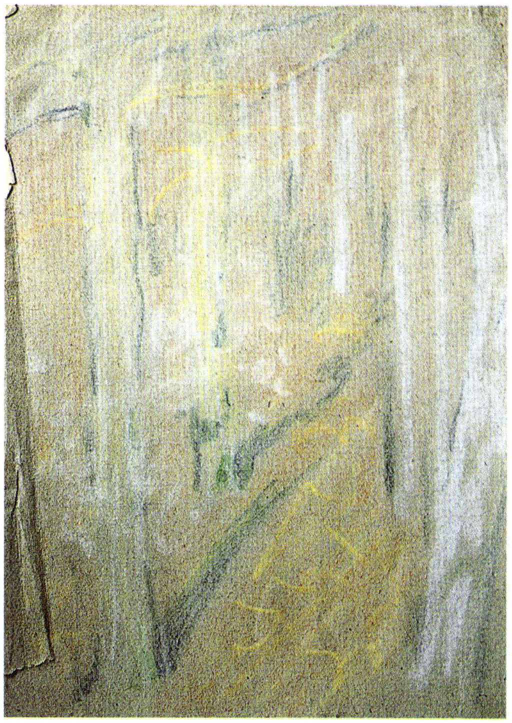

33.

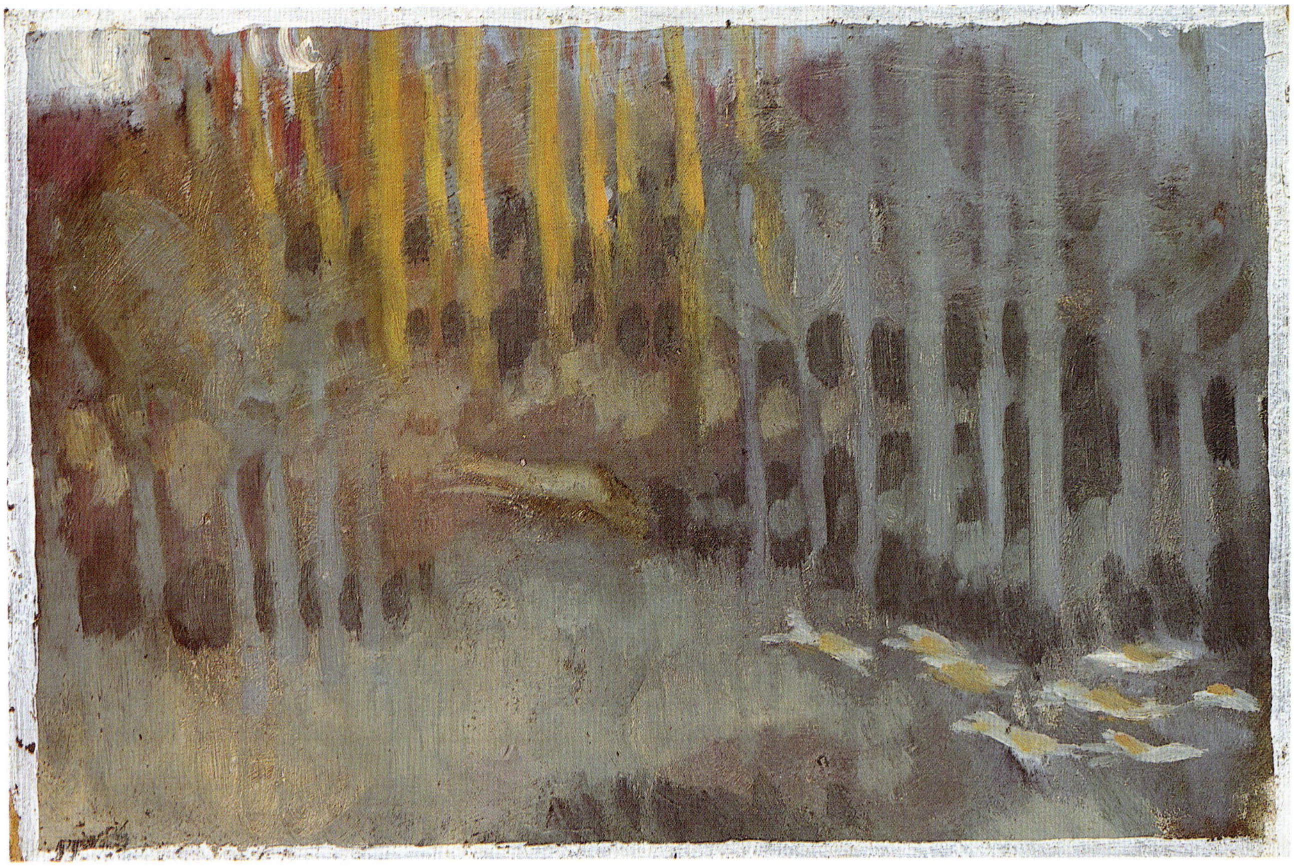

34.

34. ***Le Cerf au nez des chiens***

huile sur carton
20 x 29 cm
Collection particulière

Étude inspirée d'une réelle scène de chasse. Le format est horizontal, le mouvement du cerf et des chiens orienté vers la gauche – contrairement à la composition choisie pour le panneau définitif, vertical avec mouvement vers la droite. Seront conservés la disposition générale, l'effet de lumière, l'impression de troncs d'arbres frappés d'une vive couleur solaire au fond de la composition, contrastant avec un premier plan plus sombre.

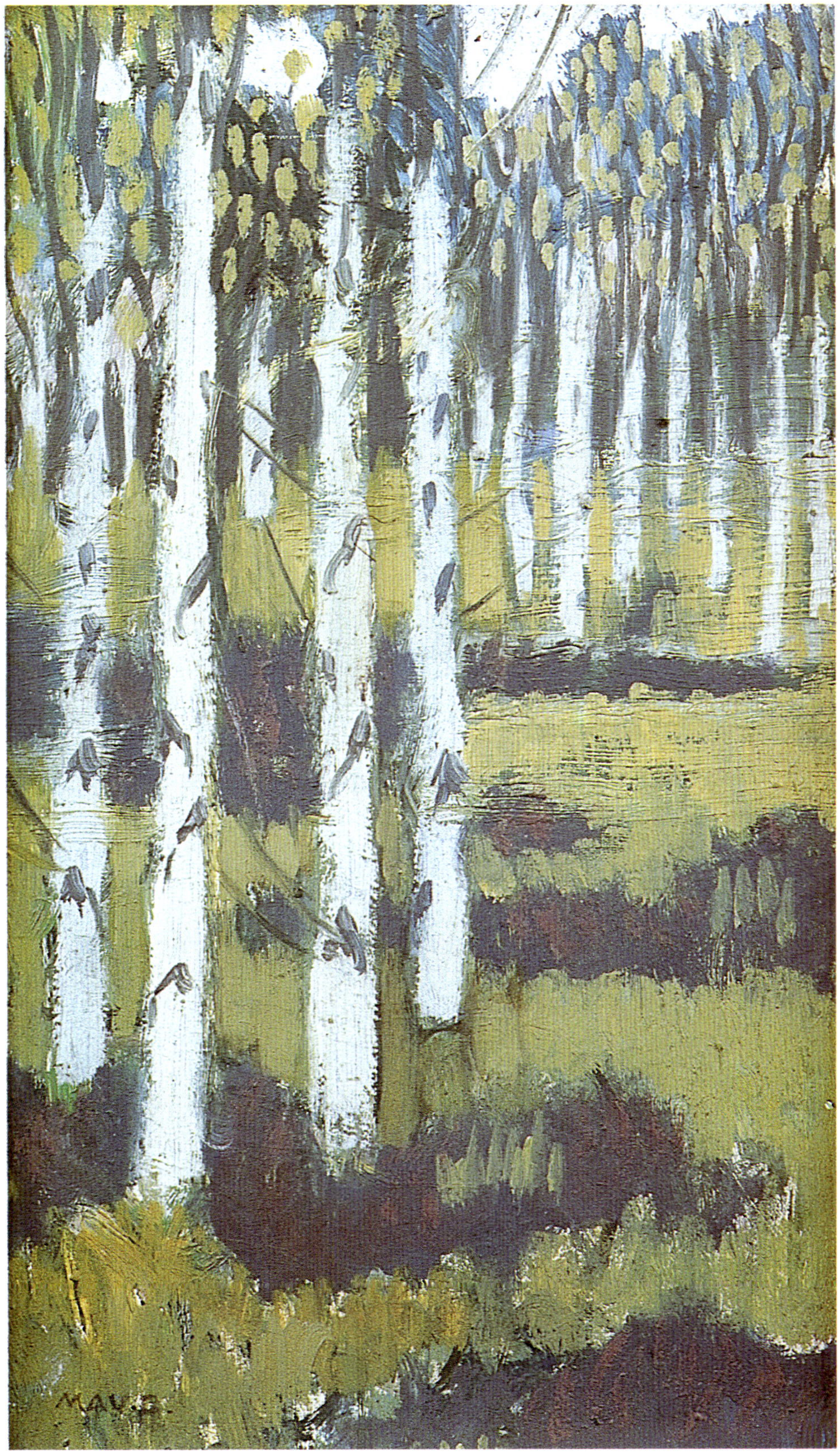

35.

35. *Bouleaux, sous-bois d'automne*

huile sur carton
24 x 14,2 cm
signé du monogramme en bas à gauche : « MAV.D. »
annoté par Eugène Chevalier au verso : « Maurice Denis – 1895. Étude pour la légende de St Hubert. Décoration de l'Hôtel de Denys Cochin. Décoration d'un fumoir. »
Autun, musée Rolin (CH. 149)
Hist. : Collection Eugène Chevalier, Autun
(acquis de l'artiste en 1927-1928, pour la somme de 300 F : *Bouleaux*, probablement avec *Bouleaux sur fond de ciel bleu* (étude pour *Le Départ*), cat. n° 8, qui comporte la même annotation du collectionneur au verso)
Exp. : 1996, Autun, repr. coul. p. 47

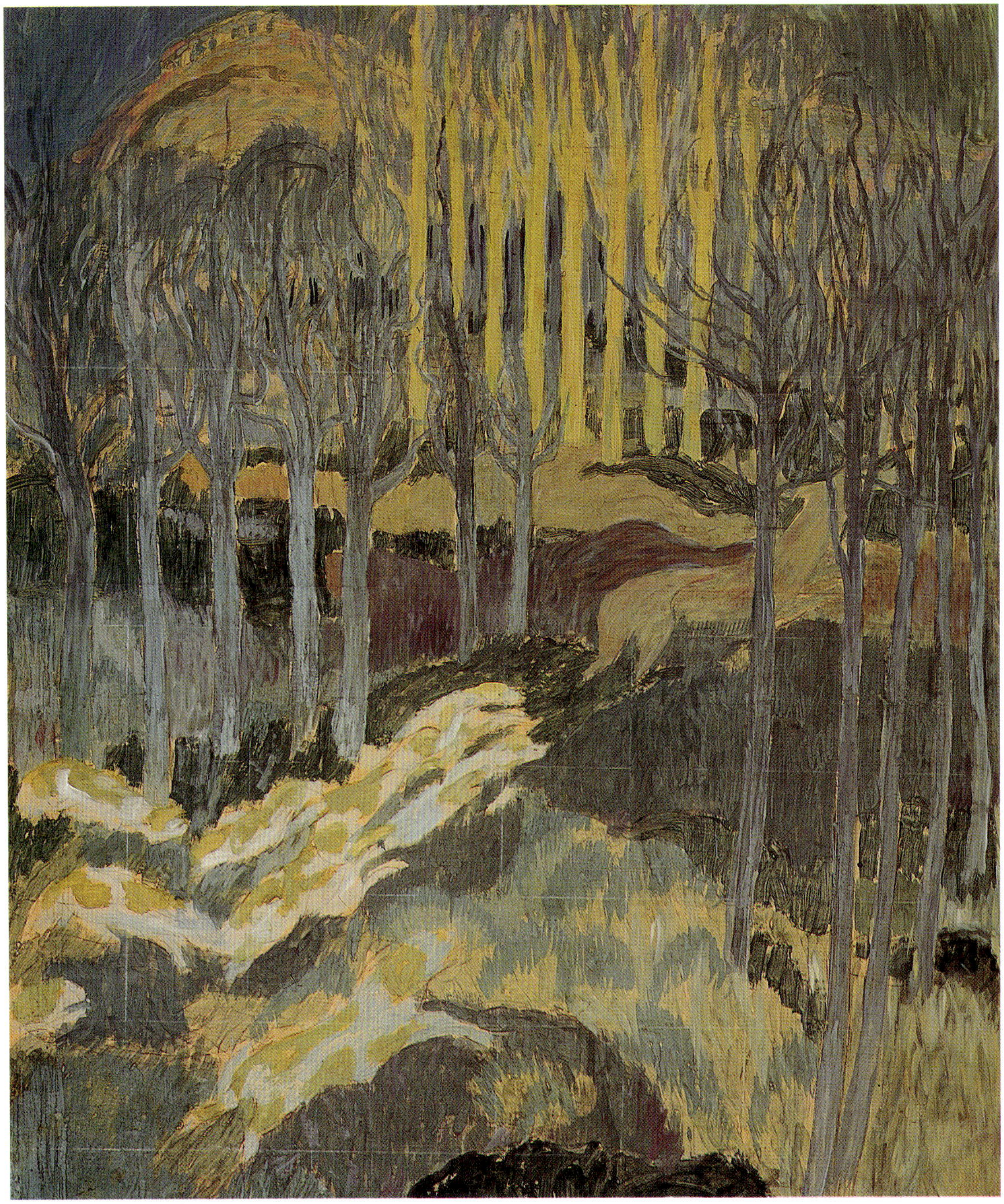

36.

36. ***Le Bien-aller***

esquisse d'ensemble

peinture à la colle et craie sur papier
224 x 184 cm
deux feuilles collées
mise au carreau à la craie
Saint-Germain-en-Laye,
Musée départemental Maurice Denis « Le Prieuré »
PMD 976.1.148
Donation des enfants de l'artiste, 1976
Bibl. : Frèches-Thory - Terrasse, 1990, repr. coul. p. 135

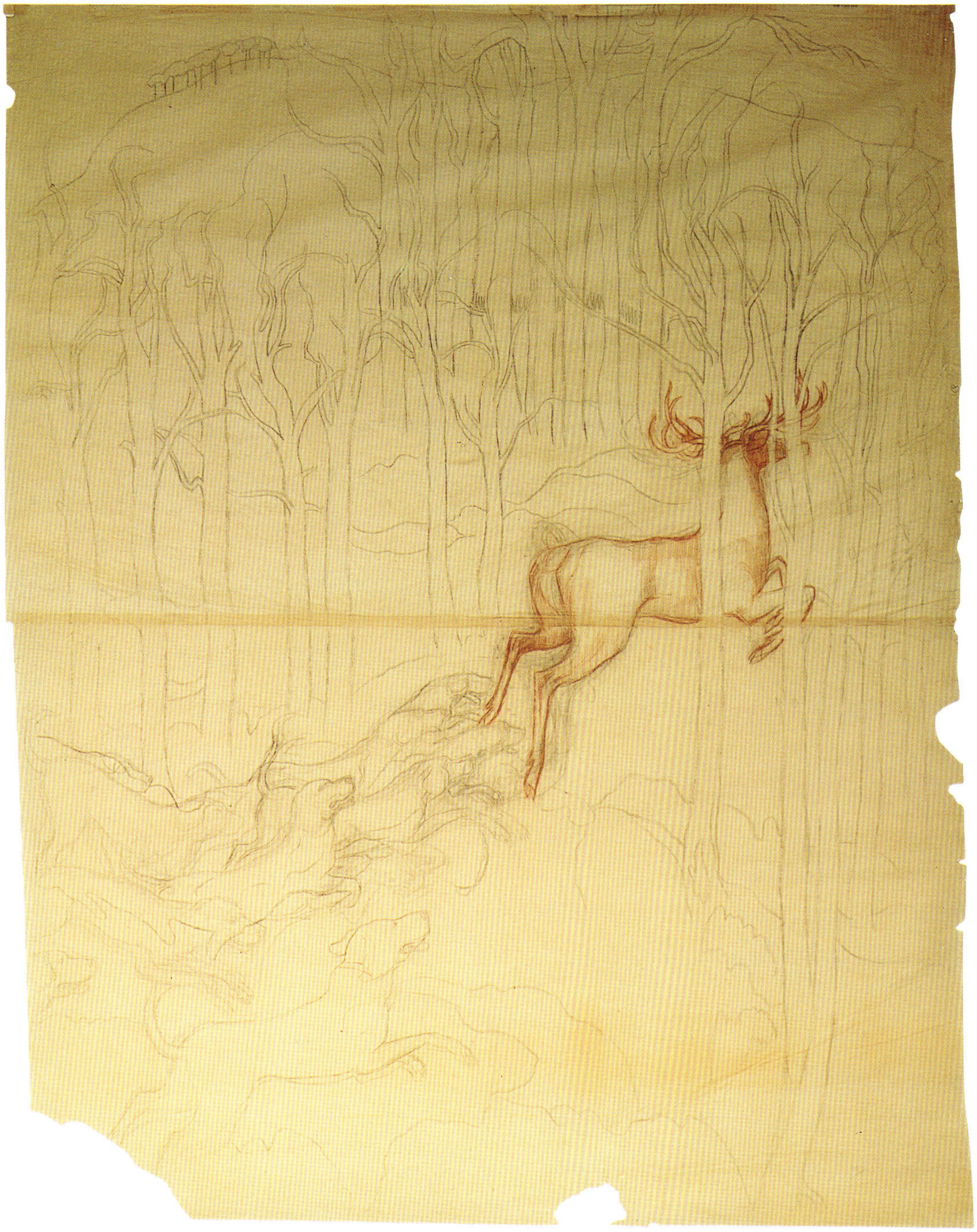

37.

37. *Le Bien-aller*

dessin d'ensemble

calque d'exécution
fusain et sanguine sur calque
215 x 174 cm
Saint-Germain-en-Laye,
Musée départemental Maurice Denis « Le Prieuré »
PMD 976.1.149
Donation des enfants de l'artiste, 1976

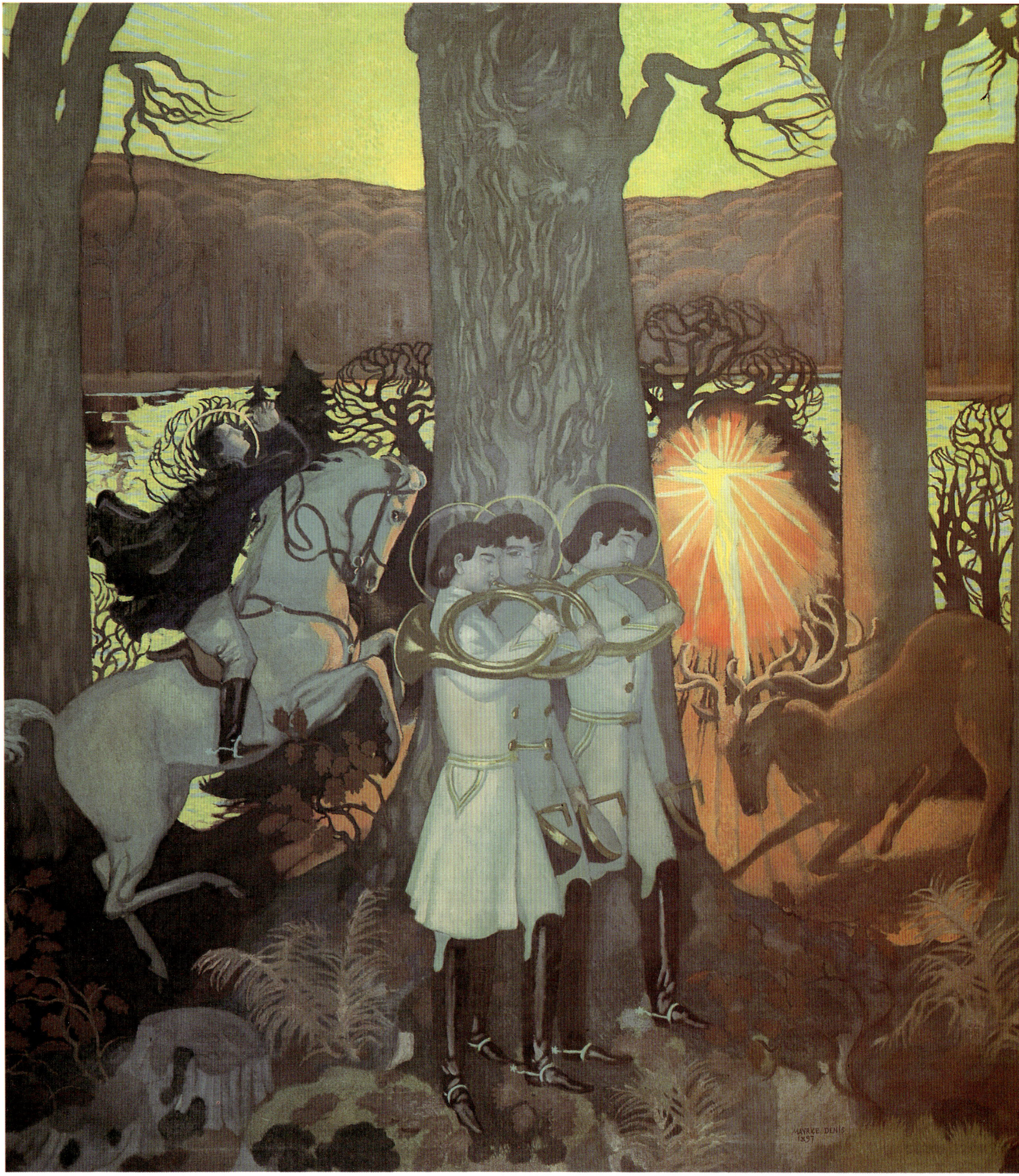
MAVRICE DENIS
1897

Le Miracle
Quatrième panneau

38. *Le Miracle*

1897

huile sur toile
225 x 212 cm
signé et daté en bas à droite : « MAVRICE DENIS 1897 »
Saint-Germain-en-Laye,
Musée départemental Maurice Denis « Le Prieuré »
Inv. PMD 999.4.4
Hist. : collection baron Denys Cochin, Paris
Exp. : 1945, Paris, musée d'Art moderne, n° 51 ; 1970, Paris, Orangerie, n° 106 ; 1994-1995, Lyon, Cologne, Liverpool, Amsterdam, n° 85, repr. coul.
Bibl. : Frèches-Thory - Terrasse, 1990, détail repr. en noir p. 138 ; Bouillon, 1993, repr. coul. p. 81

Hubert était un jeune seigneur passionné par la chasse, qui vivait dans les Ardennes, à la fin du VIIe siècle. Ses chevauchées extrêmes l'entraînèrent au bout de lui-même, jusqu'à la rencontre de l'absolu, symbolisé par une croix apparue dans les ramures d'un grand cerf qu'il avait follement poursuivi jusqu'au soir. Il se convertit et devint ermite, sur les conseils de saint Lambert, évêque de Maastricht, auquel il succédera. D'une vie si pleine d'événements divers, Denis choisit de conserver seulement l'épisode de la révélation pour le panneau central de sa décoration – le seul qui évoque directement la légende de saint Hubert.

La croix resplendissante apparaît sur la tête du cerf, le cavalier est bouleversé par le mystère. Toute la recherche de l'artiste tend à faire percevoir la clarté divine, à « figurer le surnaturel »[1], qu'à l'instar du soleil, « on ne peut pas reproduire, mais qu'on peut représenter »[2].

Dans les esquisses initiales, le cerf est au premier plan, le centre du tableau est occupé tantôt par la croix, tantôt par saint Hubert. Avec un petit croquis presque abstrait, l'artiste trouve l'idée de sa composition définitive. Au lieu des multiples arbres qui figuraient dans les premières esquisses, un puissant tronc expressif occupera le centre du tableau, déterminant un second plan sacré, où le cheval de saint Hubert se cabre devant la lumière qui émane de la croix portée par le cerf symbole du Christ. L'intensité du couchant reflété dans l'étang, qu'accentuent les effets de contre-jour et les graphismes vibrants, multiplie la lumière de Dieu devant la forêt mystérieuse. Au premier plan, trois sonneurs, en tenue blanche, annoncent la bonne nouvelle : ce sont des anges, discrètement auréolés – chez Denis les anges empruntent souvent la forme de messagers d'ici-bas. Peints à l'autre extrémité du plafond, où se continue la frondaison de l'arbre sacré, revêtus de la même tenue de chasse, trois anges ailés leur répondent, et font retentir en écho leurs sonneries lumineuses.

Journal I, 24 octobre 1896, « Pour la chasse, se rappeler l'étang de Ville-Fermon [Villefermoy] le soir. Un grand cheval bleu et au fond une coupure dans les arbres, pour une allée ; les piqueurs sonnant du cor (quatre avec les trompes). Ils tiennent le fouet, les chiens sont devant eux, maintenus par un piqueur. Ceinturon blanc jaunâtre. Les anges ? » Le peintre part d'impressions et d'émotions ressenties, qu'il transfigure en une synthèse symboliste.

1. Maurice Denis, « Notes sur la peinture religieuse », *L'Art et la vie*, n° 54, octobre 1896 ; repris dans *Théories*, Bibl. de l'Occident, 1912, p. 30-44 ; réédité dans *Le Ciel et l'Arcadie*, textes de M. Denis réunis par J.-P. Bouillon, 1993, Hermann, p. 32-48.

2. Maurice Denis, « Chronique de peinture », *L'Ermitage*, n° 12, 15 décembre 1906, p. 321-326 ; repris sous le titre « Le Soleil » dans *Théories*, 1912, éd. 1920, p. 218-224 ; réédité dans *Le Ciel et l'Arcadie*, textes de M. Denis réunis par J.-P. Bouillon, 1993, Hermann, p. 116-123.

39. *Le Cerf devant l'arbre*

crayon sur papier
8 x 10 cm
feuille de croquis collés
47,5 x 25 cm
• recto : *Le Cerf devant l'arbre* et cinq croquis de Bretagne
• verso : neuf croquis de Bretagne
Saint-Germain-en-Laye,
Musée départemental Maurice Denis « Le Prieuré »
PMD 982.20.9
Donation Dominique Denis, 1982
Exp. : 1994-1995, Lyon, Cologne, n° 153, repr. N/B

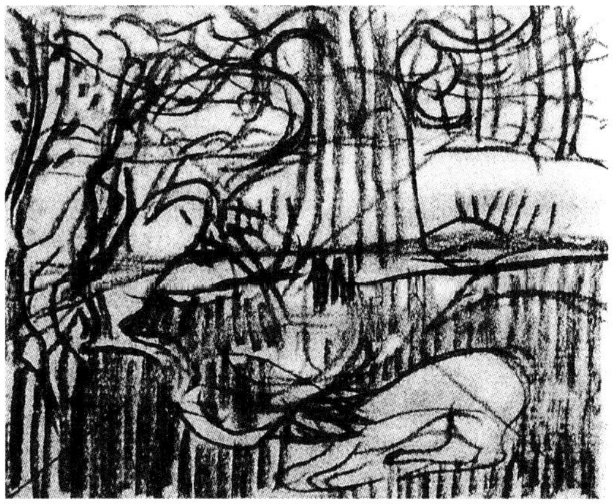

39.

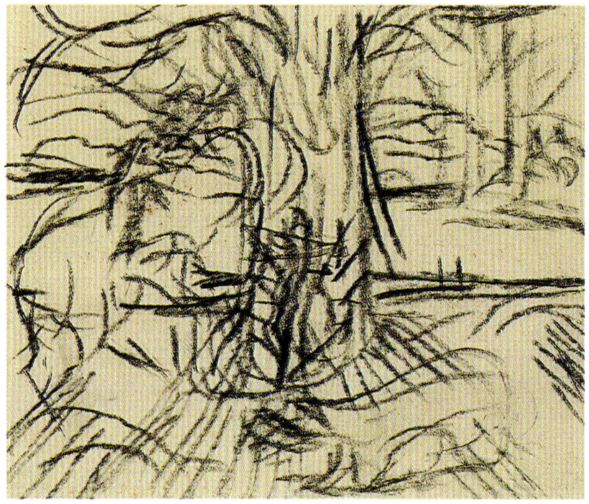
40.

40. ***L'Arbre du miracle***

recherche de composition

fusain sur papier
9 x 11,5 cm
Saint-Germain-en-Laye,
Musée départemental Maurice Denis « Le Prieuré »
PMD 982.20.10
Donation Dominique Denis, 1982

41. ***Les Sonneurs devant le tronc central***

recherche de composition

pastel sur papier
25 x 32,5 cm

• verso : ***Arbres avec personnage en méditation***
pastel

Saint-Germain-en-Laye,
Musée départemental Maurice Denis « Le Prieuré »
PMD 982.20.8
Donation Dominique Denis, 1982

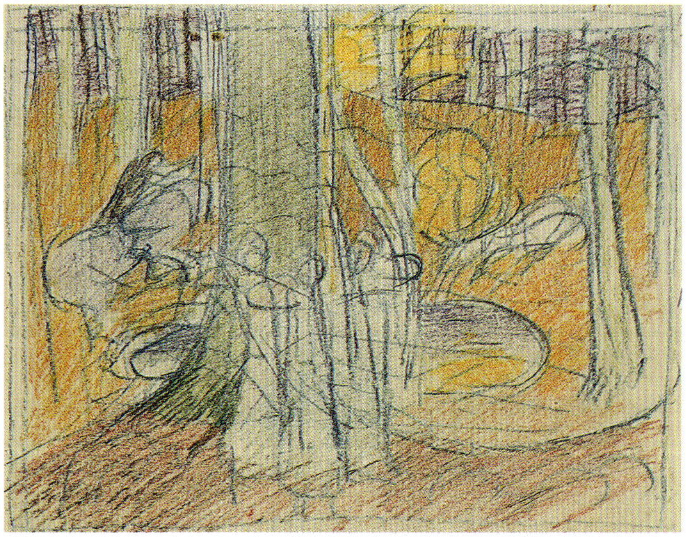
41. recto

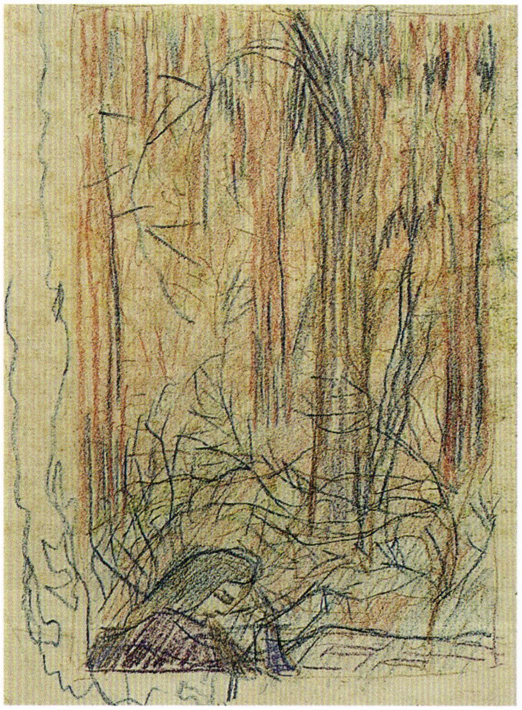
41. verso

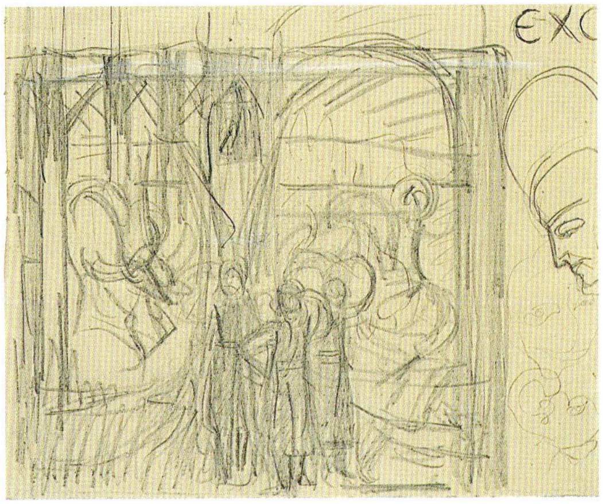

42. recto

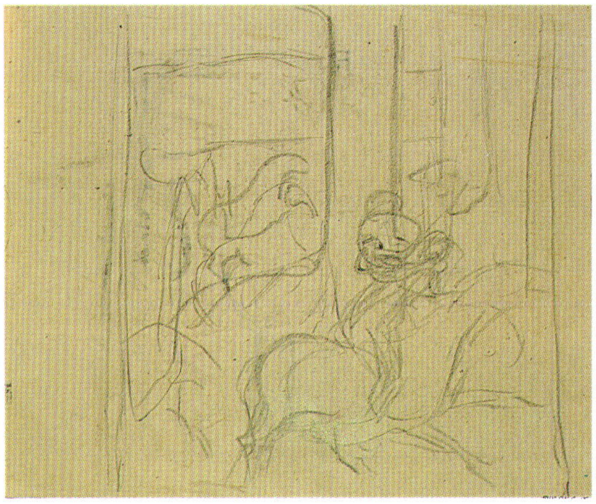

42. verso

42. *Le Miracle devant l'oratoire*

recherche de composition

crayon sur papier
26 x 21,5 cm
dans la marge droite, croquis de la tête d'Augustin Cochin en évêque pour *L'Arrivée à l'ermitage*
Saint-Germain-en-Laye,
Musée départemental Maurice Denis « Le Prieuré »
PMD 982.20.7
Donation Dominique Denis, 1982

• verso : ***Le Défaut***
crayon

Cette composition – Hubert à droite et le cerf à gauche – qui figure également dans le n° 41, n'a pas été retenue. Le tronc porte un oratoire, qu'on retrouvera au fronton de la chapelle de l'ermitage dans le dernier panneau. Il existait plusieurs oratoires de ce genre dans la forêt de Saint-Germain-en-Laye.

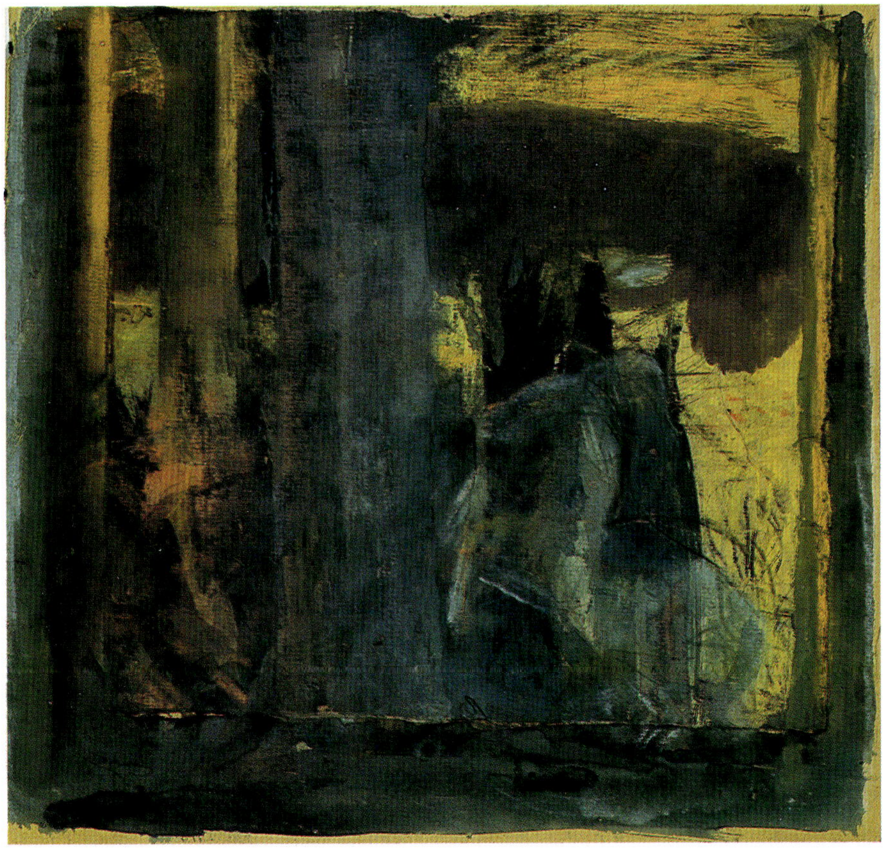

43.

43. ***Troncs d'arbres***

étude de couleurs

pastel sur papier
deux feuilles collées l'une sur l'autre pour modifier les proportions de l'esquisse
feuille du dessus : 20,5 x 21 cm
feuille du dessous : 25 x 26 cm
Saint-Germain-en-Laye,
Musée départemental Maurice Denis « Le Prieuré »
PMD 982.20.11
Donation Dominique Denis, 1982

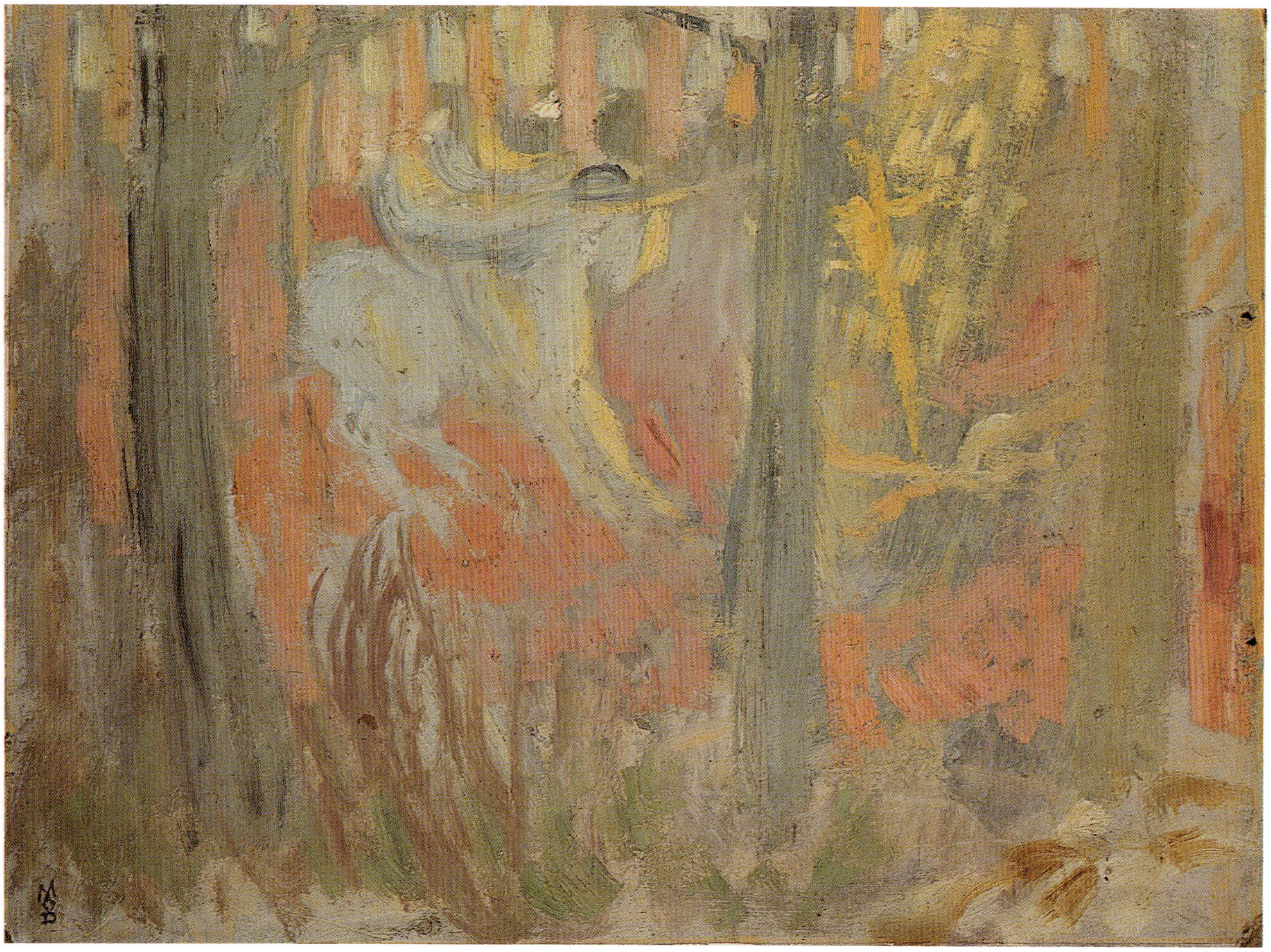

44.

44. *Saint Hubert devant la croix*

huile sur carton
30 x 40 cm
monogramme vertical de l'atelier en bas à gauche

• verso : ***Saint Hubert et les sonneurs devant la croix***
huile
monogramme vertical de l'atelier en bas à droite

Collection particulière

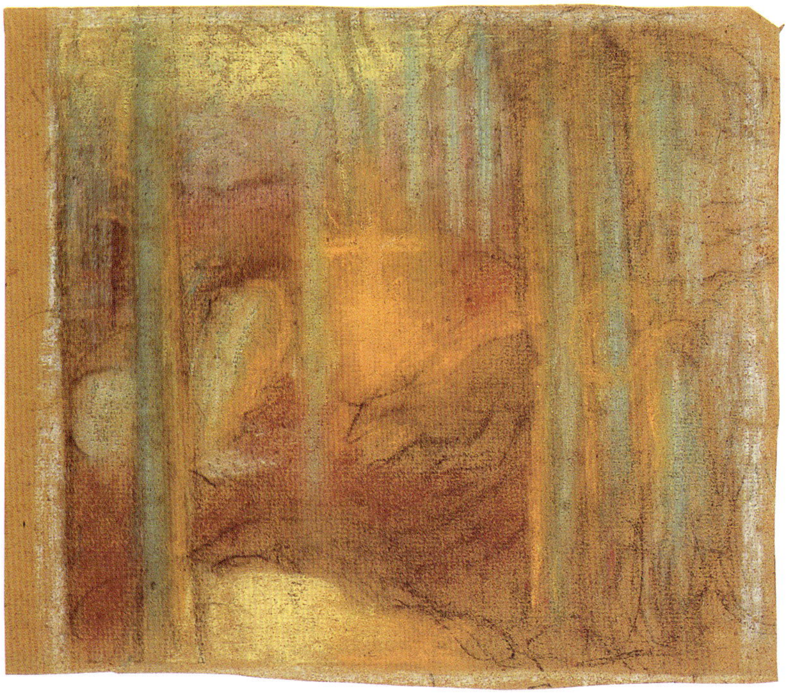

45. recto

45. *Le Cerf portant la croix*

pastel sur papier
22,5 x 26,5 cm

• verso : *Troncs d'arbres esquissés*
fusain

Collection particulière

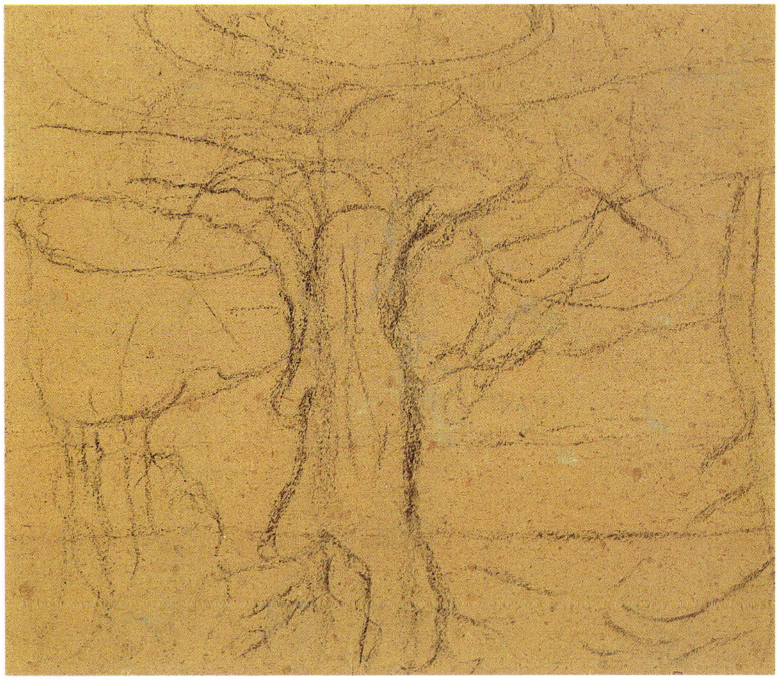

45. verso

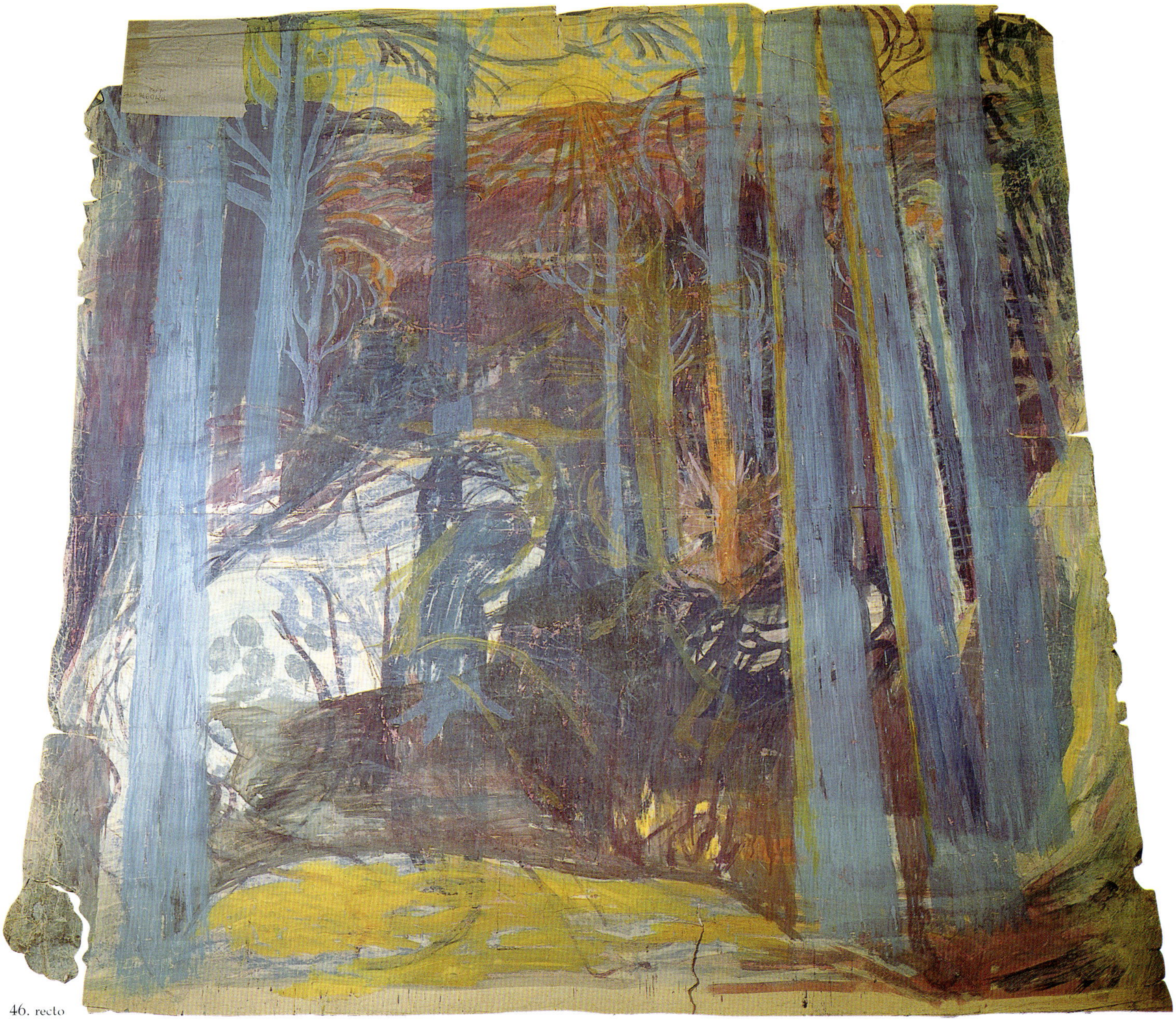

46. recto

46. ***Le Miracle***

esquisse d'ensemble

peinture à la colle, fusain et craie sur papier
225 x 215 cm
mise au carreau au fusain et à la craie

• verso : ***Le Miracle***, étude d'ensemble
peinture à la colle et craie

Saint-Germain-en-Laye,
Musée départemental Maurice Denis « Le Prieuré »
PMD 976.1.145
Donation des enfants de l'artiste, 1976

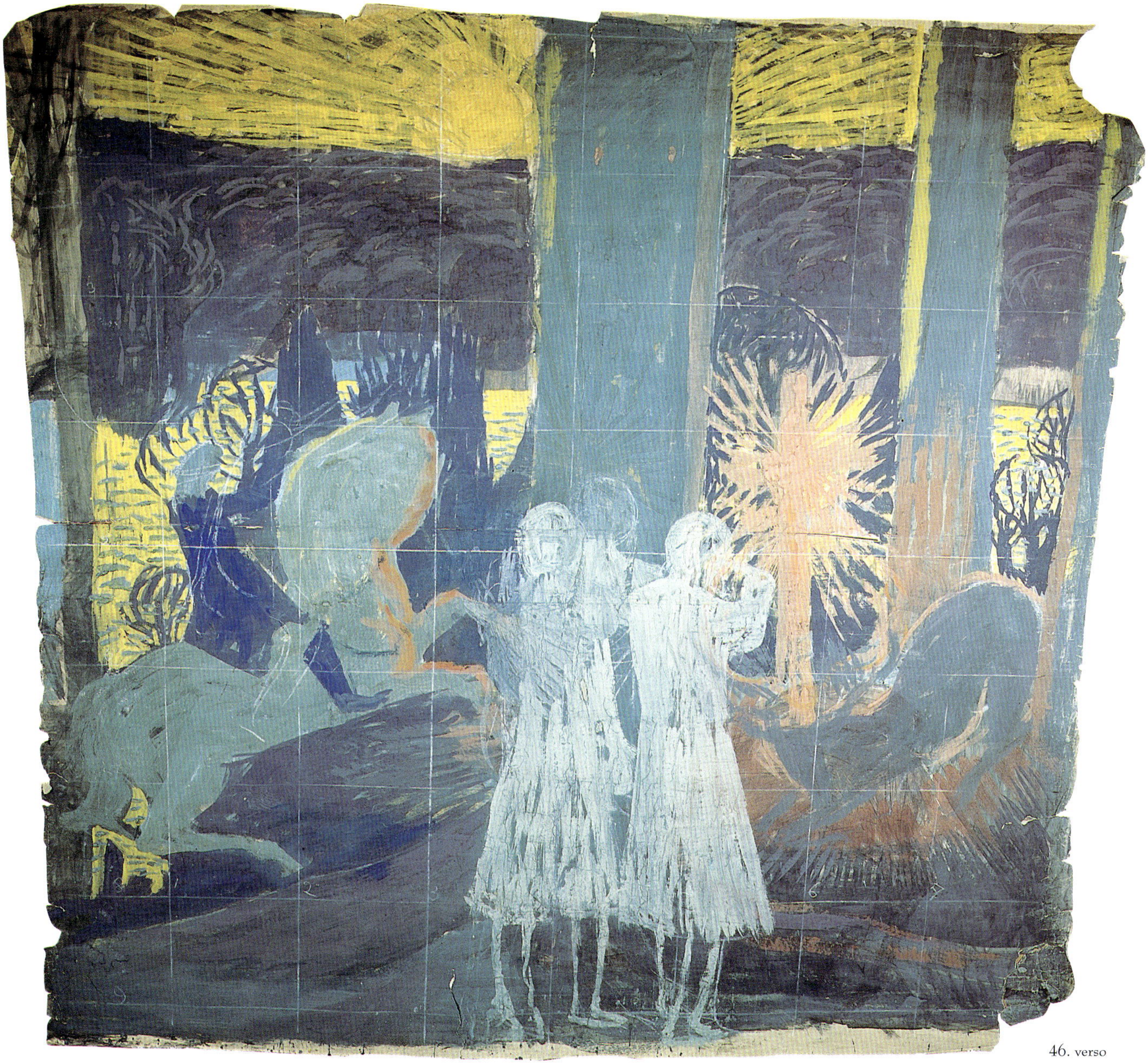

46. verso

Le verso est une première esquisse. La croix placée au centre oblige à trop repousser Hubert et son cheval vers la gauche, tandis que la partie droite est occupée par des arbres peu signifiants. Le soleil couchant, dans l'axe, éclaire la croix, plus lumineux qu'elle.

Le recto montre une étude très proche du tableau définitif : le puissant tronc central a permis de décaler la croix vers la droite, et détermine mieux les espaces sacrés. Le cheval d'Hubert se cabre plus largement et de façon plus expressive. Le soleil n'apparaît pas directement, mais sa lumière est relayée par l'éclat de la croix centrée à droite, ce qui vient enrichir la signification théologique : le Christ, Lumière de Dieu pour les hommes, apporte à Hubert la Révélation. Enfin le large tronc sombre facilite l'apparition des anges sonneurs, et leur message éclatant retentit dans toute la décoration.

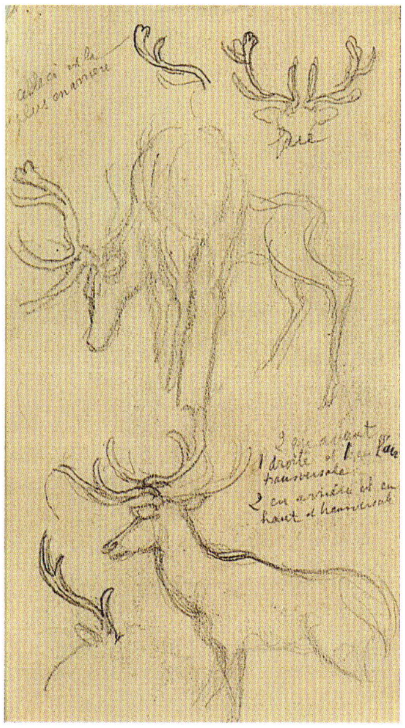

47. recto

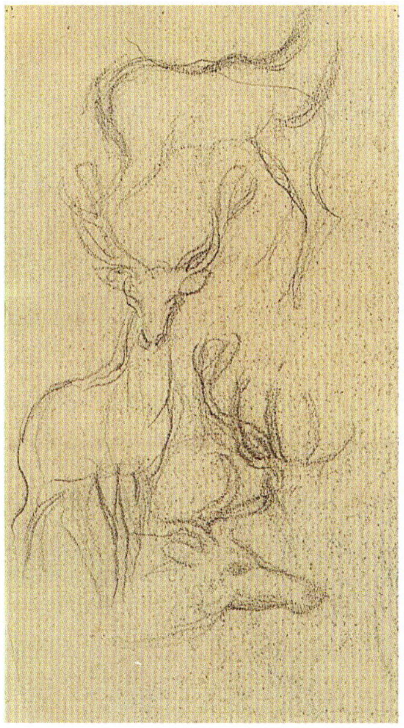

47. verso

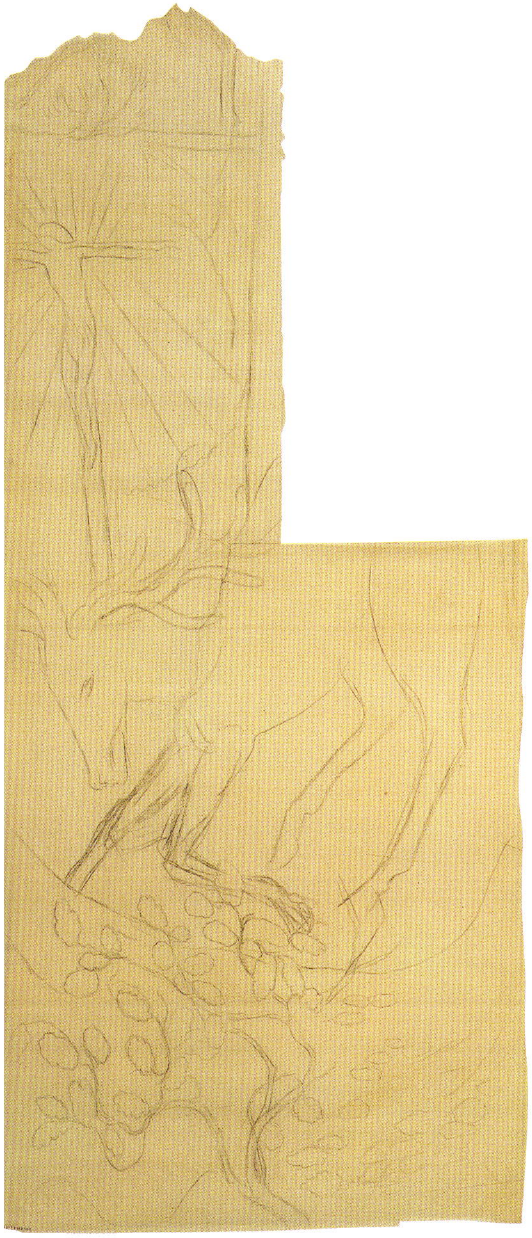

48.

47. *Cerfs et leurs bois (1)*

crayon sur papier
17,5 x 9,5 cm
inscription autographe en haut à gauche :
« celle-ci est la plus en arrière »
inscription autographe en bas à droite : « 2 en avant 1 droite et 1 en l'air transversale, 2 en arrière et en haut et transversale »

• verso : *Cerfs et leurs bois* (2)
crayon

Saint-Germain-en-Laye,
Musée départemental Maurice Denis « Le Prieuré »
PMD 982.20.12
Donation Dominique Denis, 1982
Bibl. : Frèches-Thory - Terrasse, 1990, repr. en N/B p. 134

48. *Le Cerf et la croix*

calque d'exécution

fusain sur papier calque
160 x 71 cm
Saint-Germain-en-Laye,
Musée départemental Maurice Denis « Le Prieuré »
PMD 976.1.146
Donation des enfants de l'artiste, 1976

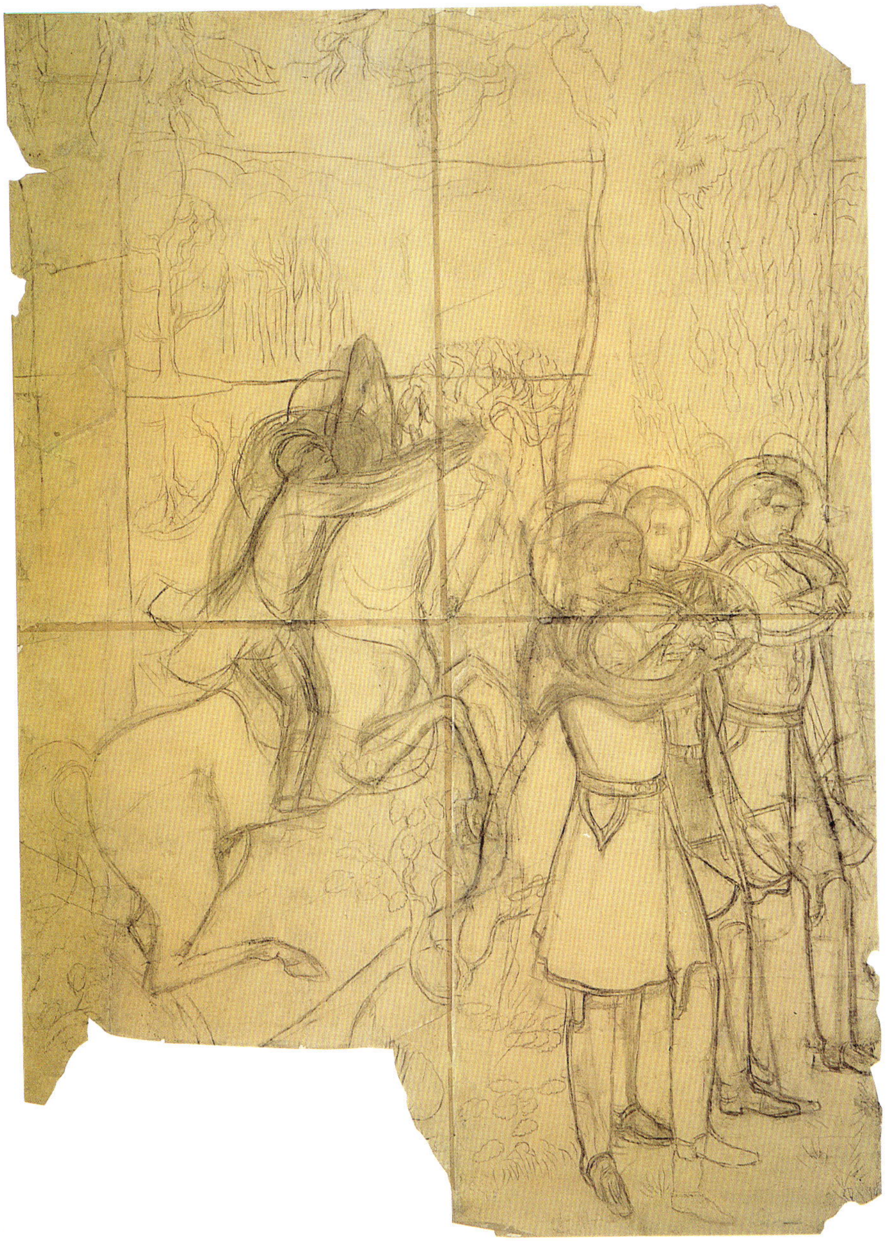

49.

49. ***Les Sonneurs***

calque d'exécution

fusain sur papier calque
212 x 150 cm

Saint-Germain-en-Laye,
Musée départemental Maurice Denis « Le Prieuré »
PMD 976.1.147
Donation des enfants de l'artiste, 1976

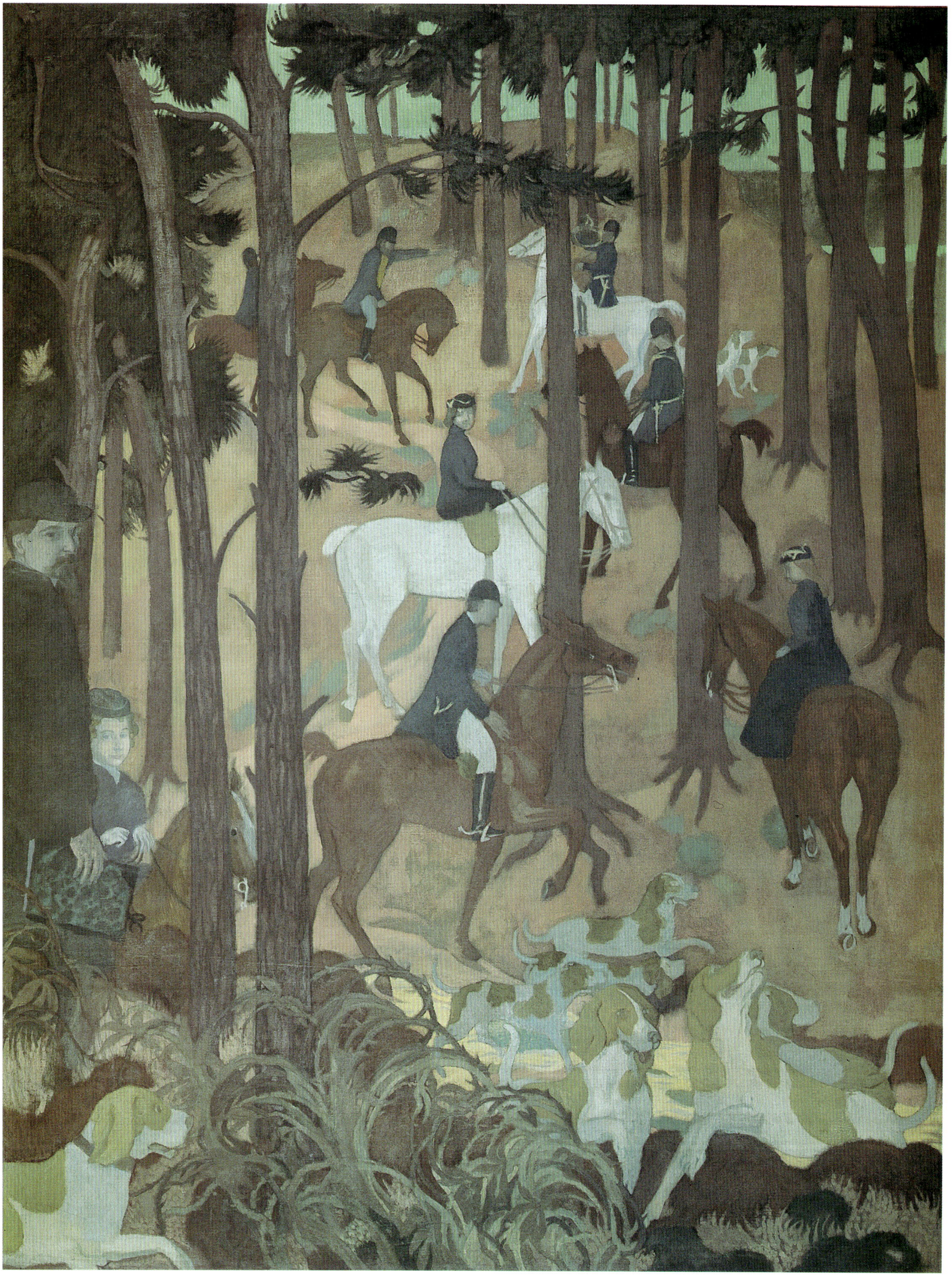

Le Défaut

Cinquième panneau

50. *Le Défaut*

1897

huile sur toile
225 x 175 cm
Saint-Germain-en-Laye,
Musée départemental Maurice Denis « Le Prieuré »
Inv. PMD 999.4.5
Hist. : collection baron Denys Cochin, Paris
Exp. : 1945, Paris, musée d'Art moderne, n° 52 ; 1970, Paris, Orangerie, n° 106 ; 1994-1995, Lyon, Cologne, Liverpool, Amsterdam, n° 85, repr. coul.
Bibl. : Bouillon, 1993, p. 80

Pour saint Hubert, qui a trouvé sa voie, *Le Miracle* met un terme à la poursuite. Mais les autres chasseurs continuent leur recherche. Quand on a perdu la trace du cerf, on essaie de relever un « défaut » qui permette de relancer la poursuite. La composition devient statique, étouffante : le mouvement des chevaux, des cavaliers, des chiens, est confus, comme arrêté. Nulle évidence parmi ces lignes qui s'enchevêtrent, ces couleurs uniformes. On ne sait pas d'où vient la lumière, et, si certains entrevoient, très loin au fond, l'étang du Miracle, qu'un cavalier désigne du bras, on peut aussi être attiré par l'éclat trompeur d'un ruisseau, au premier plan, sans prendre garde qu'il est bordé de ronces. Les cavaliers, aux montures symboliquement blanches ou noires, hésitent, sur un chemin rose qui fait écho au *Chemin de la vie* du vitrail, figures de l'incertitude humaine entre le Bien et le Mal.

Maurice Denis a choisi de placer ici son autoportrait. Tandis que les cavaliers et les chiens en désarroi cherchent la trace du cerf, le peintre, debout sur le côté gauche, observe la scène, un grand carnet de croquis à la main. À ses côtés, sa femme Marthe, en cavalière, tient gracieusement les rênes. Le peintre s'est souvent représenté en observateur, un peu en retrait, parmi ceux dont il partage les espoirs et les doutes (il ira même jusqu'à donner ses traits à l'aveugle Bartimée dans les *Béatitudes* de la chapelle du Prieuré, en 1928).

51. *Recherche de composition pour Le Défaut*

crayon sur papier
26 x 21,5 cm

• recto : ***Arbres et Passage de cavaliers,***
deux esquisses pour *Le Défaut*

• verso : ***Esquisse d'arbre***
crayon léger

Saint-Germain-en-Laye, musée départemental Maurice Denis « Le Prieuré »
PMD 982.20.19
Donation Dominique Denis, 1982

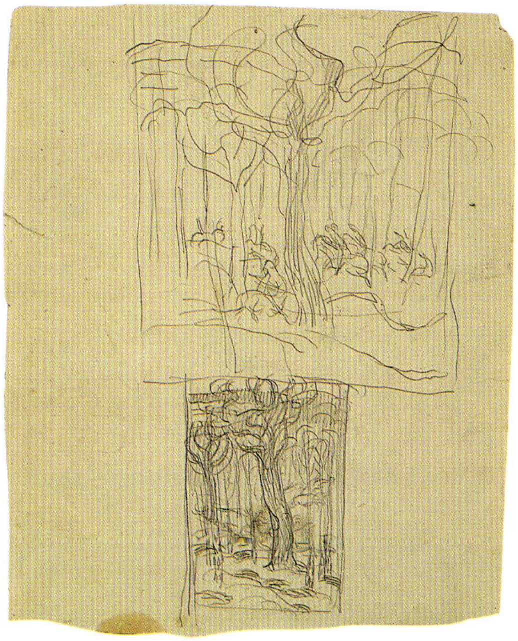

51.

52. ***La Jongleuse***

double feuille de croquis collés sur papier
33,5 x 55 cm

• recto : neuf croquis dont quatre études d'arbres et un croquis pour *Le Défaut* (crayon sur papier, 21,5 x 11 cm)
• verso : six croquis dont deux études d'arbres

Collection particulière
Repr. fig 22, p. 23.

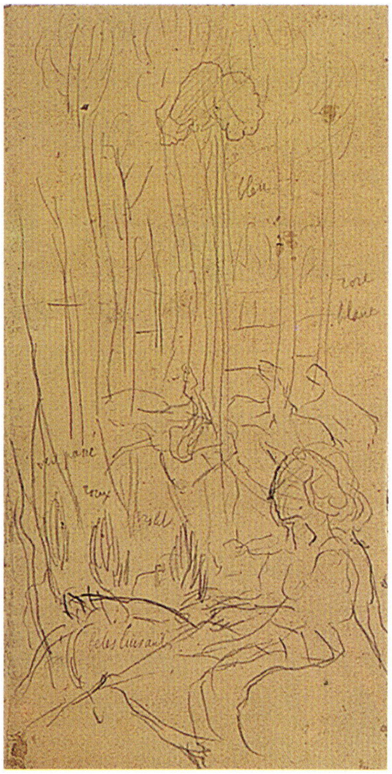

52.

53. ***Amazones***

huile sur carton
31,5 x 19,5 cm
Collection particulière

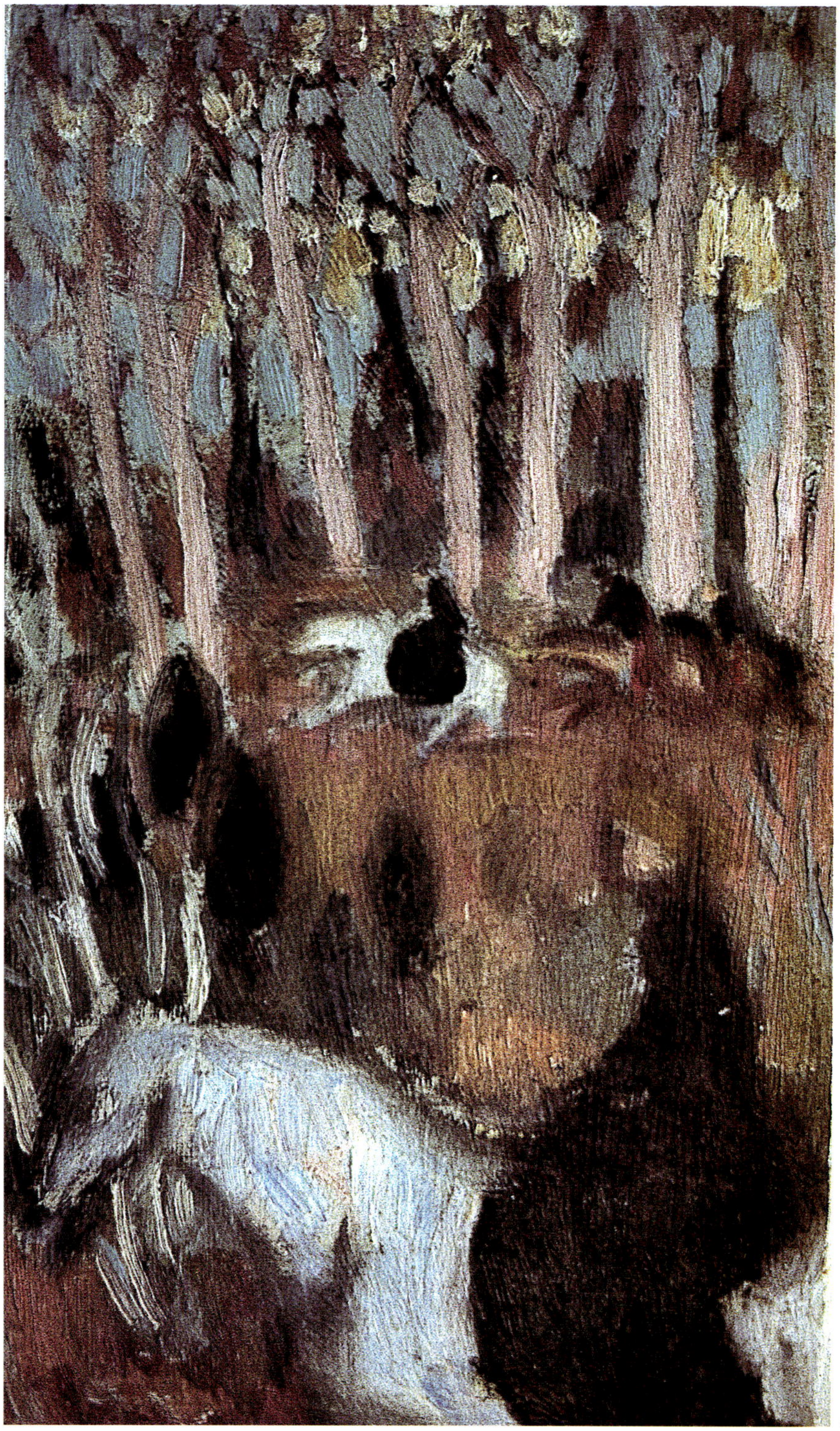

53.

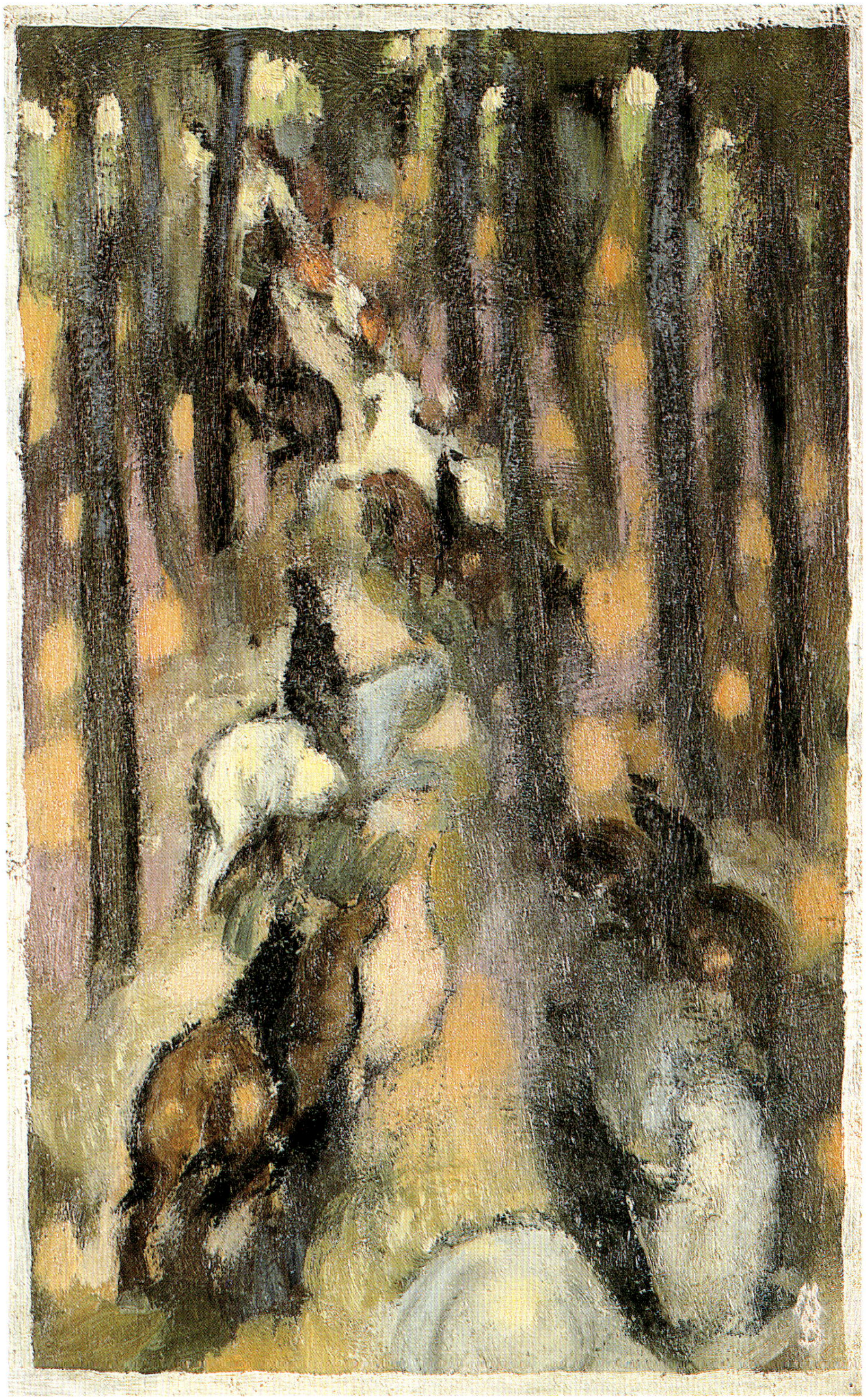

54.

54. ***Paysage pour Le Défaut***

recherche de mouvement

huile sur carton
32,5 x 21,5 cm
Saint-Germain-en-Laye,
Musée départemental Maurice Denis « Le Prieuré »
PMD 982.8.1
Exp. : 1985, Saint-Germain-en-Laye, n° 2, p. 30, repr. N/B p. 31

55. ***Étude de cavalier***

fusain sur papier
34 x 38 cm
monogramme vertical de l'atelier en bas à gauche
Collection particulière

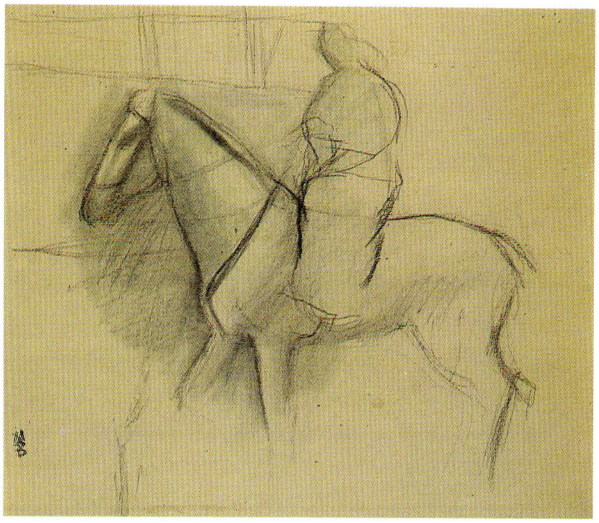

55.

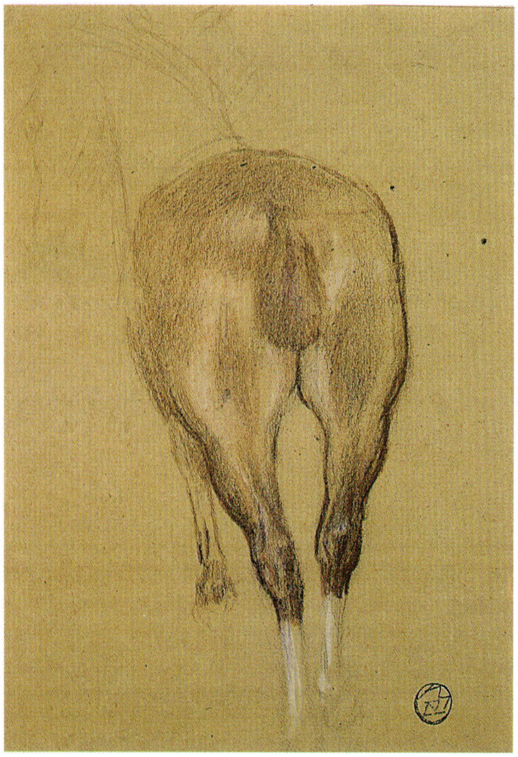

56.

56. ***Cheval alezan***

étude de croupe

fusain et pastel sur papier
33,6 x 24 cm
monogramme rond de l'atelier en bas à droite
Collection particulière

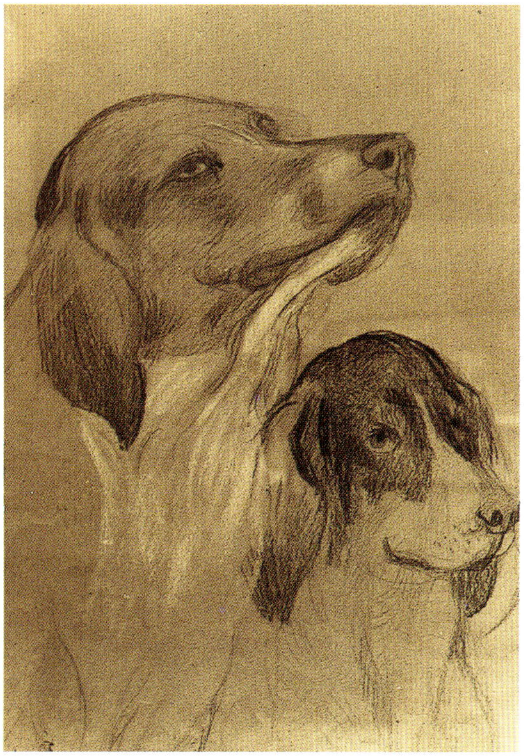

57.

57. *Les Deux Chiens*

pastel sur papier
36 x 29 cm
Collection particulière
Exp. : 1981, Paris, n° 55

58. *Étude de chien*

pastel sur papier
36 x 29 cm
Collection particulière
Exp. : 1981, Paris, n° 56

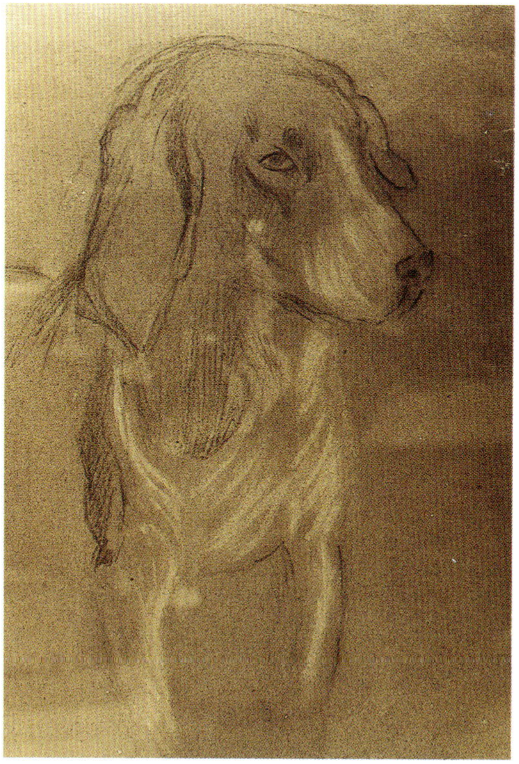

58.

59. *Portrait de Marthe Denis*

crayon, crayon bleu et craie blanche sur papier calque
22,5 x 13 cm
calque de report
Saint-Germain-en-Laye,
Musée départemental Maurice Denis « Le Prieuré »
PMD 982.20.13
Donation Dominique Denis, 1982

60. *Portrait de l'artiste au chapeau noir*

fusain sur papier
36 x 28 cm
signé du monogramme vers le bas à droite : « M. D. »

• verso : *Études pour un portrait d'enfant*
crayon

Collection particulière
Bibl. : Bouillon, 1993, repr. N/B p. 78
Exp. : 1994-1995, Lyon, Cologne, n° 154 , repr. N/B

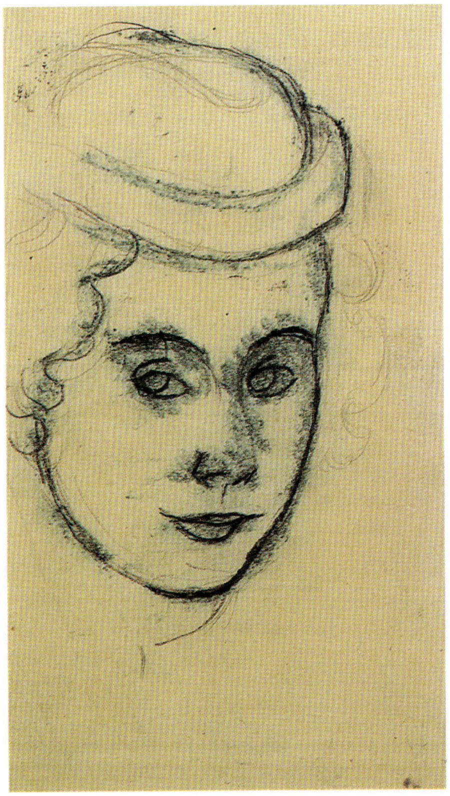

59.

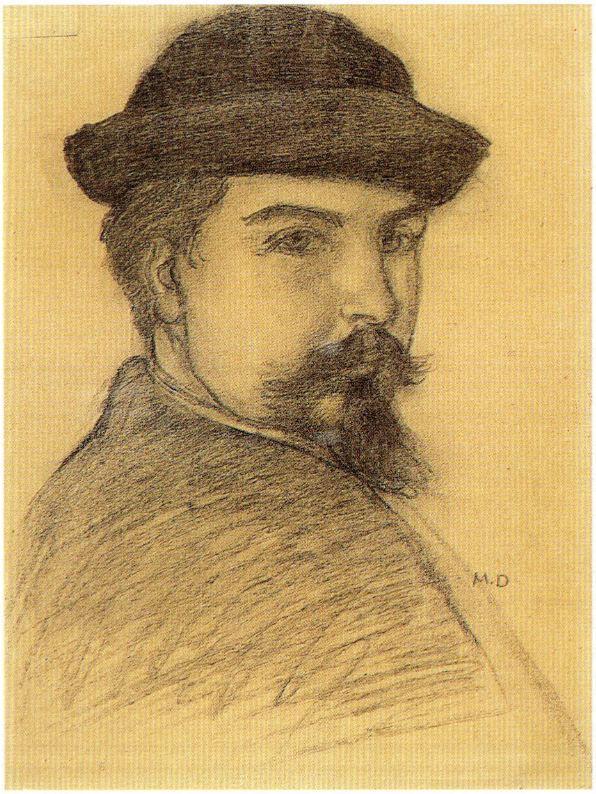

60.

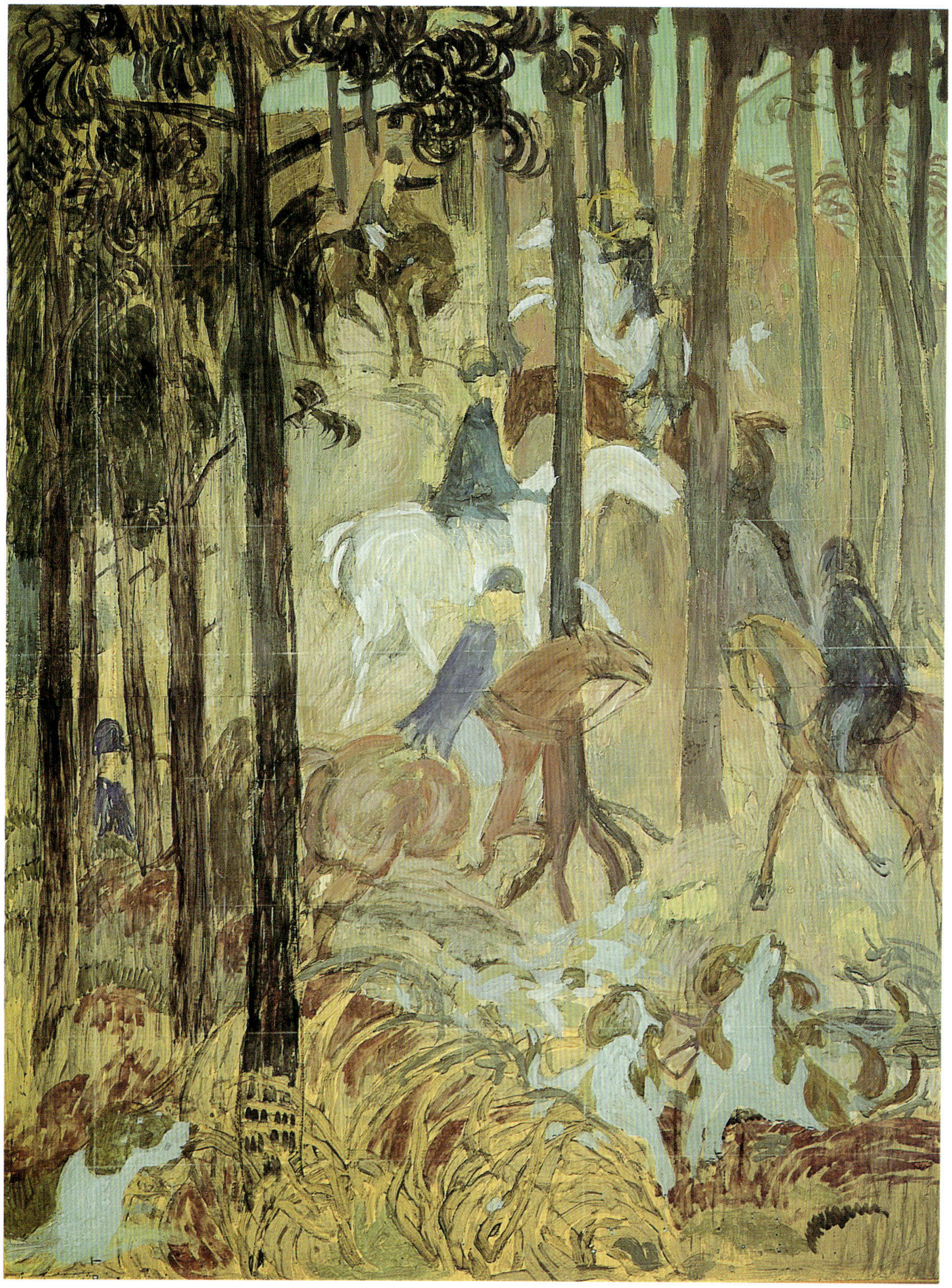

61.

61. ***Le Défaut***

esquisse d'ensemble

peinture à la colle et craie sur papier
228 x 171 cm
deux feuilles collées
mise au carreau à la craie
Saint-Germain-en-Laye,
Musée départemental Maurice Denis « Le Prieuré »
PMD 976.1.142
Donation des enfants de l'artiste, 1976

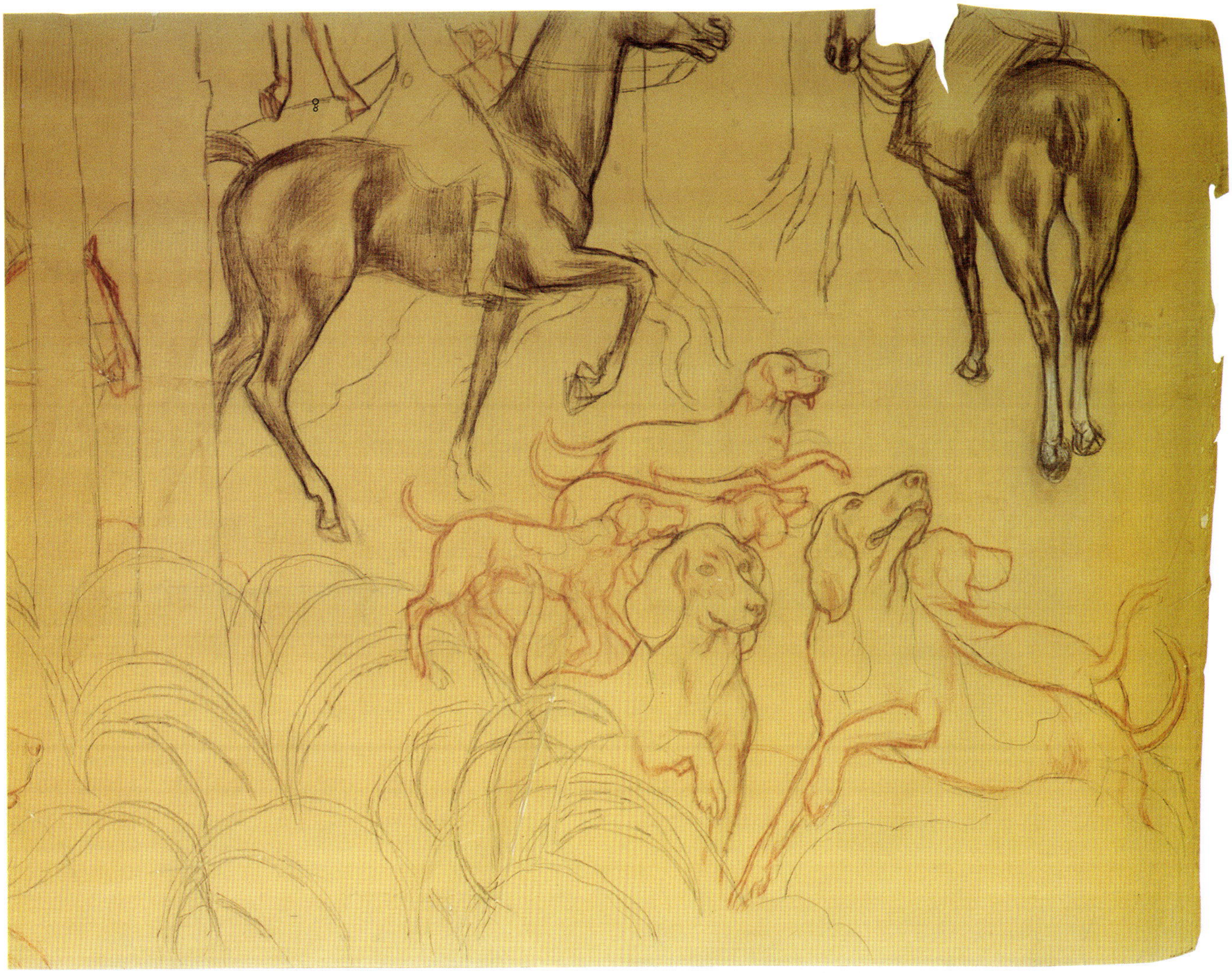

62.

62. ***Le Défaut***

partie basse

calque d'exécution
fusain, sanguine et craie sur papier calque
109 x 171 cm
Saint-Germain-en-Laye,
Musée départemental Maurice Denis « Le Prieuré »
PMD 976.1.144
Donation des enfants de l'artiste, 1976

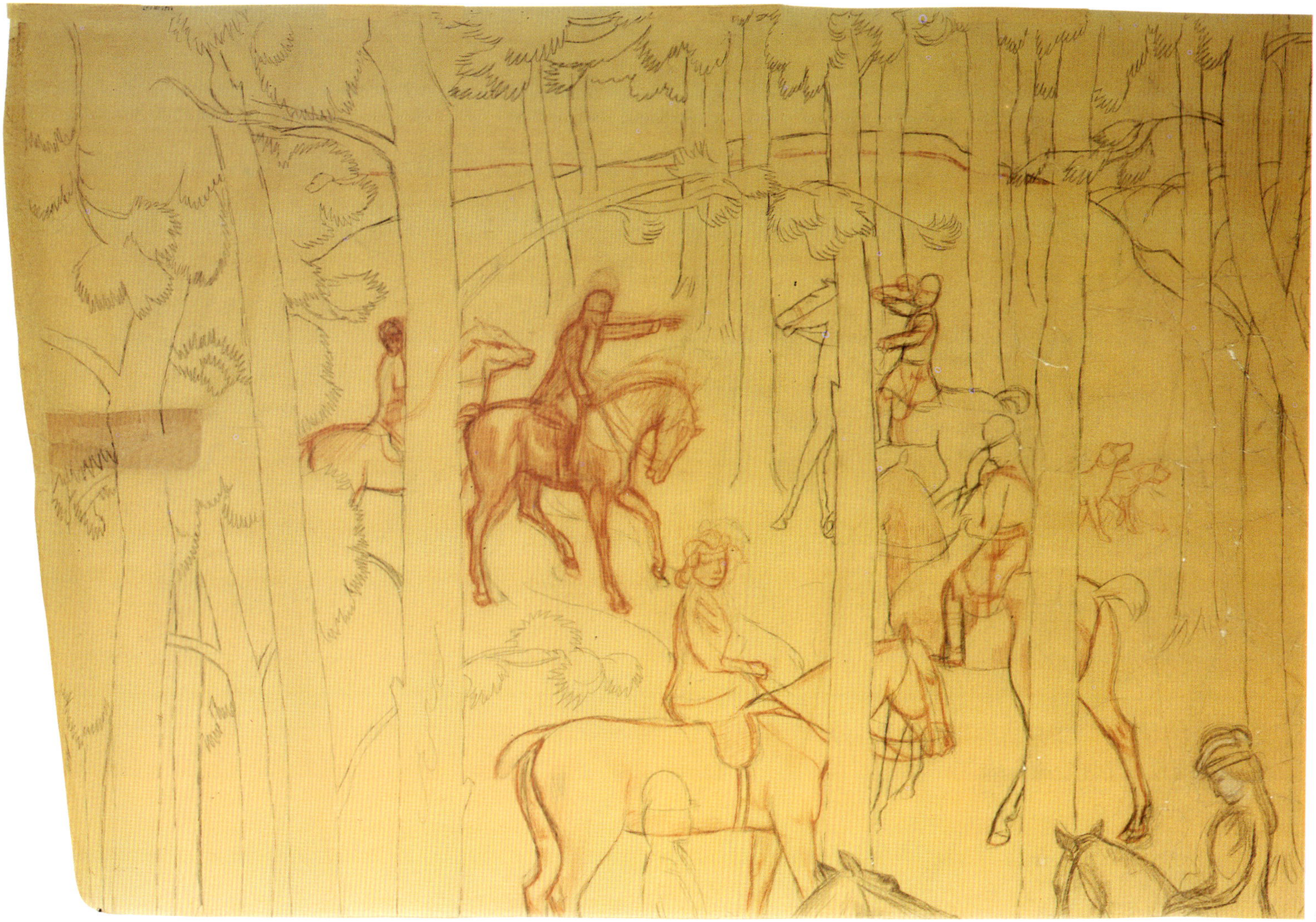

63.

63. *Le Défaut*

partie haute

calque d'exécution
fusain, sanguine et craie sur papier calque
109 x 175 cm
Saint-Germain-en-Laye,
Musée départemental Maurice Denis « Le Prieuré »
PMD 976.1.143
Donation des enfants de l'artiste, 1976

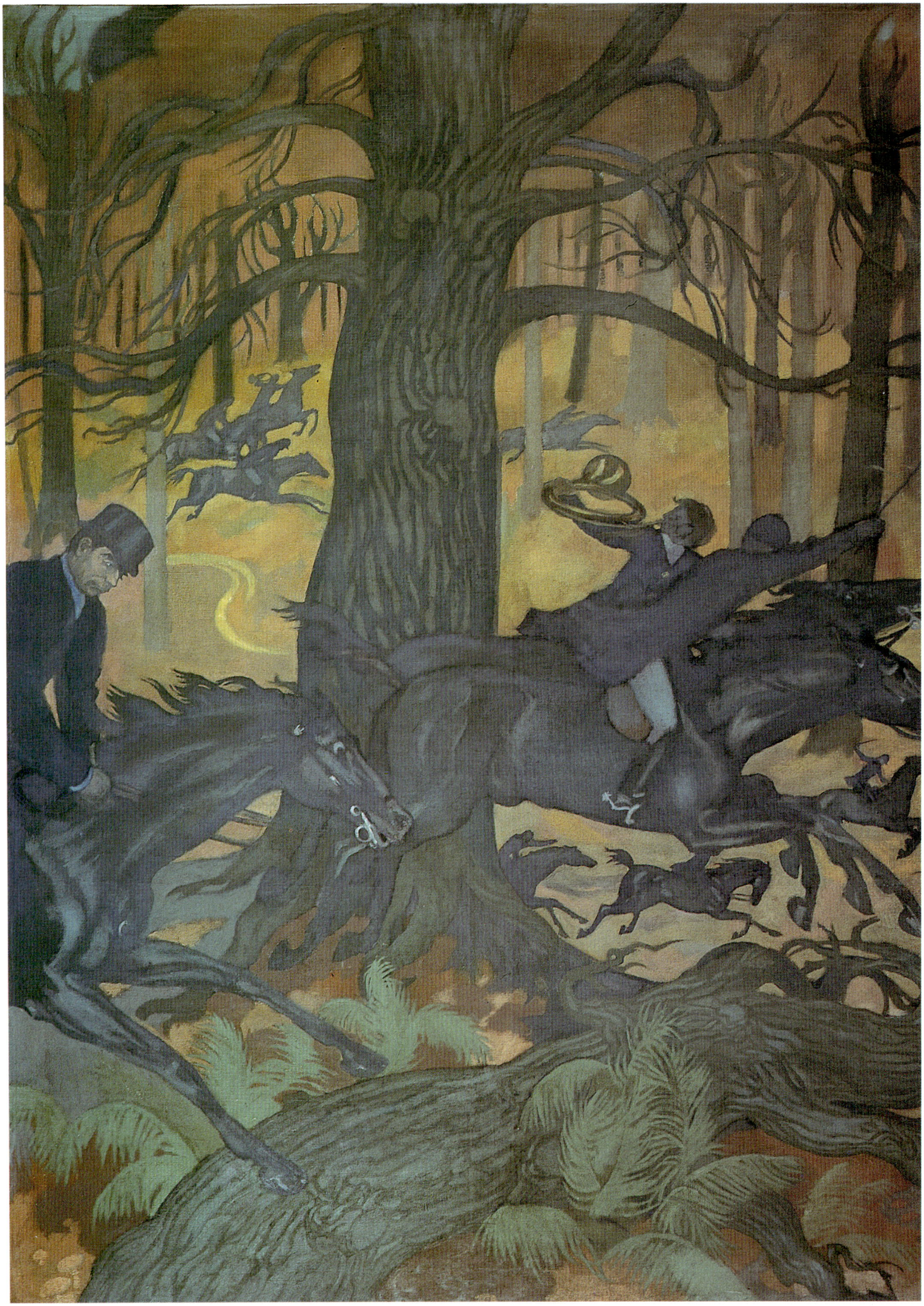

La Chasse infernale

Sixième panneau

64. ***La Chasse infernale***

1897

huile sur toile
225 x 175 cm
Saint-Germain-en-Laye,
Musée départemental Maurice Denis « Le Prieuré »
Inv. PMD 999.4.6
Hist. : collection baron Denys Cochin, Paris
Exp. : 1945, Paris, n° 53 ; 1970, Paris, Orangerie, n° 106 ; 1994-1995, Lyon, Cologne, Liverpool, Amsterdam, n° 85, repr. coul.
Bibl. : Frèches-Thory - Terrasse, 1990, repr. coul. p. 136-137 ; Bouillon, 1993, p. 80

À droite du *Miracle*, la chasse à courre suit une courbe descendante, traitée en teintes froides. Le peintre a juxtaposé sur un même croquis les trois esquisses du *Défaut*, de *La Chasse infernale* et de *L'Arrivée à l'ermitage*, les reliant par un trait de crayon qui plonge, dans la profondeur du ravin, image du sombre destin de Pécopin et de ses semblables.

Cochin avait orienté Denis vers la terrible *Légende du beau Pécopin*, que raconte Victor Hugo (*Le Rhin*, 1838-1840). Emporté par son amour de la chasse, négligeant celle qu'il aime, Pécopin se lance un matin dans une poursuite effrénée. Il n'a pas vu qu'il pénétrait dans la forêt des Âmes perdues, et que c'était le Diable qui menait la course. Au soir, il retrouve sa fiancée ; mais elle est devenue une vieille femme, et, tel Dorian Gray, il sent son visage se décomposer : sa longue journée de chasse aura duré cent ans ! Le peintre ne retiendra de ce récit fantastique que la violence d'une poursuite enragée, où l'homme se perd corps et âme.

La Chasse infernale, dépeint le triste sort de ceux qui, entraînés par leurs passions, perdent leur vie à poursuivre frénétiquement des leurres et se retrouvent, comme le beau Pécopin, sur le chemin de l'enfer. L'obscurité symbolise leur aveuglement. Les cavaliers, enivrés par une sonnerie maléfique, se croient libérés de tout – même de la tenue traditionnelle des chasseurs. Mais le gros arbre central, image négative de celui du *Miracle*, les emprisonne sous ses branches retombantes. Le tronc tombé, aux lignes torturées dit la présence de la mort. Le heurt des tons, l'irréalité de la lumière sulfureuse, l'excès de la déformation des personnages ou des chevaux, le choc des angles et des courbes expriment l'étreinte de la tentation, l'angoisse de ceux qui foncent de leur plein gré vers le malheur éternel.

Le peintre a pris pour modèle le cocher Forget, qui, d'après la tradition familiale, s'occupait si bien de ses chevaux que Denys Cochin acceptait de fermer les yeux sur certaines disparitions d'avoine...

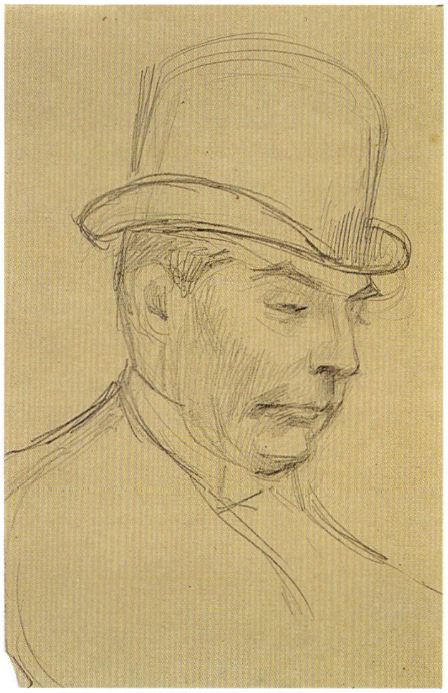

65. recto

65. ***Portrait de Forget,*** *cocher de Denys Cochin*

étude pour Pécopin

crayon sur papier
34 x 25,5 cm

• verso : *Le Cocher Forget,*
double étude
crayon
inscriptions autographes en haut à droite :
« guides rouges »
au milieu à droite : « guides bleues »
Collection particulière

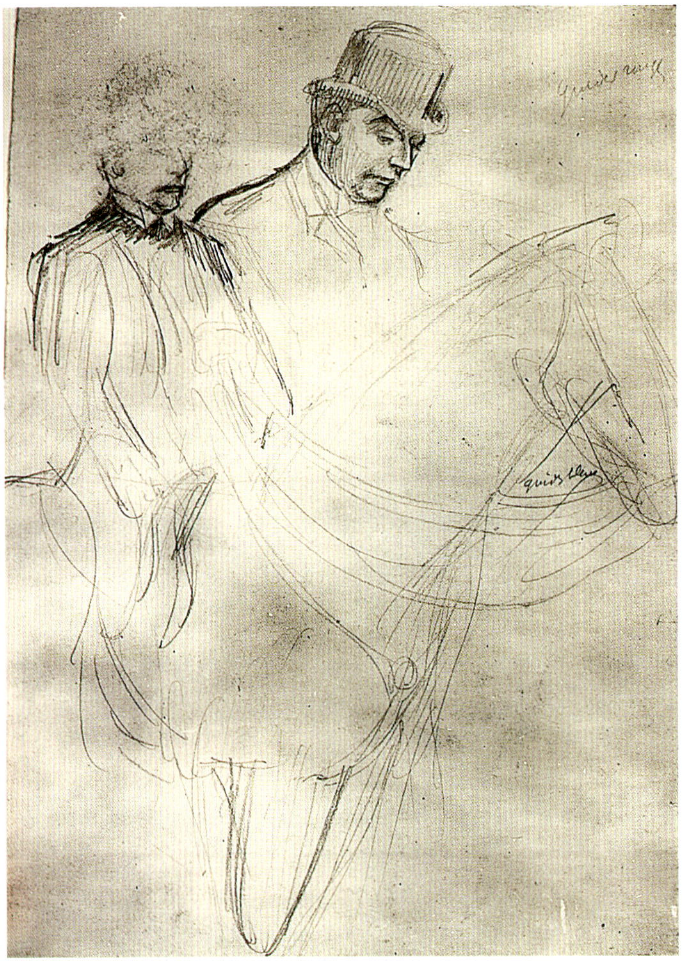

65. verso

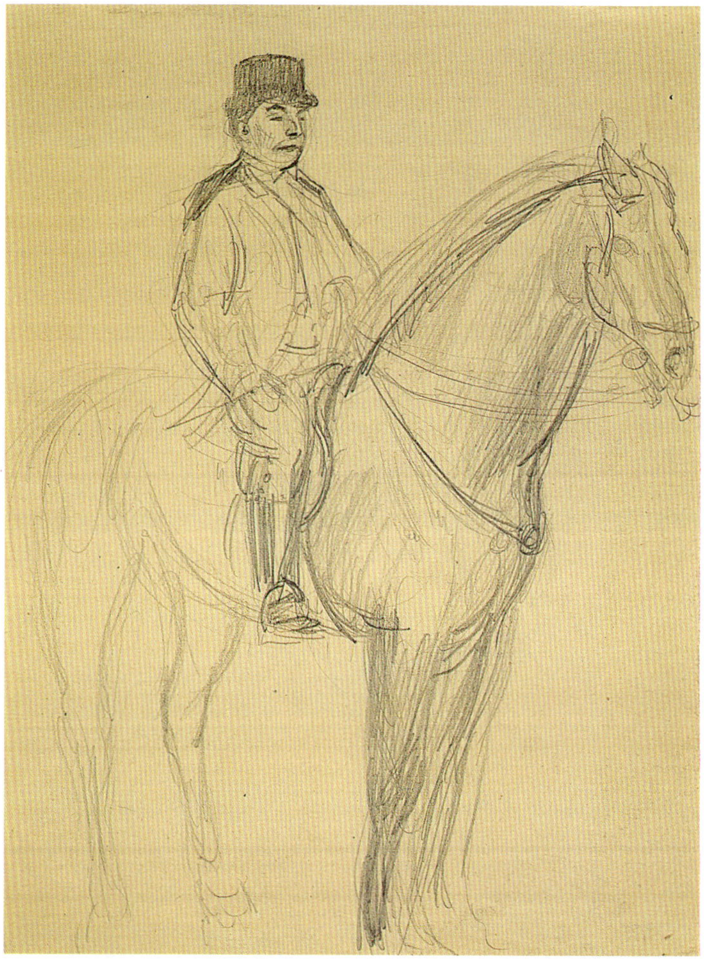

66.

66. *Le Cocher Forget à cheval*

crayon sur papier
34 x 25,5 cm
Collection particulière

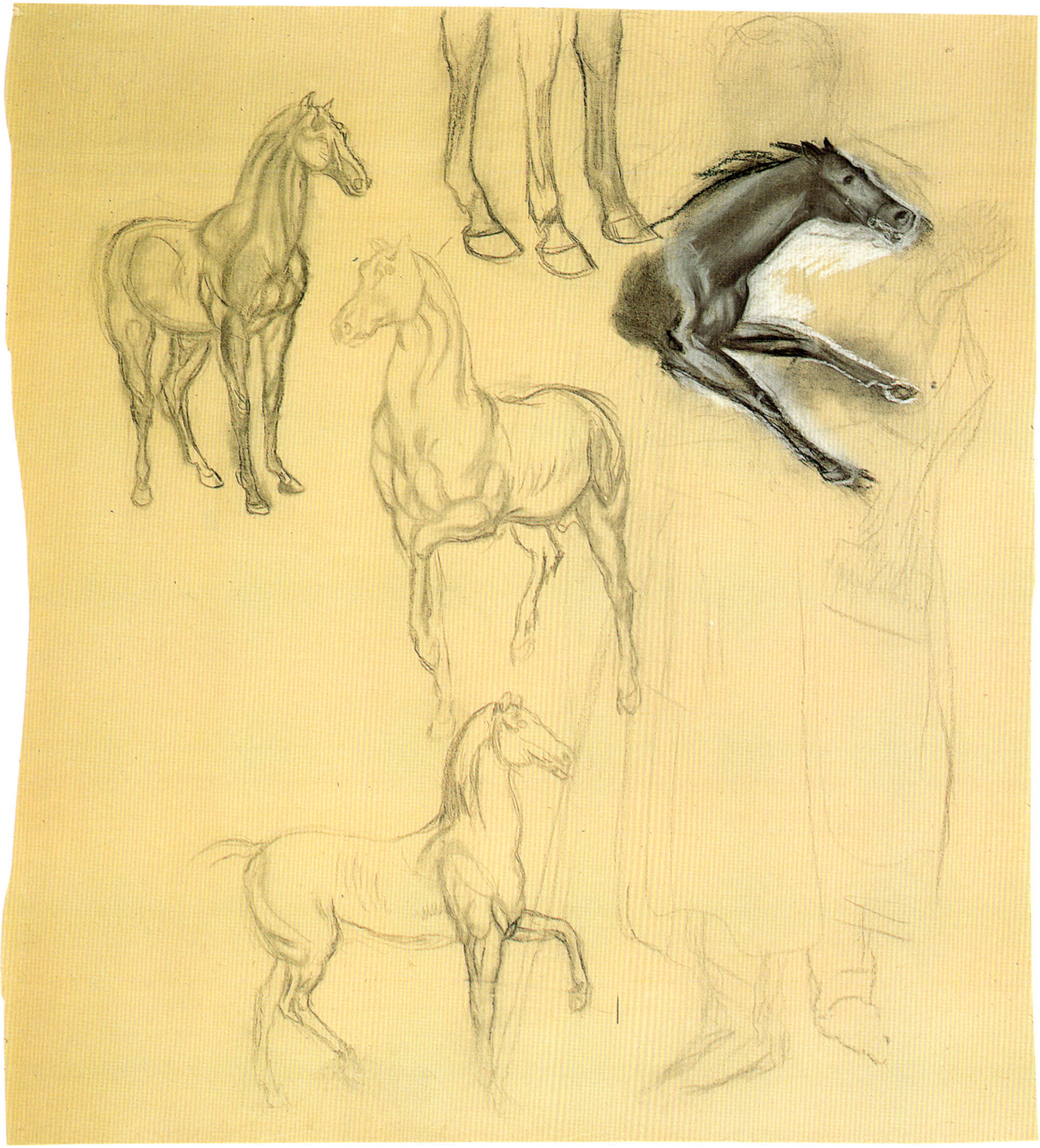

67.

67. ***Étude de chevaux***

fusain et craie sur papier
121 x 114 cm
Saint-Germain-en-Laye,
Musée départemental Maurice Denis « Le Prieuré »
PMD 976.1.140
Donation des enfants de l'artiste, 1976

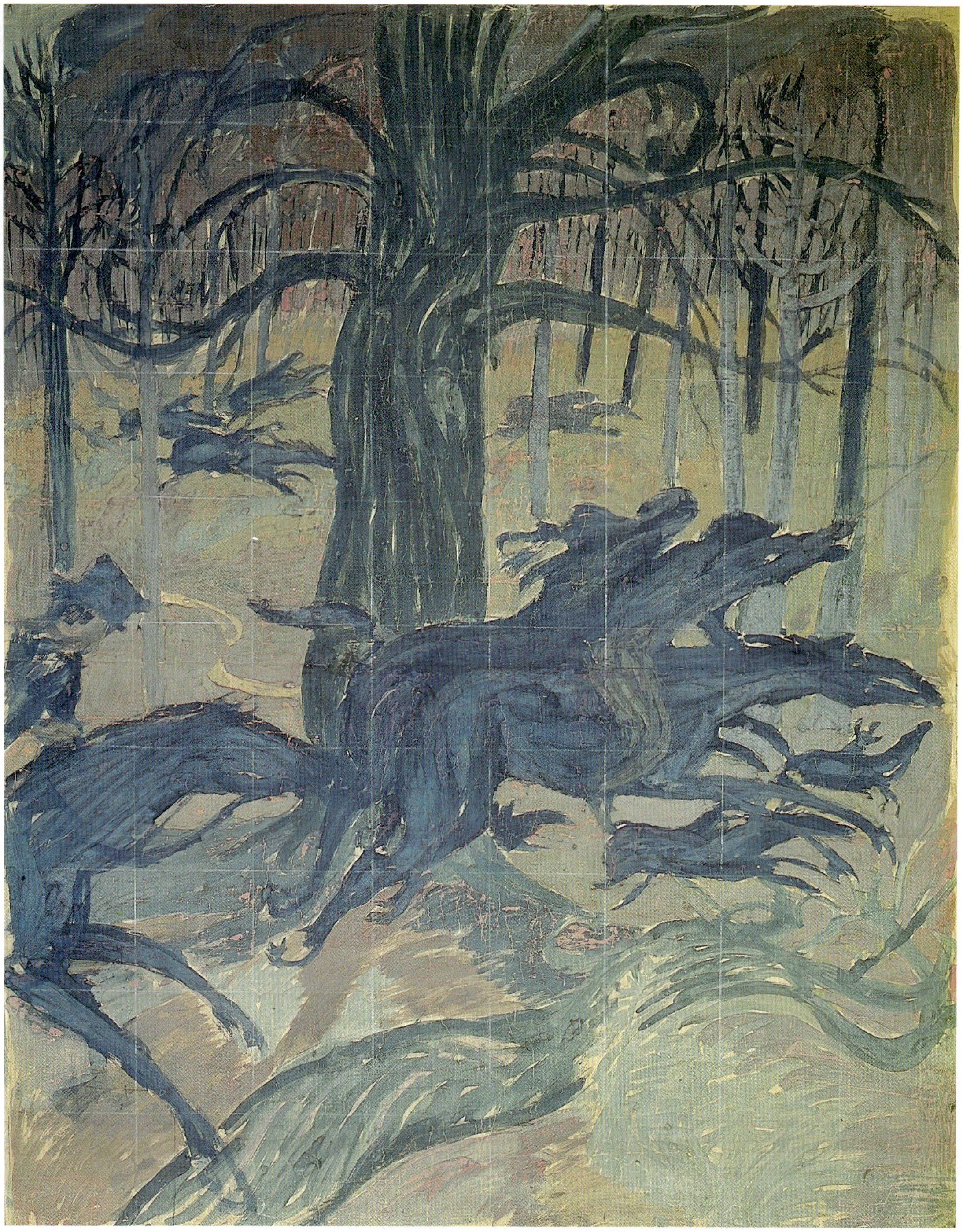

68.

68. ***La Chasse infernale***

esquisse d'ensemble

peinture à la colle et craie sur papier
226 x 185 cm
mise au carreau à la craie
Saint-Germain-en-Laye,

Musée départemental Maurice Denis « Le Prieuré »
PMD 976.1.150
Donation des enfants de l'artiste, 1976
Exp. : 1980, Saint-Germain-en-Laye, n° 147, repr. N/B p. 35

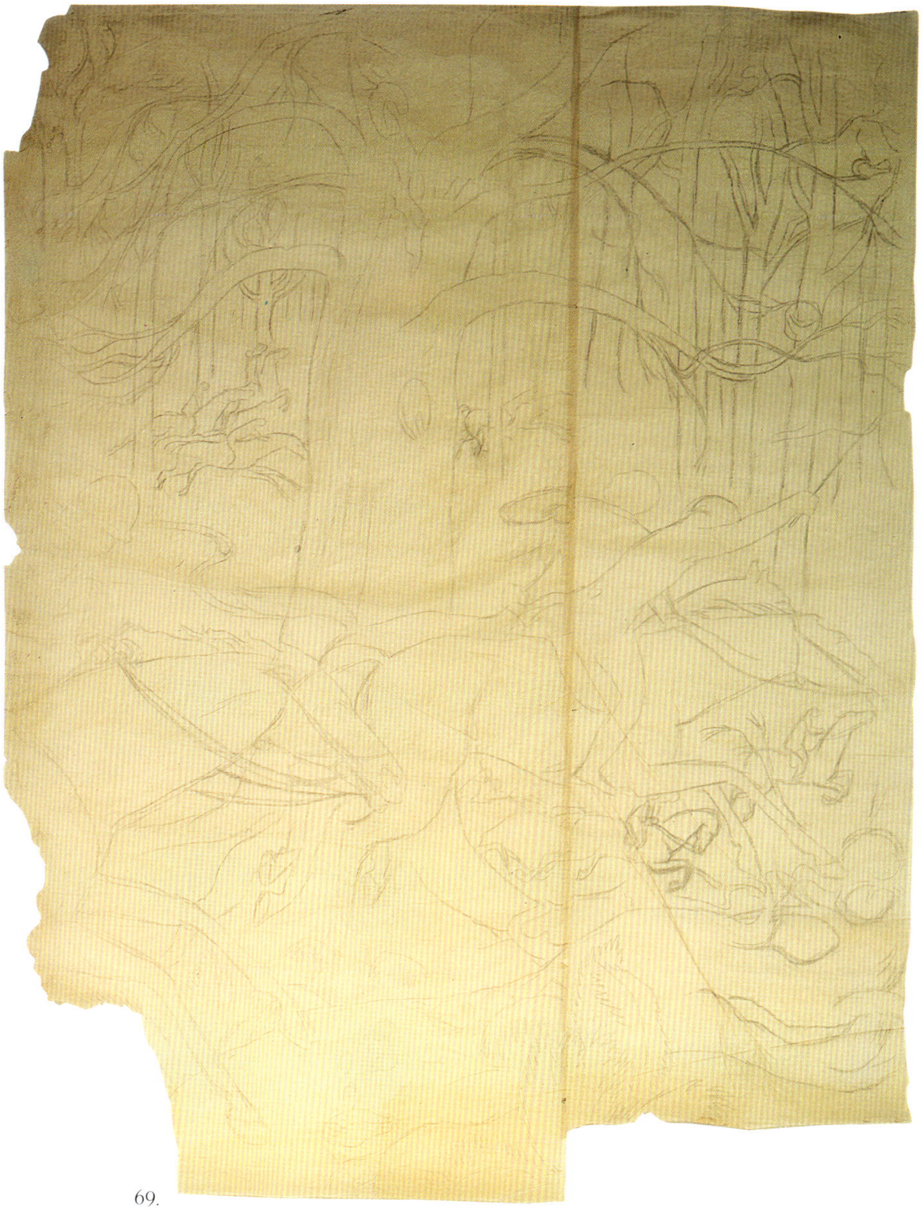

69.

69. *La Chasse infernale*

calque d'exécution

fusain sur papier calque
220 x 170 cm
Saint-Germain-en-Laye,
Musée départemental Maurice Denis « Le Prieuré »
PMD 976.1.151
Donation des enfants de l'artiste, 1976

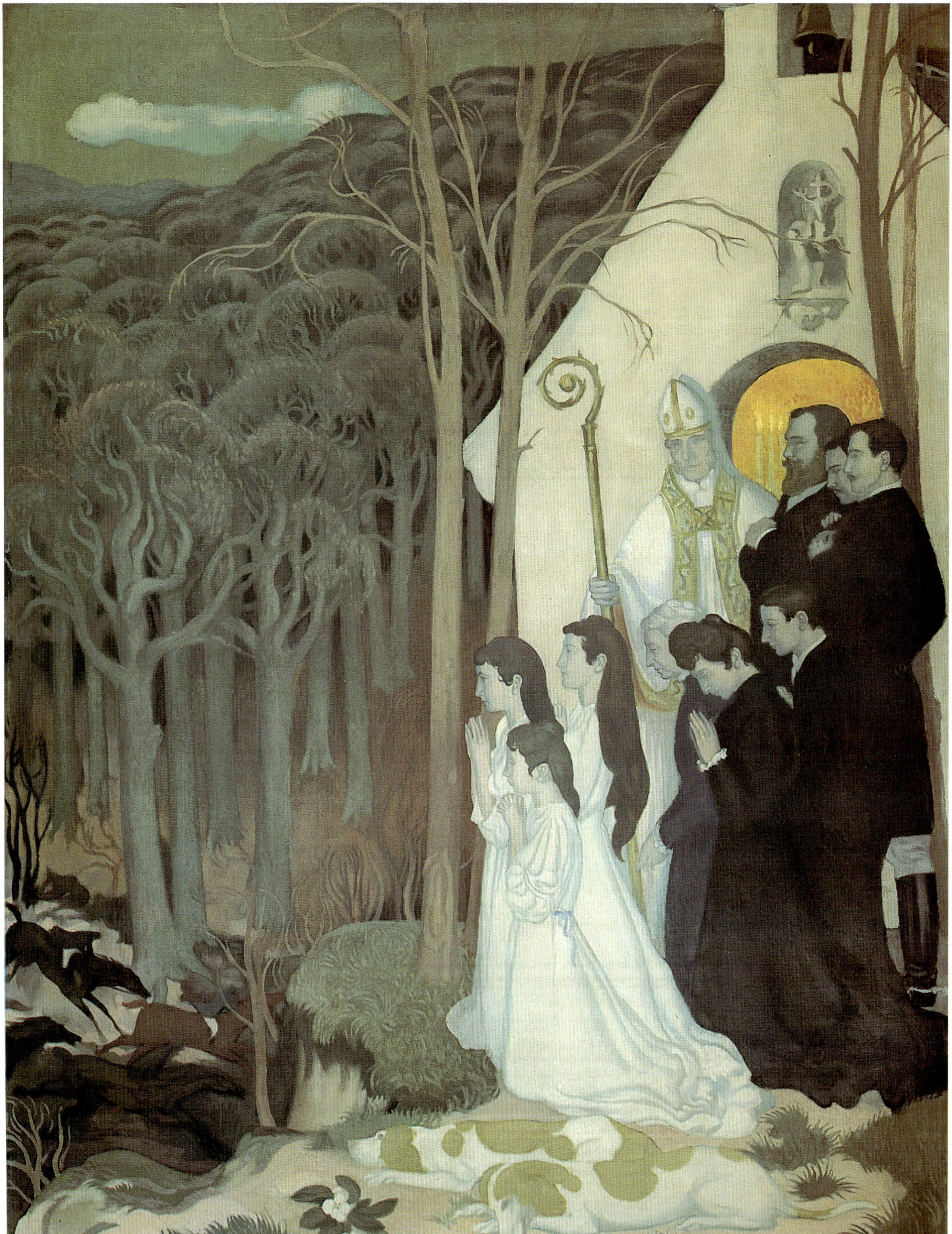

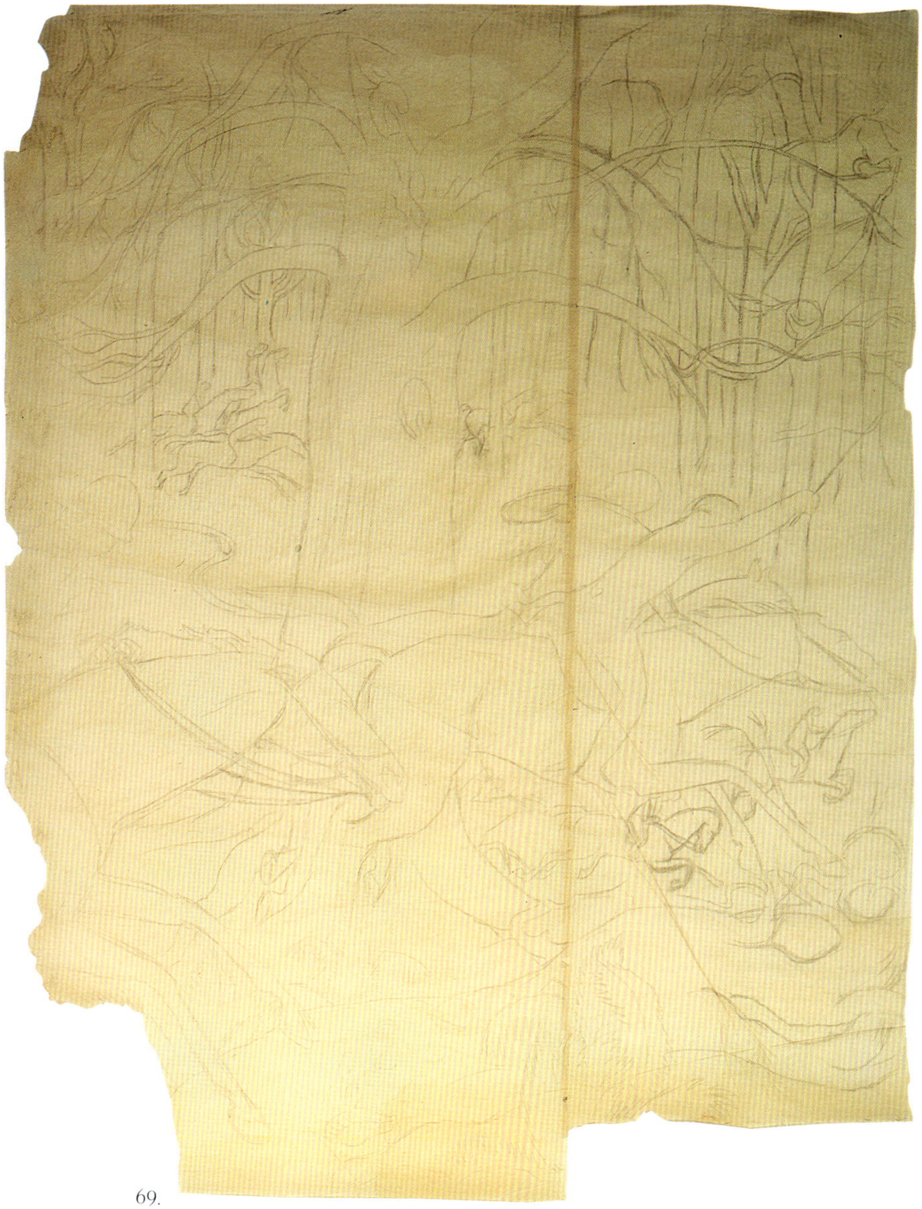

69.

69. *La Chasse infernale*

calque d'exécution

fusain sur papier calque
220 x 170 cm
Saint-Germain-en-Laye,
Musée départemental Maurice Denis « Le Prieuré »
PMD 976.1.151
Donation des enfants de l'artiste, 1976

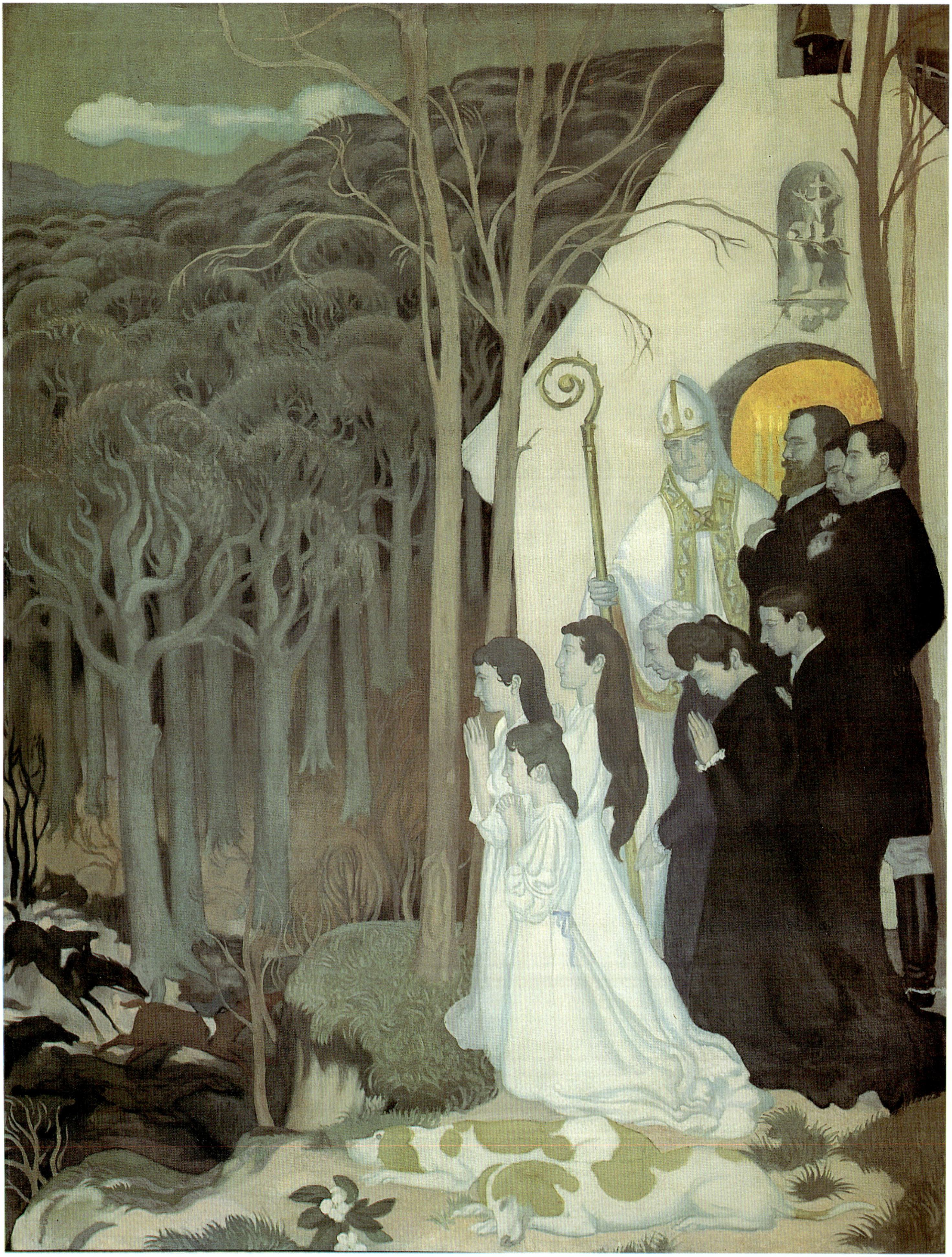

L'Arrivée à l'ermitage

Septième panneau

70. *L'Arrivée à l'ermitage*

1897

huile sur toile
225 x 175 cm
Saint-Germain-en-Laye,
Musée départemental Maurice Denis « Le Prieuré »
Inv. PMD 999.4.7
Hist. : collection baron Denys Cochin, Paris
Exp. : 1945, Paris, n° 54 ; 1970, Paris, n° 106 ; 1994-1995, Lyon, Cologne, Liverpool, Amsterdam, n° 85, repr. coul.

Tandis que la chasse infernale s'éloigne dans le fond du ravin, le dernier panneau montre *L'Arrivée à l'ermitage*, image de l'arrivée au Paradis. Devant la clarté rassurante de la chapelle de l'ermitage, au-dessus du moutonnement de la forêt mystérieuse – comme par ces extraordinaires nuits où les arbres sont nimbés de lune – la famille Cochin se trouve réunie, dans la paix et la prière. Saint Hubert, l'ermite devenu évêque les accueille sous les traits d'Augustin, le père du commanditaire, qui les a précédés dans la vie éternelle... Son vêtement sacerdotal proclame qu'il participe à la communion mystique des vivants et des morts. Les autres personnages ont abandonné leur tenue de chasse : ils portent des vêtements comme spiritualisés. Les corps sont images des âmes, surnaturels – dans la contemplation de l'éternité. L'arrondi lumineux de la porte de la chapelle – seule tache chaude dans ce paysage lunaire – dessine une promesse d'auréole autour de la tête de Denys Cochin, affermi par l'union de sa famille resserrée autour de lui en une pyramide priante. Les chiens même sont plongés dans un rêve paradisiaque, comme s'ils avaient trouvé le repos après la chasse de la vie. Le peintre appose sa signature plastique et poétique sous la forme d'un « point rare » : seule de son espèce dans toute la décoration, miraculeusement blanche dans l'arrondi paisible de ses feuilles, une fleur s'épanouit.

La famille est réunie autour d'Augustin Cochin, mort depuis déjà vingt-quatre ans, et considéré comme un saint par la famille. Denys Cochin se tient debout près de son père, avec ses fils, Augustin et Jean. Devant eux, Adeline aux cheveux blancs, la mère de Denys, s'est agenouillée à côté d'Hélène, son épouse, et de leur dernier fils Jacques. Les trois filles, en costume blanc, sont au premier rang : devant Madeleine et Françoise, Anne-Marie, la plus jeune, est accompagnée des chiens fidèles.

On retrouve dans ce dernier panneau les quatre thèmes qui s'entrelacent dans le déroulement de la décoration : la chasse à courre ; la conversion de saint Hubert – que rappelle la sculpture placée dans la niche au-dessus de la porte – et l'évidence du sacré ; le triste sort du beau Pécopin et de ses semblables ; enfin le destin de la famille Cochin, symbole de la famille humaine.

71. *Chien au repos*

crayon noir sur papier
25 x 32,5 cm

• verso : cinq croquis
crayon

Saint-Germain-en-Laye,
Musée départemental Maurice Denis « Le Prieuré »
PMD 982.20.14
Donation Dominique Denis

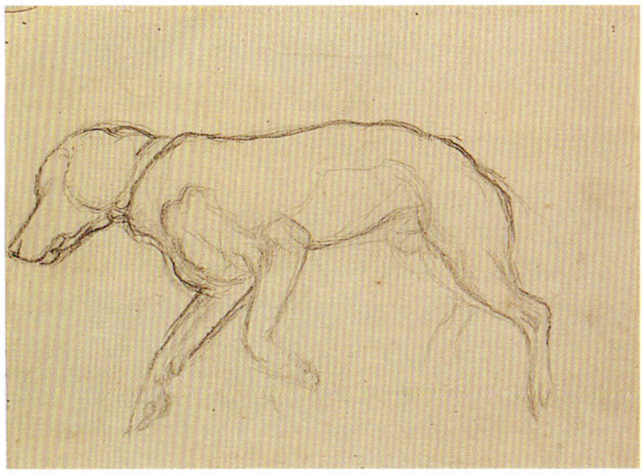

71.

72. *Portrait de Denys Cochin*

crayon sur calque
36,5 x 26,5 cm
monogramme vertical de l'atelier en bas à gauche
Collection particulière
Exp. : 1971-1972, Brême, Zurich, Copenhague, n° 128

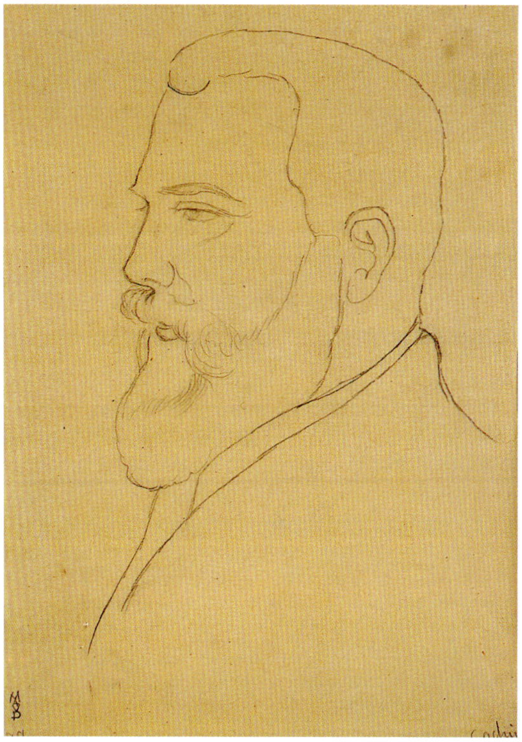

72.

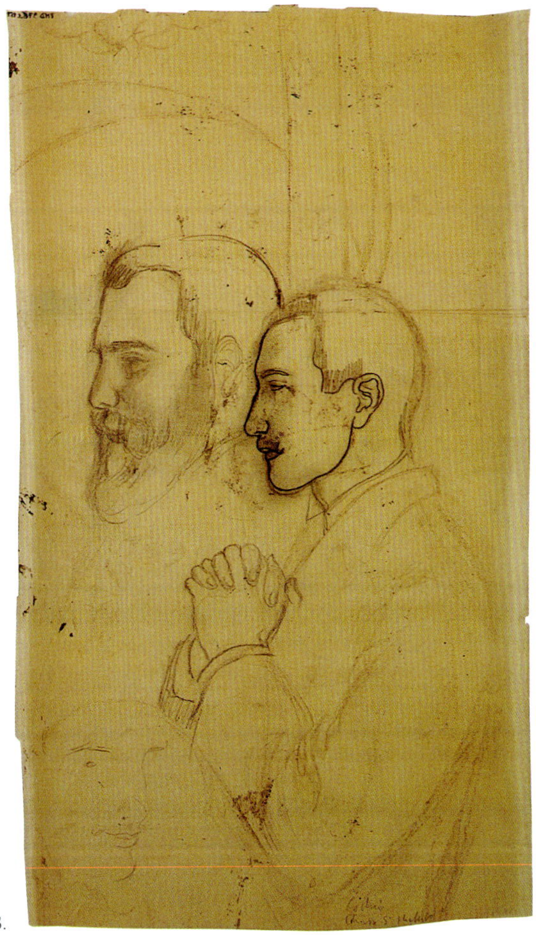

73.

73. *Denys Cochin et son fils Jean*

fusain sur calque
62 x 36 cm
inscription autographe en bas à droite :
« Cochin – Chasse St Hubert »
Saint-Germain-en-Laye,
Musée départemental Maurice Denis « Le Prieuré »
PMD 976.1.154
Donation des enfants de l'artiste

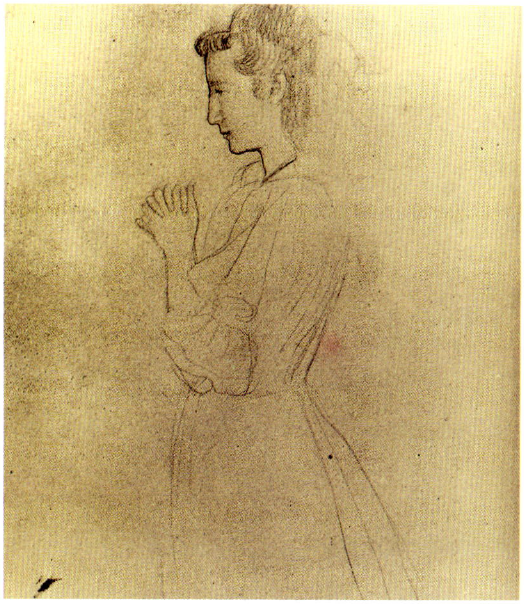

74.

74. *Françoise, fille de Denys Cochin*

crayon sur papier
32,5 x 29,5 cm
Collection particulière

75. *Portrait de Jean Cochin*

crayon et sanguine sur papier
34,5 x 26,5 cm
signé et daté en bas à droite du monogramme vertical
« MAVD 97 »
Collection particulière

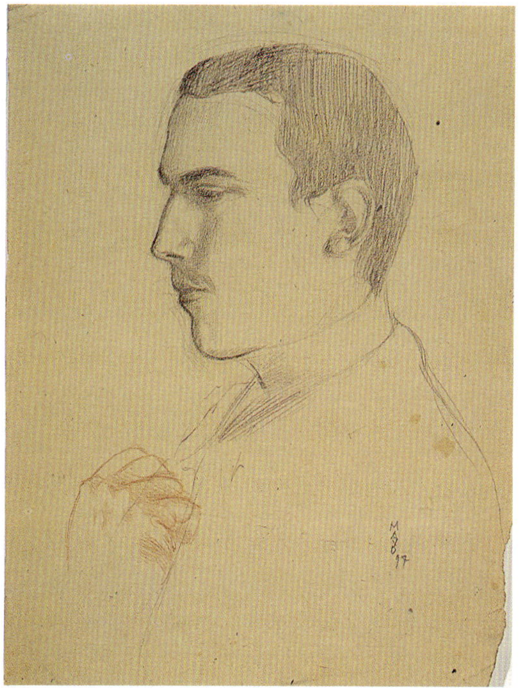

75.

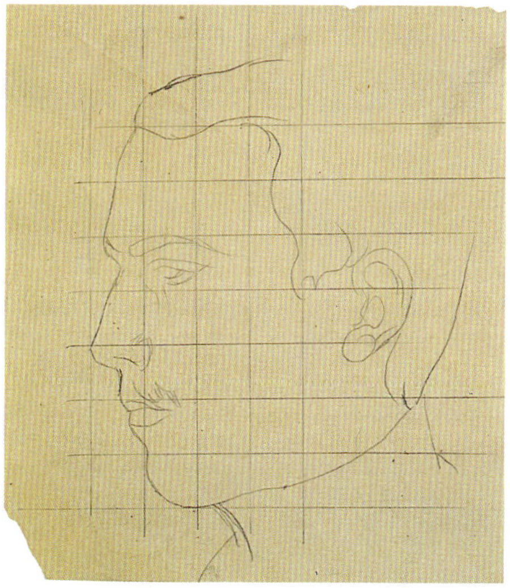

76.

76. *Jean Cochin*

crayon sur calque
21,5 x 18 cm
mise au carreau
Saint-Germain-en-Laye,
Musée départemental Maurice Denis « Le Prieuré »
PMD 982.20.16
Donation Dominique Denis

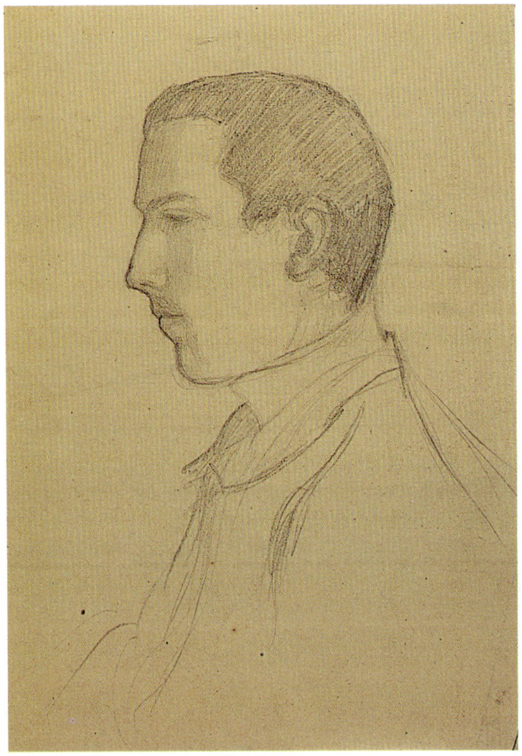

77. recto

77. *Augustin, fils de Denys Cochin*

crayon sur papier
35 x 28 cm

• verso : *Étude de cheval*
crayon

Collection particulière

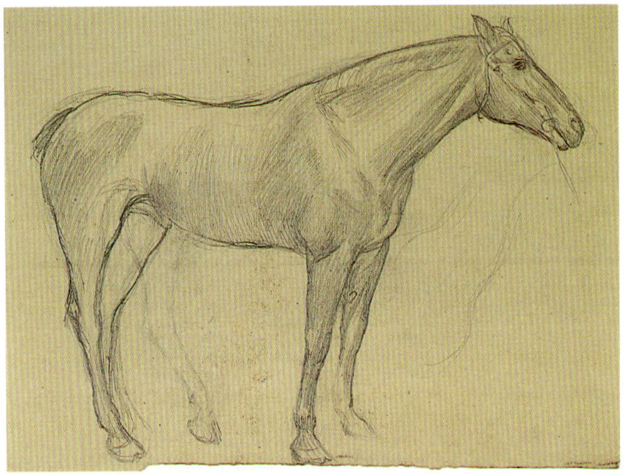

77. verso

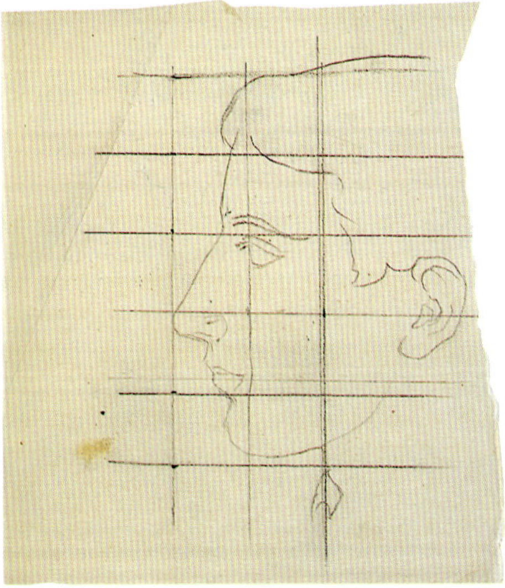

78.

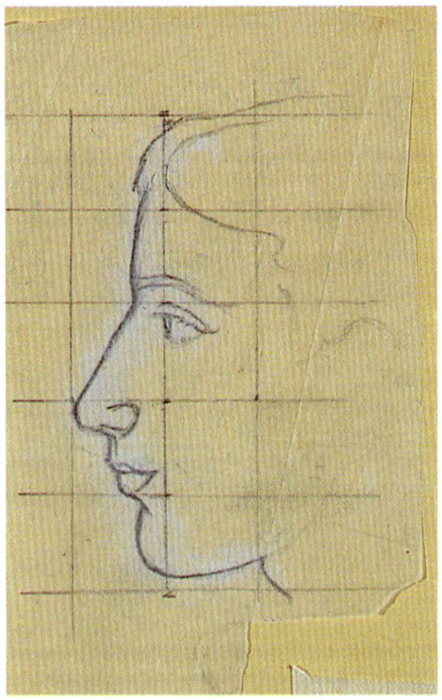

79.

78. *Jacques, fils de Denys Cochin (1)*

crayon sur calque
21,5 x 19 cm
mise au carreau
Saint-Germain-en-Laye,
Musée départemental Maurice Denis « Le Prieuré »
PMD 982.20.17
Donation Dominique Denis

79. *Jacques, fils de Denys Cochin (2)*

crayon sur calque
22 x 11,5 cm
mise au carreau
Saint-Germain-en-Laye,
Musée départemental Maurice Denis « Le Prieuré »
PMD 982.20.18
Donation Dominique Denis

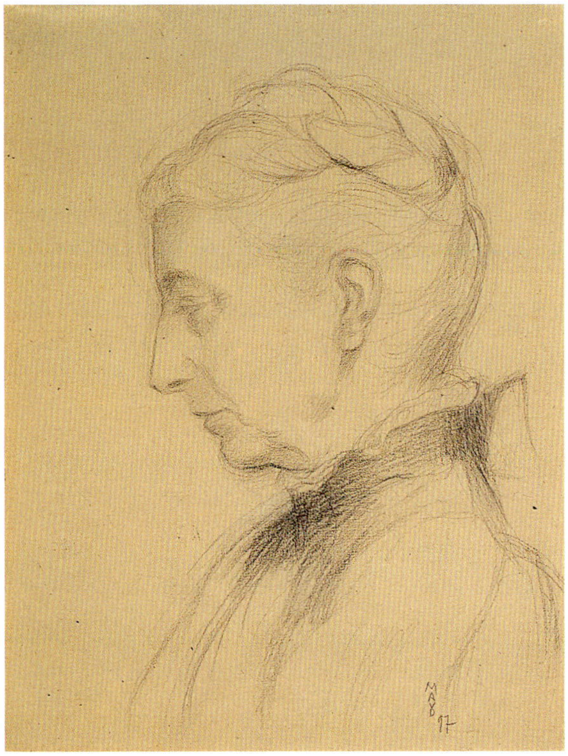
80.

80. *Portrait de Mme Augustin Cochin de profil*

crayon sur papier
33 x 25,5 cm
signé et daté en bas à droite du monogramme vertical « MAVD 97 »
Collection particulière

81. *Mme Augustin Cochin de profil*

crayon sur calque
21 x 21,5 cm
mise au carreau
Saint-Germain-en-Laye,
Musée départemental Maurice Denis « Le Prieuré »
PMD 982.20.15
Donation Dominique Denis

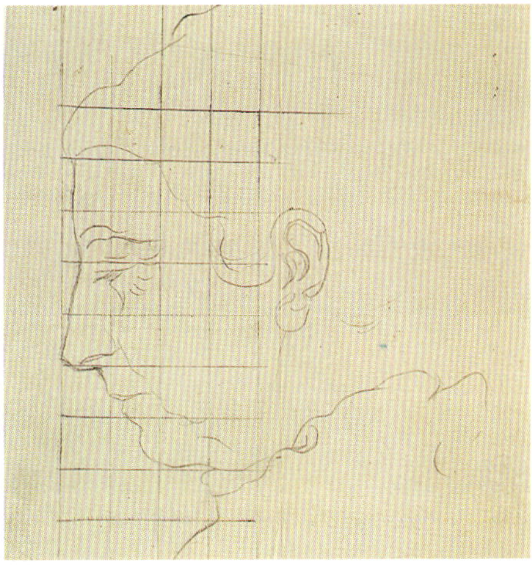
81.

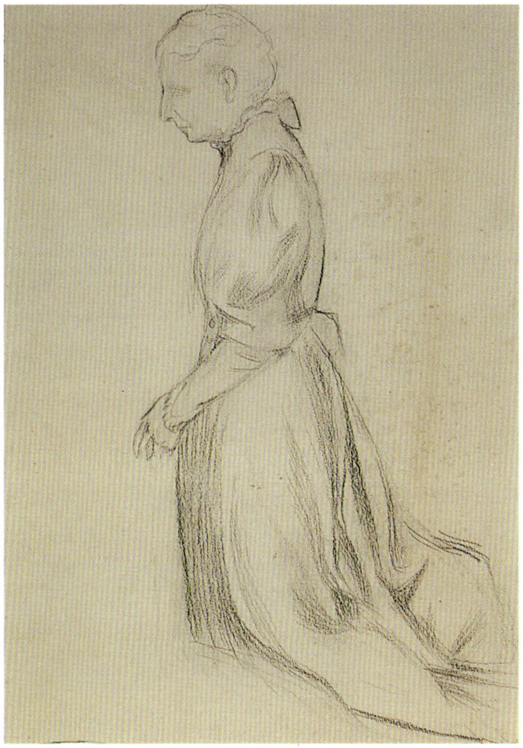
82.

82. *Mme Augustin Cochin à genoux*

fusain et crayon sur papier
39 x 28 cm
Collection particulière
Mme Augustin Cochin, mère de Denys, née Adeline Benoist d'Azy. Elle n'est pas représentée dans les esquisses d'ensemble, mais elle figure dans la toile définitive.

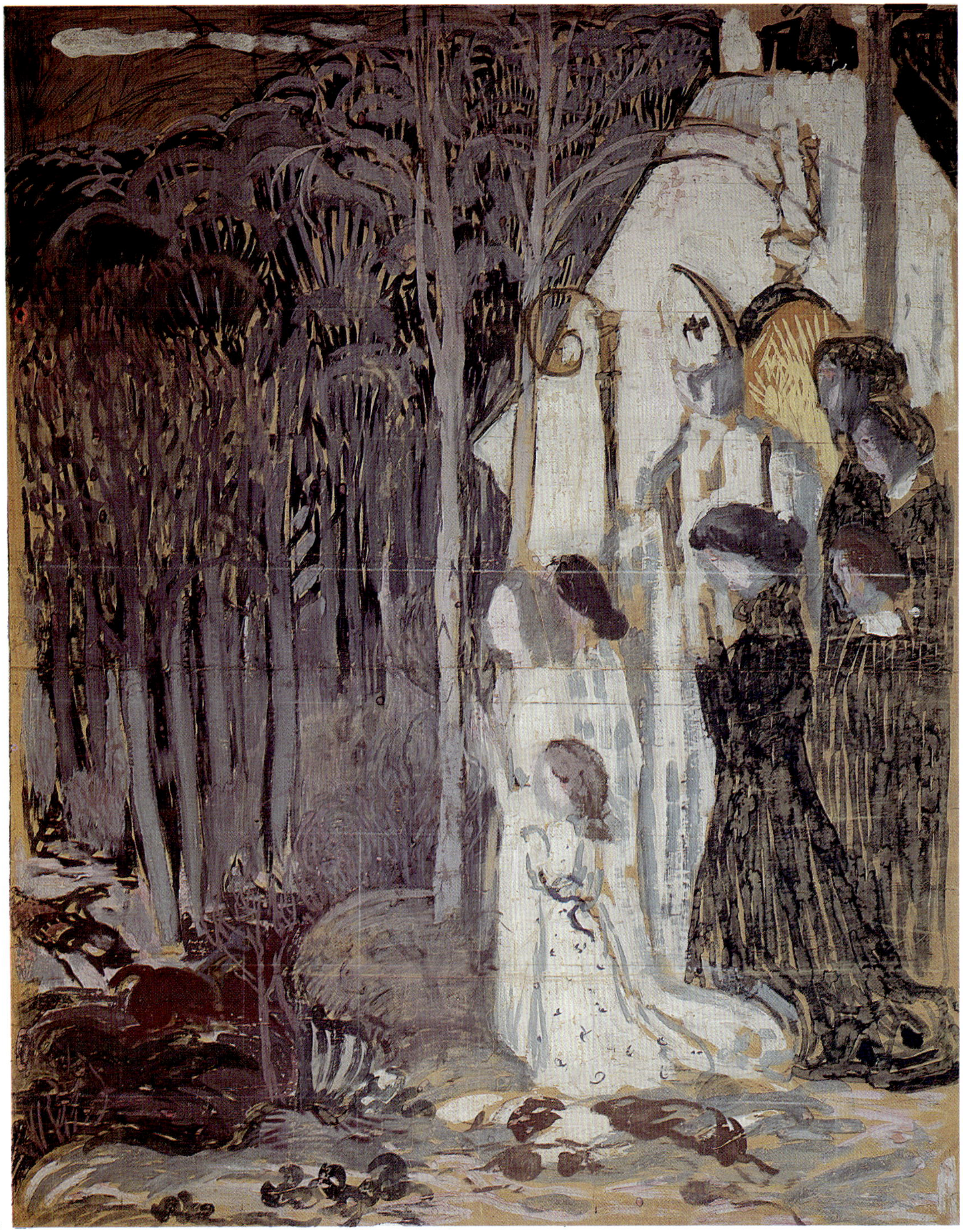

83. recto

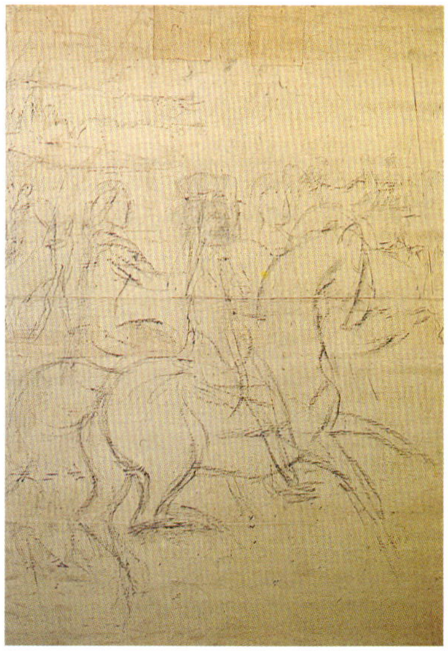

83. verso

83. *L'Arrivée à l'ermitage*

esquisse d'ensemble

peinture à la colle sur papier
223 x 181 cm
mise au carreau

• verso : *Étude de cavaliers*
fusain

Saint-Germain-en-Laye,
Musée départemental Maurice Denis « Le Prieuré »
PMD 976.1.152
Donation des enfants de l'artiste

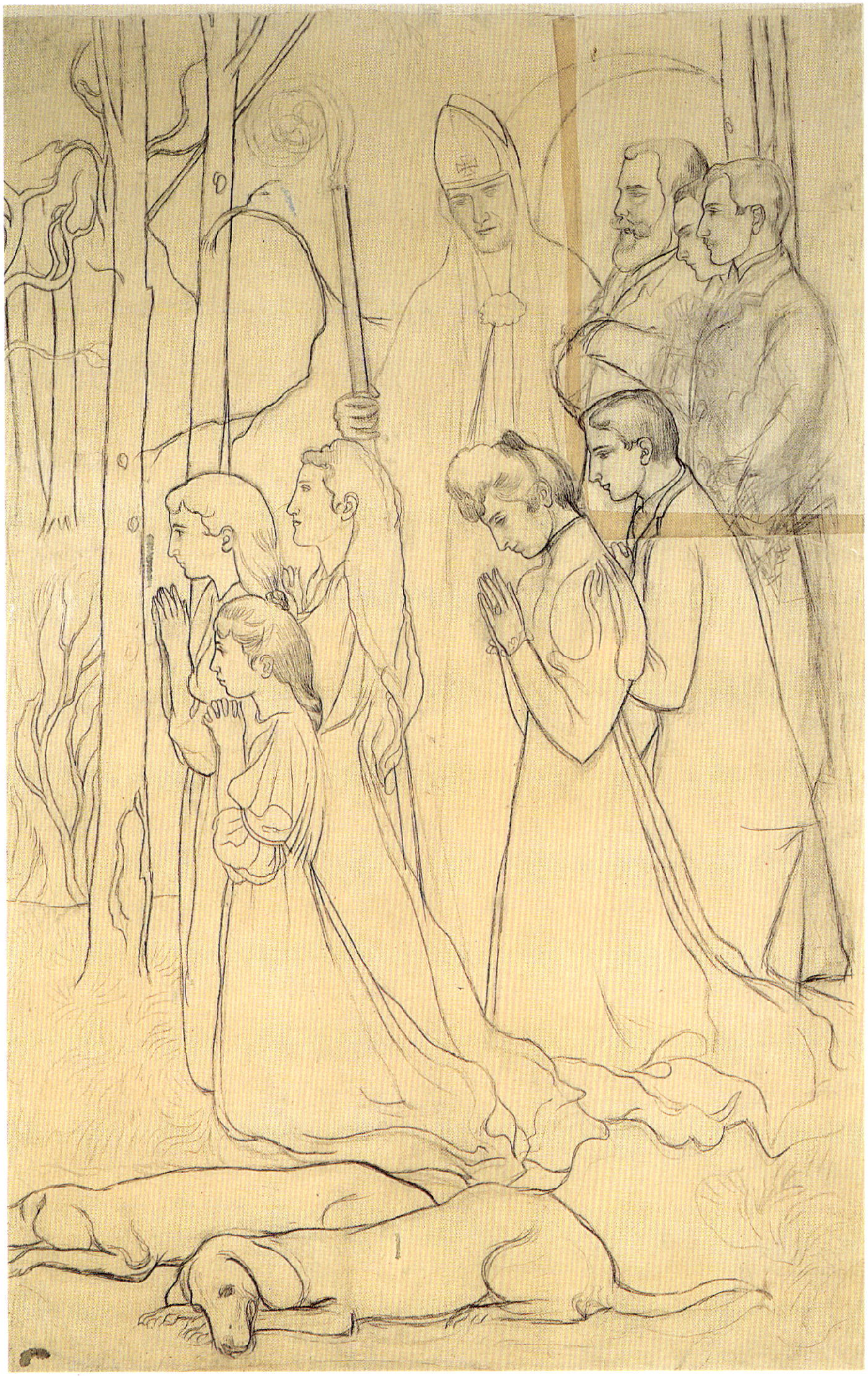

84.

84. *L'Arrivée à l'ermitage*

partie droite

calque d'exécution
fusain sur calque
173 x 113 cm
Saint-Germain-en-Laye,
Musée départemental Maurice Denis « Le Prieuré »
PMD 976.1.153
Donation des enfants de l'artiste
Exp. : 1980, Saint-Germain-en-Laye, n° 150, repr. N/B p. 35

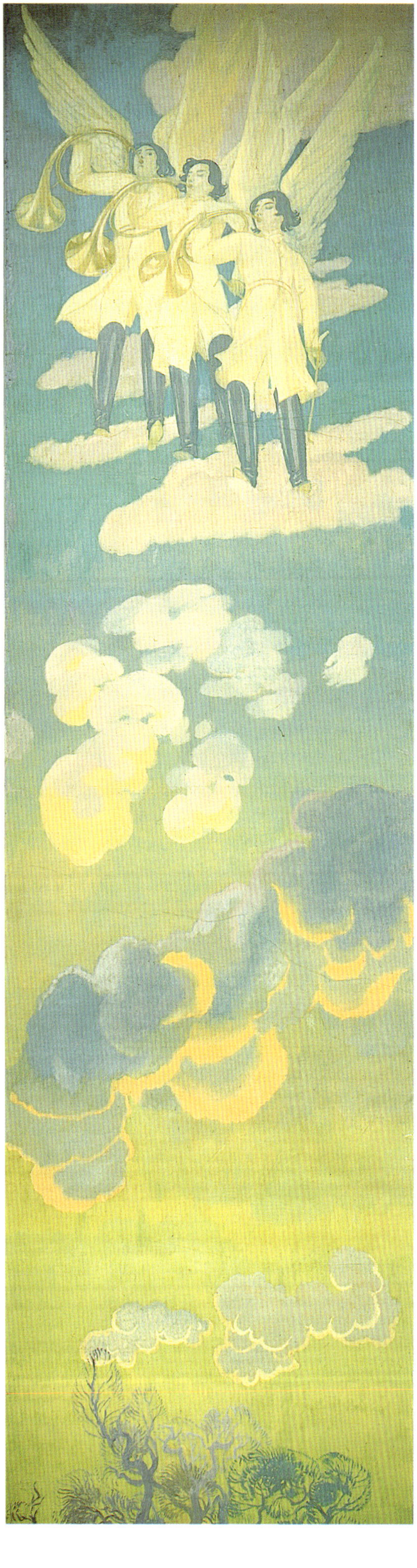

85. *Les Sonneurs du ciel*

Plafond

85. *Les Sonneurs du ciel*

1897

huile sur toile marouflée
env. 500 x 200 cm
in-situ

Cette toile imposante est encore à son emplacement d'origine et couvre pratiquement tout le plafond du bureau de Denys Cochin.

Au-dessus du panneau central, la frondaison des arbres du *Miracle* se poursuit au plafond, prolongement céleste. Le vert et le jaune continuent l'éblouissement du soleil couchant. Au centre, les nuages s'éclairent, bordés d'orange vif, puis de jaune. Du côté de la fenêtre – au-dessus du *Chemin de la vie* – à l'autre extrémité du ciel devenu bleu et rose pour rejoindre les couleurs dominantes du vitrail, trois anges en tenue de chasse font retentir leur sonnerie, en écho à ceux du *Miracle*. La progression savamment colorée du plafond accompagne celle des panneaux, et les liens se tissent entre le ciel et le terre.

« On ne pouvait rien concevoir de plus joli que ces six anges qui se répondent au ciel et sur la terre – c'est à la fois l'idée la plus poétique, et la plus conforme aux bons principes de vénerie, où les maîtres doivent aux piqueurs – enfin personne n'y trouverait à redire – et les bottes dans les nuages ont l'air tout naturel. » Lettre d'Augustin Cochin à Maurice Denis [1897] (n° 18).

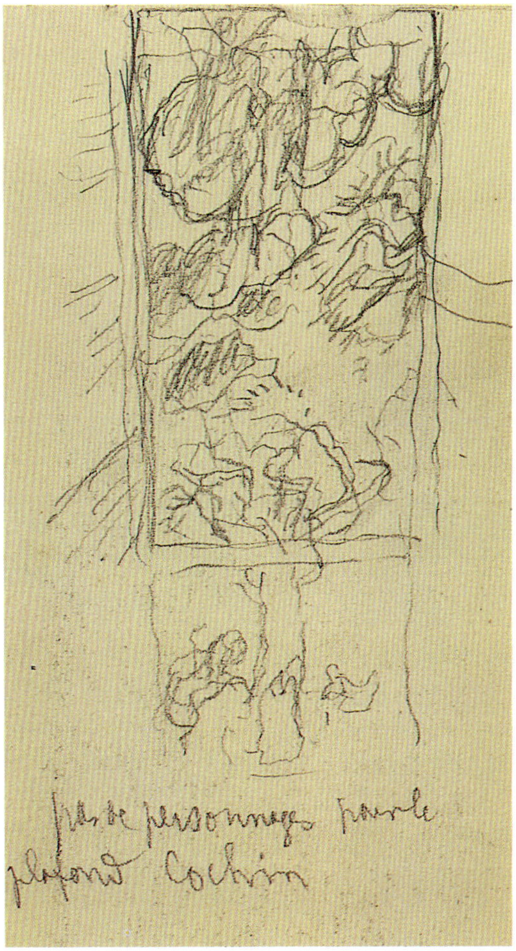

Fig. 53. Croquis pour le plafond (carnet cat. n° 3)

86. *Mgr Richard dans la chapelle des Cochin*

1907

huile sur toile
60 x 49,5 cm
signé en bas à gauche : « MAVD »
daté en bas à droite : « janvier 1907 »
Collection particulière

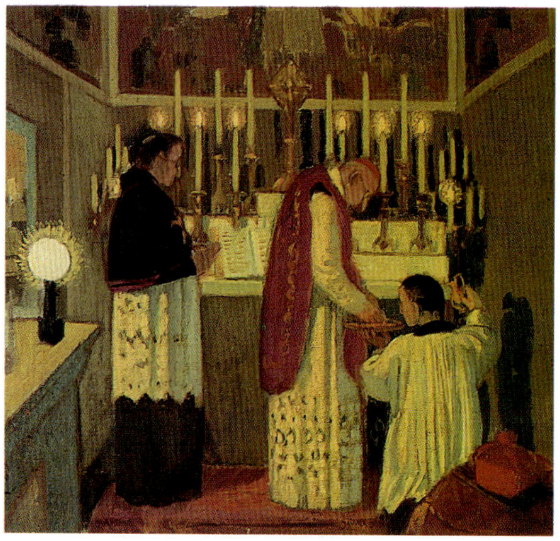

TABLEAU GÉNÉALOGIQUE SUCCINCT

[indiquant les personnages représentés dans *La Légende de saint Hubert*]

- Abbé Jean Denys Cochin
  XVIIIe siècle
  a donné son nom à l'hôpital Cochin
- son frère
  - Jean Denys Cochin
    - Augustin Cochin
      1822-1872
      [L'évêque de *L'Ermitage*]
      — son épouse
      Adeline Benoist d'Azy
      [La grand-mère de *L'Ermitage*]
      - Denys Cochin
        1851-1922
        Le commanditaire de
        La Légende de Saint Hubert
        [*Le Départ* et *L'Ermitage*]
        — son épouse
        Hélène Péan de Saint-Gilles
        [*Le Départ* et *L'Ermitage*]
        - Augustin
          1876-1916
          [*L'Ermitage*]
        - Jean
          1878-1962
          [*Le Départ et L'Ermitage*]
        - Jacques
          1879-1915
          [*L'Ermitage*]
          - Denys François
            actuel baron Cochin
        - Françoise
          [*Le Départ et L'Ermitage*]
        - Madeleine
          (de Bourmont)
          [*Le Départ* et *L'Ermitage*]
        - Anne-Marie
          (de La Groudière)
          [*L'Ermitage*]
      - Henri Cochin
        1854-1926
      - Pierre Cochin
        1856-1940

Choix de lettres adressées par quelques membres de la famille Cochin à Maurice Denis

Parmi les 10 000 lettres et documents remis par les enfants du peintre au moment de la création du musée, figurent plus de trois cents lettres écrites à Maurice Denis par les Cochin entre 1895 et 1943. Nous avons choisi de présenter une trentaine de ces lettres. Rarement datées, elles sont classées dans un ordre chronologique vraisemblable.

La graphie originale a été respectée. Seuls quelques accents et signes de ponctuation ont été ajoutés.

1 - Lettre de la baronne Cochin à Maurice Denis
[9 avril 1895]

Samedi

53 rue de Babylone

Monsieur

Permettez-moi de vous demander si vous ne viendriez pas déjeuner avec nous mardi prochain à midi (2 avril). M. Cochin voudrait bien vous montrer des vitraux peints par M. Besnard qui viennent d'être installés chez nous. J'espère Monsieur que vous pourrez me donner une bonne réponse et je vous prie de croire à ma considération distinguée.

La Baronne Cochin

Les vitraux d'Albert Besnard (datés de 1895) étaient placés dans les fenêtres du rez-de-chaussée sur cour de l'hôtel particulier de Denys Cochin.
Ils ont été donnés au Musée départemental Maurice Denis « Le Prieuré », en 1978, par son petit-fils, le baron Denys Cochin : il s'agit de *La Vie Animale* :

- première fenêtre : *La Basse cour*, inv. PMD 978.2.4
- deuxième fenêtre : *Les Chevaux au repos*, inv. PMD 978.2.5
- troisième fenêtre : *Les Animaux sauvages*, inv. PMD 978.2.6

2 - Lettre de Denys Cochin à Maurice Denis
[1895]

CHAMBRE DES DÉPUTÉS

Paris le vendredi

Cher Monsieur

Je voulais vous écrire après avoir vu M. Byng [sic.] ; et je regrette, ayant eu beaucoup à faire, de m'être laissé devancer. Je me doutais bien un peu de ce que vous me dites ; et vous pouvez être certain que de toutes façons je n'aurais pas voulu que vous fussiez privé de votre part légitime dans le prix de l'ouvrage : c'est le prix de la verrerie que je demandais et n'ai pu connaître qu'à peu près.

J'avais été ébloui par ces splendides verres de Tiffany dont vous avez fait un si bel usage. Mais je réfléchis qu'ils sont bien opaques – que l'effet est peut-être moins franc – d'un art moins sain qu'avec les autres ; enfin... qu'ils coûtent bien cher – Revenons donc à ceux de Carot. Et alors voulez-vous – puisque nous parlons de questions matérielles – me faire savoir à quel prix me reviendra le vitrail tout posé. Nous serons aisément d'accord.
Je serai absent de demain à jeudi : Voulez-vous venir déjeuner et régler tout cela Vendredi ?

Croyez à mes meilleurs sentiments.

D. Cochin

Denys Cochin, voulant commander à Maurice Denis un vitrail pour son bureau (ce sera le *Chemin de la vie*, cat. 1) hésitait sur le type de « verrerie » à utiliser. La technique classique, celle de Carot, employait des verres colorés, sur lesquels certains dessins, les traits des visages par exemple, étaient repeints avant une seconde cuisson.
Samuel Bing (que Denys Cochin écrit Byng), le marchand d'Art nouveau, venait de présenter à Paris une technique d'avant-garde venue des États-Unis, celle des verres Tiffany. Il

avait demandé à de jeunes artistes, et spécialement aux Nabis, des projets de vitraux. On connaît les quatre maquettes proposées par Denis à Bing en 1894 : *Femmes au ruisseau* (musée Maurice Denis), *Le Bateau* (musée Maurice Denis), *Vierges aux rosiers* (coll. part.) et *Le Cheval blanc* (coll. part.). Bing réalisa un vitrail par artiste, et ils furent exposés au Salon des Beaux-Arts de 1895 (n° 384 à 394). Celui de Denis, *Paysage* (n° 391), n'a pas été retrouvé (voir cat. Lyon n° 234, 235, 236, 237, p. 333 et 334). Les verres Tiffany, très décoratifs, présentaient une importante opacité, qui risquait de trop assombrir le bureau du baron Cochin, déjà mal éclairé par sa fenêtre unique.

3 - Lettre de Denys Cochin à Maurice Denis
[1895]

CHAMBRE DES DÉPUTÉS

Paris, le Vendredi

Cher Monsieur

C'est une affaire entendue. J'accepte le prix de 1 800 fr. tout compris – et mis en place. Vous ne m'en voulez pas de préciser les questions matérielles ? Nous n'en parlerons plus.

J'ai de nouveau beaucoup regardé votre esquisse, si bien imaginée et composée et de laquelle j'attends beaucoup. Dites-moi je vous en prie quand je pourrai aller la voir chez vous exécutée en grand. Mais prenez votre temps, car nous allons quitter Paris pour trois mois au moins. Je vois dans le sujet d'en haut un souvenir qui me charme de mes deux petites premières communiantes. Et dans les grandes figures du bas j'aime à me représenter des symboles de la science et de la philosophie qui ont occupé ma vie. Comme je vous l'ai dit les deux enfants nus me déroutent un peu. A coté de l'œuvre d'art, il y a l'idée qu'elle évoque en chacun de nous.

Je vous remercie de nouveau de vous charger de cet ouvrage et vous prie de croire à mes sentiments les plus distingués et les meilleurs.

D. Cochin

J'aurais bien voulu au sujet de la mise en place vous revoir avec M. Carot. Si cela est nécessaire, on peut renoncer à sortir par cette fenêtre. Je ne crois pas pratique le maintien du châssis de bois tel qu'il est : le vitrail sera trop pesant. Il faudrait causer de tout cela. Ne pourriez-vous me donner un rendez-vous avec M. Carot Lundi ou Mardi avant 2 h ? Si vous veniez déjeuner j'en serais charmé. Si vous ne pouvez venir à Paris je verrai M. Carot.

Le vitrail le *Chemin de la vie*, est destiné à la fenêtre du bureau de Cochin. La somme de 1 800 fr. fut partagée entre l'artiste et le verrier, comme l'indique le carnet de dépôts et ventes de Maurice Denis qui mentionne la somme de 900 fr.

4 - Lettre de Denys Cochin à Maurice Denis
[1895]

CHAMBRE DES DÉPUTÉS

Paris, le Mercredi

Cher Monsieur

J'ai vu avec un grand intérêt votre 2e projet. Les grandes figures bleues du bas sont d'un bien beau caractère et seront, je crois, dans le vitrail, d'un effet extraordinaire. Combien je vous remercie du soin que vous apportez à cette œuvre. Il faudrait je crois (c'est la seule chose dont je m'occupe, m'en remettant à vous du reste) trancher d'abord la question de l'arrangement matériel, avec ou sans traverses.
M. Carot viendra déjeuner chez moi Lundi : je lui ai dit que je vous prierais de vous joindre à lui et vous serai très reconnaissant d'accepter.

Vous me parlez de portraits : j'aimerais beaucoup y voir ceux de mes filles. Elles seront à Paris Dimanche et Lundi : peut être pourriez-vous Lundi prendre un croquis – elles pourraient vous attendre de 9 h, à midi, ou après déjeuner si vous l'aimez mieux. Il serait très facile du reste de vous les envoyer à St Germain.

J'espère en tout cas vous voir avec Carot Lundi à midi.

Croyez à mes sentiments distingués.

D. Cochin

C'est ce deuxième projet pour le *Chemin de la vie* qui a été réalisé

5 - Lettre de Denys Cochin à Maurice Denis
[automne 1895]

CHAMBRE DES DÉPUTÉS

Beauvoir par Chaumes, Seine et Marne

Cher Monsieur

J'ai été constamment en voyage pendant le mois d'Août, et beaucoup à la chasse pendant le mois de Septembre : j'ai su du reste chez M. Carot que vous aussi vous étiez absent. J'ai vu votre œuvre et en ai été enchanté. Aidée des beaux verres de Carot, elle est d'une poésie et d'une harmonie bien rares, et d'un sentiment profond. Je ne sais si vous avez besoin de revoir mes filles pour terminer les figures auxquelles vous avez donné leur ressemblance. Je puis les envoyer à Paris quand vous voudrez. Mais ne viendriez-vous pas nous voir ici un jour, ou quelques jours ce qui serait mieux ? Le pays est plat, et bien moins attrayant que votre St Germain mais vous nous feriez bien grand plaisir. Veuillez présenter mes hommages à Madame Denis et croire à mes meilleurs et plus distingués sentiments.

D. Cochin

Je voudrais bien régler un peu mes dettes. Je ne sais ce que je vous dois pour le tableau d'Assise : voulez-vous me le dire, et me dire si vous êtes à St Germain où je vous répondrai aussitôt. Si vous venez nous voir, notre station est Verneuil l'Etang – gare de l'Est.

Première invitation à Beauvoir (Seine et Marne) ; cette région servira de décor à *La Légende de saint Hubert*. Denis peignit plusieurs vues d'Assise, lors de son premier voyage en Italie en avril-mai 1895 (Suzanne Barazzetti, *Maurice Denis*, Paris, Grasset, 1945, p. 62). Le carnet de vente du peintre signale une *Vue d'Assise* à Denys Cochin en 1895.

6 - Lettre de Denys Cochin à Maurice Denis

[2 novembre 1895]

CHAMBRE DES DÉPUTÉS

Beauvoir, 2 nov.

Cher Monsieur

J'ai été ce matin voir le vitrail chez M. Carot ; et de nouveau je vous félicite et vous remercie de cette très belle œuvre – La noblesse de l'inspiration, la grâce du dessin, la poésie de l'ensemble me charment bien plus que je ne sais le dire ; c'est un rêve exquis. J'ai envoyé à M. Carot vos dessins. Des deux figures inspirées de mes petites filles, l'une la brune, à la tête inclinée, est parfaite. L'autre me semble avoir un peu perdu du caractère du dessin. C'est difficile à exprimer : au lieu d'un air de franchise grave et simple, elle a pris un air d'aplomb souriant et un peu coquet. Je suis sûr qu'avec bien peu de changement le caractère du dessin lui sera rendu. Un détail de ressemblance : l'arc des sourcils est très marqué ; le modèle les a blonds et peu fournis et cela change le caractère de la figure. Mais pardon de vous ennuyer de nuances et de détails ; et merci encore. Croyez à mes sentiments dévoués.

Denys Cochin

Le verrier peint les portraits sur verre, d'après les dessins de l'artiste.

7 - Lettre de la baronne Cochin, née Hélène Péan de Saint-Gilles, à Maurice Denis

[2 décembre 1895]

53 rue de Babylone

Monsieur

Nous réunissons deux ou trois amis jeudi prochain à midi pour voir votre vitrail. J'ai pensé que Madame Maurice Denis n'ayant pas encore vu votre œuvre vous pourriez peut-être l'amener ce jour-là. Cela me ferait le plus grand plaisir. Recevez-en, Monsieur, l'assurance et aussi de mon meilleur souvenir.

P.S.G. Cochin

A déjeuner bien entendu

Le vitrail le *Chemin de la vie* venait d'être mis en place à l'hôtel Cochin, 53 rue de Babylone.
En 1980, ce vitrail a été donné au musée départemental Maurice Denis « Le Prieuré » par le baron D. Cochin (inv. PMD 980.28.1).

8 - Lettre de la baronne Cochin à Maurice Denis

[fin décembre 1895]

53 rue de Babylone

Mon cher Monsieur Denis

Tâchez donc de venir déjeuner avec nous le jour de Noël midi. M. & Mme d'Indy, Melle d'Huetan, M. Lerolle viennent voir votre vitrail. Je serais heureuse que vous en fassiez les honneurs.
Tous mes meilleurs souvenirs.

P.S.G. Cochin

Amateur d'art et éditeur de musique, Henry Lerolle réunissait autour de lui des artistes novateurs. Ainsi, c'est chez lui que Debussy joua pour la première fois une partie de *Pelléas*, le 18 décembre 1893, devant Paul Poujaud, Vincent d'Indy, Charles Bordes, Maurice et Marthe Denis, Camille Benoît. Lerolle fut l'un des premiers collectionneurs d'œuvres de Denis, et devint son ami. Mlle d'Anethan (que Cochin orthographie d'Huetan) était une amie de Puvis de Chavannes.

9 - Lettre de Denys Cochin à Maurice Denis

[hiver 1895-1896]

CHAMBRE DES DÉPUTÉS

Cher Monsieur

Je suis heureux que mon idée de St Hubert vous paraisse intéressante. J'aime cette légende et elle me représente beaucoup de choses.

La chasse à courre – « à cor et à cris » – m'a toujours semblé parmi les amusements inventés par les hommes – le seul digne d'estime – C'est le plus vieux. Il remonte non aux Romains qui prenaient traitreusement les animaux dans des filets – mais probablement aux Gaulois – Et il se pratique aujourd'hui identiquement comme au temps de Charles IX – le grand maître en cette matière – suivant la technique contenue dans le livre à lui dédié par Jacques du Fouilloux – Livre plein d'observations sur les mœurs des animaux, et leurs ruses ; plein de conseils ingénieux ; écrit en style de Montaigne, et semé de naïves gravures sur bois. Je vous le fais envoyer.

C'était un amusement royal et populaire. Il est demeuré populaire. Les bûcherons qui ont vu passer le cerf ou le sanglier s'empressent à vous renseigner ; les paysans offrent le passage par leur champ. Tous accourent aux hallalis.

C'est aussi un amusement très varié. Tantôt avant l'attaque ou pendant un défaut c'est la recherche patiente de l'animal couché dans quelque fourré. Tantôt la poursuite enragée – les cris des chiens, la musique des trompes, les chevaux échappant à la main, affolés plus que les hommes – les paysans qui fuient – Je ne saurais décrire cette ivresse, que je n'ai vue bien exprimée que dans l'admirable *Légende du beau Pécopin* de Victor Hugo.

A cela s'ajoute un théâtre splendide, les éboulements de rochers, les bruyères de Fontainebleau, les futaies en colonnades de cathédrale de Villers-Cotterêts, les déserts d'Ermenonville, les étangs et les rivières où les animaux chassés et les chiens se jettent.

Mais le tableau n'est pas tout ; et j'aime comme vous, le symbole. Et je vois là plus qu'un symbole : un même état d'esprit, dans des situations et en vue d'entreprises bien différentes. Cette tension vers un objet, cet oubli absolu des circonstances environnantes, et des obstacles, sont des sentiments qu'on éprouve à la poursuite d'une idée, comme à la poursuite d'une bête. Devant un papier blanc et un encrier, devant le feu d'un laboratoire, ou bien encore à la tribune, on est comme en selle, emporté par sa pensée, dédaigneux des cailloux et des broussailles, chargeant tout droit sur la vérité aperçue.

Et alors se présente l'histoire de St Hubert. Dans nos poursuites diverses, au moment où nous y songeons le moins, quelquefois (la vie des Saints le raconte – mais cela arrive à tout le monde et à tout propos) au milieu de la guerre ou des plaisirs, une pensée religieuse nous arrête tout court : la croix lumineuse a paru entre les bois d'un cerf – et le chasseur tombe à genoux.

Voilà ce qui m'a fait vous parler de St Hubert – et à quoi je penserais si je savais peindre. Mais vous qui savez peindre, vous sauriez penser aussi, et mieux que moi.

Maintenant si vous voulez voir des chevaux et des cerfs (et comme vous avez raison de regarder les mouvements et les physionomies de ces admirables animaux) – il faudrait venir Samedi à Melun – ou bien ici – Mercredi train de 8 h 50. C'est Verneuil l'Etang. Je serais heureux si vous pouviez venir les deux jours – Samedi ce sera une chasse à grand spectacle à Fontainebleau : d'après le lieu du rendez-vous qui est sur un beau carrefour de la Croix de Toulouse, peu éloigné de Melun – il est possible qu'on ait un hallali dans la Seine – Mercredi ce sera en petit comité, dans la forêt de Villefermoy, avec l'équipage de mon voisin le Cte Greffuhle.

Le temps est excellent : tout peut être arrêté par la neige. Il faudrait remettre au printemps et alors les forêts n'ont plus le même aspect. Puis, je serai moins libre dans 15 jours – Venez donc si faire se peut. Et si vous pouvez demeurer ici de Samedi à Mercredi – pour vous reposer ou pour faire des études de chevaux – vous nous feriez un bien grand plaisir –.

Croyez mes sentiments bien dévoués.

Denys Cochin

Beauvoir par Chaumes
Seine et Marne

Ne prenez pas la peine de me répondre. Je serai Samedi à Melun à l'arrivée du train – Nous déjeunerons chez mon frère, qui est là en garnison. Et j'espère vous emmener ici le soir.

Cette lettre importante a été partiellement publiée dans le catalogue de l'exposition *Maurice Denis*, 1970, Paris, musée de l'Orangerie, n° 106.

10 - Lettre d'Augustin Cochin à Maurice Denis,
20 janvier [1896]

Lundi 20 janvier

Monsieur

Nous avons bien regretté de ne pas vous trouver hier, et mon père aurait été heureux de causer avec vous et de savoir si vous êtes toujours content et si votre première impression se maintient. Nous avons fait il est vrai une si jolie promenade en voiture de Paris à St Germain, en passant par Rueil et Marly, que la beauté de la route nous a un peu consolé du regret de vous manquer.

Mon père me charge de vous dire qu'il y aura Mercredi une chasse à courre à Villefermoy, tout près de Beauvoir, et que si vous vouliez recommencer notre expédition des vacances du jour de l'an, nous pourrions nous retrouver à la gare de l'Est, au train de 8 heures 50 pour Nangis où nous irions déjeuner. La forêt est bien moins belle que celle de Fontainebleau, mais les chasses bien plus faciles à suivre en voiture, et les cerfs superbes. Recevez monsieur l'assurance de mes sentiments distingués.

Augustin Cochin

Dans son *Journal*, T. I, p. 116, 24 octobre 1896, Maurice Denis évoque des souvenirs de Villefermoy, où il retourne à plusieurs reprises.

11 - Lettre de Denys Cochin à Maurice Denis
[1896]

CHAMBRE DES DÉPUTÉS

Paris le

Cher Monsieur,

J'ai vu Marthe et Marie au Champ de Mars : c'est une très belle œuvre dont j'ai été frappé et ému plus encore que quand je l'avais vue chez vous, et j'ai tenu à vous témoigner ma très sincère admiration.

Avez-vous pu songer à St Hubert ? Je ne le pense pas, et rien ne pressait – Mais vous aurez sans doute maintenant plus de loisir. Permettez-moi donc de vous demander d'en causer maintenant avec vous d'une façon plus précise. Mais le mieux serait de nous voir – Ne viendriez-vous pas déjeuner demain, ou Mardi – ou Jeudi ?

Votre bien dévoué

D. Cochin

Dimanche

Marthe et Marie, 1896, huile sur toile, 77 x 116 cm, Saint-Pétersbourg, musée de l'Ermitage ; 1re expo. : 1896, Paris, Champ-de-Mars, 18e Salon de la Société nationale des Beaux-Arts, à partir du 25 avril, n° 427 ; voir cat. exp. 1994-1995, Lyon, musée des Beaux-Arts, n° 83.

12 - Lettre de Denys Cochin à Maurice Denis

[fin 1896-début 1897]

Cher Monsieur

J'ai été demander ce matin à Barrot le piqueur de Boisboudran sa tenue. Mais je lui ai demandé de venir poser lui-même, ce dont il a été ravi. Ce très brave homme a une figure assez caractéristique et j'ai tant chassé avec lui que je serai heureux de garder de lui ce souvenir. Il viendra à Paris incessament et me préviendra aussitôt – soit pour vous l'amener soit pour vous attendre rue de Babylone si vous pouvez venir.

Si vous devez venir à Paris demain vous seriez bien aimable de déjeuner avec moi à midi. Nous irions ensuite au Champ de Mars. Et j'ai un tas de choses à vous dire.

A vous

D. Cochin

Lundi Beauvoir

Barrot, le piqueur de l'équipage du Comte de Greffuhle, servit de modèle à Maurice Denis. Boisboudran est le nom de la propriété des Greffuhle, proche de Beauvoir.

13 - Lettre de Denys Cochin à Maurice Denis

[fin 1896-début 1897]

CHAMBRE DES DÉPUTÉS

Paris le

Cher Monsieur

Barrot le piqueur viendra ici. Mardi matin. Il sera là à 9 h avec sa tenue et sa trompe. Voulez-vous venir ? et déjeuner avec nous.

Ou voulez-vous que je le mène chez vous ? Si vous pouviez venir je l'aimerais mieux. Nous garderons d'ailleurs ses affaires.

A vous

D. Cochin

Je pars à l'instant pour Brest mais reviendrai Lundi.
S'il y avait empêchement écrivez à ma femme.
A mardi j'espère.

14 - Lettre de Denys Cochin à Maurice Denis

[fin 1896-début 1897]

CHAMBRE DES DÉPUTÉS

Paris le Jeudi

Cher Monsieur

Avez-vous renvoyé à Barrot ses habits ? Si non, voulez-vous me les envoyer ici ? Si vous pouviez venir déjeuner ici demain je serais charmé de vous voir et j'ai des choses à vous montrer.

A vous

D. Cochin

15 - Lettre de Denys Cochin à Maurice Denis

[1897]

CHAMBRE DES DÉPUTÉS

Paris, le Mardi

Cher Monsieur

Dites-moi quand vous apporterez les panneaux la semaine prochaine : je ne suis sûr d'être là que Vendredi – le vendredi 5. Je pense à ce que vous me dites du Christ de Carrière. Si j'avais « eu le moyen » j'aurais voulu l'installer tout seul dans le pavillon du jardin qui servira d'atelier à Augustin. Tout le monde aurait pu venir le voir dans ce petit sanctuaire. Mais quoique la somme demandée soit peu de chose pour une pareille œuvre je ne puis y penser cette année. Seulement je souscrirai et si mon pavillon semblait commode pour une exposition, il serait tout à la disposition des souscripteurs et de M. Carrière.
Bien à vous

D. Cochin

Une lettre de Denis à Mme Chausson datée du 10 octobre 1897, et publiée dans son *Journal* (T. I, p. 122), indique que les panneaux seront prêts fin octobre 1897, ce qui permettra à Denis de rejoindre les Chausson à Fiesole, vers le 10-15 novembre.

16 - Lettre d'Henry Cochin à Maurice Denis,

datée : Paris, le 21 décembre 1897

CHAMBRE DES DÉPUTÉS

Paris, le 21 X^bre^ 1897

Mon cher ami,

Je me réjouis plus que je ne puis dire de vous savoir en retraite artistique chez des hôtes parfaits sur le mont de Fiesole, à deux pas du couvent de l'Angelico. Je ne doute pas que votre âme y trouve de nouvelles

inspirations, et que vous ne nous en rapportiez de belles œuvres. Il me semble que vous respirez là un air natal. Je ne m'étonne pas que Fiesole vous ai conduit à la *Vita Nova*, et je suis touché que la *Vita Nova* vous ait fait penser à moi. J'ai toujours ma traduction en portefeuille, et je ne la publierai qu'un peu plus tard. En effet j'ai été devancé. Une traduction a paru chez Charpentier. Sans amour-propre de concurrent, je crois pouvoir dire qu'elle est, non pas mauvaise, mais très ordinaire et assez lâche. Mais elle m'engage malgré tout à attendre, ce qui d'ailleurs m'est indifférent. Je remets sans cesse la main à mon travail, qui m'amuse de plus en plus. C'est un travail impossible en somme, et auquel on peut retoucher toujours. C'est donc un constant plaisir. Seulement j'arrive ainsi à une précision tellement littérale que je ne sais si elle peut convenir à un musicien, et répondre aux désirs de M. Chausson. Je crois bien qu'il y aurait lieu de retoucher plusieurs choses au point de vue de la musique. Si je pouvais voir Mr Chausson et causer avec lui, nous nous entendrions à ce sujet, car je suis bien heureux d'apprendre qu'il veut éclairer par la musique les vieux et chers poëmes du Moyen âge italien. Je me réjouis beaucoup de l'y aider. Veuillez le lui dire. Pour l'instant tout ce que je puis faire c'est de lui envoyer copie, par votre amicale entremise de quelques-uns des poëmes de la *Vita Nova* tels que je les ai traduits, sans y rien changer. Je me suis fait une langue un peu étrange ; mais je me figure qu'elle a une harmonie et rend un peu la gravité mystique de l'original. Je me satisfais du moins de cette illusion. M. Chausson verra si cela lui plaît, et s'il pense en pouvoir faire quelque chose. En ce cas je pourrai lui en faire copier davantage. Car je ne pourrais guère me séparer de mon manuscrit.
Mais je ne saurais dire combien j'applaudis au projet de faire renaître par la musique la poësie du Moyen âge. Cette poësie, on l'oublie trop, fut faite pour la musique et ne fut complète qu'avec la musique. Dante indique bien que quand Amour l'accompagne chez sa dame, et parle avec lui et pour lui, Amour n'est autre chose que la musique, où le poëte voulait donc que fût enfermée la partie la plus exquise et la plus mystique de la pensée.

J'envoie trois pièces : 1° le sonnet qui est le premier du recueil et renferme la première apparition d'Amour. 2° le sonnet des pèlerins. Il me paraît comporter un développement musical merveilleux. Il est un peu obscur et rude dans le premier quatrain, mais autant en Italien qu'en Français ; le second vers est lourd mais ne se peut rendre autrement ; mais on pourrait le changer peut-être ; le quatrième de même ; je l'aime parce qu'il est littéral. Au troisième vers du second quatrain, le mot « personnes » qui est bien propre à Dante et à sa langue, pourrait être remplacé, s'il déplaît, par « hommes » ou « gens ». Mais quelle admirable Marche des Pèlerins à travers la « Cité Dolente ». C'est musical, je crois, essentiellement. 3° La seconde grande Canzone, ce que l'on pourrait appeler « le Rêve de Dante ». C'est là une vaste symphonie, avec chœurs et récits sublimes, ce me semble, quoique je n'aperçoive pas bien la forme que l'on peut y donner. Vous savez la situation : Dante est malade. Des Dames s'approchent de son lit où il s'agite dans la fièvre. Elles le réveillent pour le réconforter. Et il leur raconte le rêve qu'il vient d'avoir : la méditation sur la fragilité de la vie – puis l'idée de la mort qui s'affirme par l'apparition d'effrayants visages de dames échevelées marchant le long d'une route, le trouble de la nature, les ténèbres, le tremblement de terre, et la voix d'un homme pâle et inconnu qui lui annonce la mort de Béatrice – ensuite c'est la vision céleste digne de l'Angelico, la petite rue blanche qui s'envole au ciel, et l'Hosanna des anges. – Puis sur la terre les funérailles de Béatrice et le désir de mort et de Béatitude de son mystique amant, non plus la mort terrible du début, mais la mort devenue gentille et le cri final : « Ô âme belle etc... »

C'est absolument merveilleux.

Dans ce poëme encore bien des mots de ma traduction paraîtront peut-être étranges. Par exemple « gentillesses humaines ». J'ai pris le parti de ne jamais traduire ces mots « gentil », « humain », si pleins de sens pour Dante, si intraduisibles en notre langue. Mais s'ils répugnent on peut chercher des équivalents à « gentil » dans les mots de la nature de « grâce, gracieux, noble ... » et des équivalents à « humain » dans des phrases où entrerait les mots « bonté-bienveillance ». J'ajoute que le poëme est très long à traiter en musique et que l'on pourrait bien ne commencer qu'à la troisième stance qui est le début du récit du rêve. Ainsi on supprimerait les Dames amies auxquelles il fait son récit. On supprimerait alors en conséquence aussi le dernier vers du poëme.

Je me laisse aller en de longues explications qui sont obscures et sans doute bien inutiles, car M. Chausson doit avoir des idées déjà arrêtées et fixées. Mais j'ai un plaisir infini à causer avec vous et à me figurer que je me joins à votre exquise société artistique sur le flanc du coteau de Fiesole, en vue de la glorieuse vallée.

Sovra'l bel fiume d'Arno a la gran villa ! Vous me faites un grand plaisir d'y penser à moi. Je souhaite à votre hôte et à vous d'y faire de belles œuvres, pour la joie et la consolation des pauvres gens attelés comme moi à de tristes besognes, et qui Dieu sait ! aiment bien les arts pourtant !

Que Dieu vous inspire et vous rende heureux.

Veuillez dire à M. Chausson que je serai tout à sa disposition à son retour et que ce me sera très agréable de travailler à lui faciliter l'œuvre qu'il rêve, s'il juge que j'y suis propre. Veuillez lui dire toute mon affectueuse sympathie et faire agréer mon hommage respectueux à Mme Chausson, en même temps qu'à Mme Maurice Denis.
Tout à vous

Henry Cochin

Vos peintures font merveille chez mon frère.

Merci à Jean Gallois de nous avoir précisé que ce projet ne s'était pas concrétisé, sans doute parce que le musicien avait trouvé cette traduction trop « littérale » ; et que Chausson avait composé une *Ballata* d'après Dante, commencée à Fiesole fin 1896 et terminée à Paris le 6 mars 1897.
La collaboration entre Maurice Denis et Henri Cochin aboutira à la publication de la *Vita Nova*, texte de Dante Alighieri, traduit par Henry Cochin, illustrations par Maurice Denis (frontispice, 35 vignettes, 84 lettres ornées), gravées sur bois

en couleurs par Jacques, Camille et Georges Beltrand. Ouvrage réalisé sous la direction de Gabriel Thomas, édité à Paris en 1907 par Le Livre contemporain, Imprimerie Nationale.

17 - Lettre de Denys Cochin à Maurice Denis
[janvier 1898]

Beauvoir Vendredi

Comme je suis en retard cher Monsieur. Ne m'en voulez pas. J'ai été chasser en Angleterre – puis j'ai été occupé à Paris pour le jour de l'An.

Bonne année : je suis sûr de réussir en formant pour vous ce souhait. Car vous imaginerez ou achèverez de belles et bonnes œuvres.

Je n'ai montré presqu'à personne votre St Hubert, suivant vos recommandations. Je vais le voir souvent et toujours avec un nouveau plaisir. Je médite quelques changements insignifiants à vous proposer : et surtout un bon arrangement de la chambre, malheureusement si étroite. J'ai déjà caché la tenture rouge.

Voici une lettre de recommandation pour Rome.

Il me serait facile de vous en donner pour Poubelle – pour l'Abbé Duchesne, un homme supérieur que vous seriez j'en suis sûr charmé de connaître. Même pour M. Guillaume qui dirige une pauvre école – mais est un homme distingué et habite une si adorable maison ! Enfin pour le Cardinal Ferrata, l'ancien novice – homme aimable – et la plus merveilleuse villa sur le Coelius ! Allées d'ifs, bustes d'empereurs, fontaines dans des sarcophages, vues sur le Colysée et la campagne romaine...

Ecrivez-moi si vous voulez ces lettres. Je vous envie, étant au moment de retomber dans l'horreur des élections ! il le faut, dit-on. Mais pourquoi faut-il que la Providence m'ait si peu doué pour ce que j'aurais aimé, et m'ait donné quelque facilité précisément pour ce que je n'aime guère ? Enfin on doit agir en ce monde, et faire ce qu'on peut.

Présentez mes hommages à Madame Maurice Denis et croyez à mes sentiments dévoués.

Denys Cochin

Maurice Denis est déjà à Fiesole depuis octobre. Il se rendra pour la première fois à Rome à la fin du mois de janvier. Il y rencontrera André Gide.

18 - Lettre d'Augustin Cochin à Maurice Denis
[1897]

Dimanche

53 rue de Babylone

Monsieur

Mon père a dû partir ce matin dès l'aube pour Reims, par le premier train, et il n'a pu vous écrire lui-même ; mais il m'a chargé de vous dire tout de suite à quel point il est ravi de votre plafond. Je fais la commission avec d'autant plus de plaisir que je suis tout aussi enchanté que lui – on ne pouvait rien concevoir de plus joli que ces six anges qui se répondent au ciel et sur la terre – c'est à la fois l'idée la plus poétique, et la plus conforme aux bons principes de vénerie, où les maîtres doivent répondre aux piqueurs – enfin personne n'y trouverait à redire et les bottes dans les nuages ont l'air tout naturel.

Recevez monsieur toutes les félicitations de mon père et les miennes avec l'expression de mes respectueux sentiments.

Augustin Cochin

19 - Lettre de Mme Péan de Saint-Gilles, mère de la baronne Cochin, à Maurice Denis
datée : 13 mai 1898

13 mai 98

Monsieur

Nous avons beaucoup admiré votre projet de vitraux pour les trois fenêtres de la salle à manger. Mais je voudrais savoir à quoi m'engagerait ce joli travail ; puis j'aimerais bien à en causer avec vous ; je crois qu'il serait plus joli d'enlever les fenêtres comme en bas – puis sur place vous vous rendriez mieux compte des nuances et de la hauteur des personnages, car le plafond est assez bas et les boiseries blanches. Denys et Augustin sont partis hier pour Rome et ne reviendront que le 22, vous seriez bien aimable d'attendre leur retour – Voulez-vous venir dîner ce 22 – à 7 h 1/2?

Recevez, Monsieur, mes meilleurs compliments

P. Péan de St Gilles

Maurice Denis a été chargé de décorer de vitraux les trois fenêtres de la salle manger de l'hôtel particulier des Cochin, 53 rue de Babylone (aujourd'hui 51) à Paris. Ces trois fenêtres, au 1er étage du bâtiment entre cour et jardin, sont exactement situées au-dessus de celles où Albert Besnard avait placé ses vitraux de *La Vie Animale*. Ainsi, raconte l'actuel baron Denys Cochin, la vue des chevaux et des voitures remisées dans la première cour serait évitée aux habitants du bâtiment central.

Pour ces trois vitraux, Denis s'est inspiré de son récent voyage en Italie et de son séjour à Fiesole chez le musicien Chausson, dans la villa Papiniano (voir la lettre de M. Denis à É. Vuillard, datée de « Fiesole 23 novembre 1897 » et publiée dans le *Journal* de Denis, T. 1, p. 123-124).

L'ensemble de ces trois vitraux *La Présentation au Temple à Florence*, a été donné au musée du Prieuré par le baron Denys Cochin en 1978 :

Première fenêtre : *Le Matin à Fiesole*, inv. PMD 978.2.1 (portrait de deux filles Cochin à Fiesole au printemps) ;

Deuxième fenêtre : *La Présentation*, inv. PMD 978.2.2 (d'après une fresque de Fra Angelico, couvent Saint-Marc, Florence) ;

Troisième fenêtre : *Le Soir à Fiesole*, inv. PMD 978.2.3 (portrait de deux filles Cochin à Fiesole à l'automne).

20 - Lettre de Mme Péan de Saint-Gilles à Maurice Denis,

datée : 21 août 1898

Monsieur

Nous nous sommes empressés Mr Cochin et moi d'aller voir votre travail et nous l'avons trouvé très joli. Je crois que ce sera charmant ; les portraits sont très ressemblants, les lointains, les encadrements, l'architecture font un ensemble plein d'harmonie et de lumière – d'originalité. Je crains seulement que les bras de la vierge ne soient un peu haut et Mr Cochin va envoyer à Mr Carot votre petite copie afin qu'il s'en inspire car je dois avoir tort. Augustin est enchanté de vos dessins, il est allé encore hier avec son frère admirer.
Veuillez recevoir, Monsieur, mes meilleurs compliments.

P. Péan de St Gilles

Beauvoir 21 août 98

Copie de Fra Angelico, Fresco, cellule 10, Saint-Marc, Florence ; huile sur carton, datée et dédicacée en bas à droite : « à ma chère Marthe, Florence 98 », coll. part.

21 - Lettre de Denys Cochin Maurice Denis

[1898]

CHAMBRE DES DÉPUTÉS

Paris Jeudi

Cher Monsieur

J'ai vu les cartons et suis charmé de la grâce et de l'intérêt de vos compositions pour les verrières latérales. Les vues de villes et de bâtisses, dans les fonds, sont fort belles et le style du monument renaissance qui relie les trois sujets m'a plu beaucoup. Ma belle-mère est enchantée aussi, et vous avez eu l'art, sans renoncer à votre originalité, de lui offrir une composition plus accessible que ne serait notre vitrail aux yeux habitués à d'anciennes conventions.
Je vous demande pardon de vous soumettre une petite critique : dans le sujet du milieu, le bras de la Ste Vierge, pris de l'épaule au coude, caché d'ailleurs sous le manteau n'est-il pas un peu court ? Dans votre copie faite à Florence il me semble plus long. J'ai fait la remarque à Carot et lui ai envoyé sur sa demande la dite copie. Mais je me défie de mon impression – et vous la soumets simplement.

Les cyprès florentins que vous mêlez au paysage sont d'un fort bel effet. Leur ton est vert clair ; bien plus clair que dans la nature. L'exactitude ici importe peu : mais ces notes vives feront-elles mieux que les véritables ? Ici encore je vous soumets une inquiétude fort légère d'ailleurs et m'en remets à vous.

Veuillez présenter mes respectueux hommages à Madame Denis et croire à mes sentiments bien dévoués.

D. Cochin

22 - Lettre de Denys Cochin à Maurice Denis

[1898]

Beauvoir

Chaumes (S & M) Mercredi

Mon cher ami

Leygues, le ministre, viendra Lundi à 11 h voir vos œuvres rue de Babylone. Si cela vous intéresse de connaître ce potentat – fort aimable homme d'ailleurs – voulez-vous venir ? Nous déjeunerons ensuite ensemble.

Si les nouveaux vitraux étaient posés, nous les leur montrerions. Mais peuvent-ils l'être ?

A vous

D. Cochin

On sait que les vitraux étaient posés en décembre.

23 - Lettre de Mme Péan de Saint-Gilles à Maurice Denis,

datée : 30 décembre 1898

Beauvoir, 30 Xbre 98

Monsieur,

J'ai été hier voir les vitraux en place et j'en suis enchantée, ils sont tout à fait réussis, jolis, décoratifs, clairs, délicieux : aussi, je tiens à vous envoyer au plus vite mes compliments et remerciements, on m'a dit que vous étiez venu, je pense très satisfait aussi de ce joli travail.

Agréez, Monsieur, mes meilleurs compliments

P. Péan de St Gilles

24 - Lettre d'Augustin Cochin à Maurice Denis

[début 1907]

Vendredi Beauvoir
Verneuil l'Etang
Seine & Marne

Cher monsieur

Mon père a vu le Cardinal : vous pourrez assister à sa messe le jour que vous voudrez. Il la dit tous les matins à 7 heures à moins de trop grande fatigue naturellement ; mais il va bien en ce moment – et en tout cas vous serez sûr de trouver une messe à cette heure-là dans votre petite chapelle, qui est un vrai bijou arrangée ainsi, et a trouvé son emploi. Mon père est tombé sur les gens de *L'Illustration* qui venaient la photographier – ils auront pour une fois un joli modèle.

Croyez-moi cher monsieur votre bien dévoué

Augustin Cochin

Le Cardinal s'installa chez les Cochin en 1906. La pièce décorée de *La Légende de saint Hubert* fut transformée en chapelle. Maurice Denis a peint en 1907 : *Monseigneur Richard dans la chapelle des Cochin*. La messe de Mgr Richard fit la couverture illustrée de *L'Illustration* le 5 janvier 1907.

25 - Lettre de Denys Cochin à Maurice Denis,
datée : 22 janvier [1919]

CHAMBRE DES DÉPUTÉS

Cher Monsieur

Je voudrais vous consulter sur le point que voici.

J'ai pris le parti de vendre mes tableaux. La diminution des revenus (surtout en maisons) le veut. C'est un chagrin. Mais j'en ai eu tant, de plus grands, que celui-là passe inaperçu.

Bien entendu je garde votre beau St Hubert. Et je voudrais le placer mieux ; avec plus de recul, et de lumière ; et moins à l'écart. La place ne manque pas, mais l'arrangement n'est pas facile. Je ne voudrais rien faire sans votre avis. Vous plairait-il de déjeuner avec nous (midi 1/2) le jour que vous voudrez ? Vous me trouverez avec ma femme et ma fille – veuve de la guerre –

Mon pauvre Henry, seul d'entre nous épargné par la guerre, est bien cruellement frappé. Et moi, une fois de plus ; car j'aimais tendrement mon neveu.

Croyez à mes sentiments bien dévoués.

D. Cochin

22 janvier

Téleph. 42 38 Saxe

Ce projet n'eut pas de suite, et les panneaux ne furent déplacés que cinquante et un ans plus tard, pour l'exposition *Maurice Denis*, Paris, Orangerie, 1970.

26 - Lettre de Denys Cochin à Maurice Denis,
datée : 17 juillet [1921]

Beauvoir 17 juillet

Cher ami, je viens de lire avec délices vos impressions de Rome. Impressions que je ne goûterai plus sur place mais que j'ai si bien connues. J'ai été depuis quelques mois très près de la mort, et Dieu m'a laissé une vie peu enviable. Vais-je guérir ? On me le dit. Je n'ose y croire et à peine le demander ; moi qui avais autour de moi des êtres admirables, mon père, mon fils enlevés aux environs de 40 ans – alors que j'en ai presque 70.

J'ai le chagrin malgré cette longue vie de n'avoir pas fait ce que je voulais faire. J'espérais en quelques années de grâce après avoir quitté le parlement. Seulement en nov. dernier, j'ai été frappé. Si quelque chose me console c'est de voir mes amis bien grands, comme vous, comme Bergson (quoiqu'avec un autre idéal) continuer leurs œuvres, et trouver en ce monde cette joie qui m'est refusée. Comme vous avez bien parlé de Rome ! Et du divin Raphaël ! Je ne connaissais pas ce merveilleux portrait de Fra Angelico... Merci pour la bonne heure que vous m'avez fait passer. J'ai cru revoir Rome... Enfant (et le souvenir de ce voyage avec mes parents domine tous les autres), j'ai vu le Pape dans son grand carrosse, précédé de sa mule blanche sur le pont St Ange. Nous étions sur le 1er rempart du Château. Et j'ai vu des buffles couchés dans le Campo Vaccino...

Adieu. Votre bien dévoué

D. Cochin

Maurice Denis : « Notes de voyage en Sicile et en Italie, Rome, Sienne et Florence », *La Revue hebdomadaire*, t. VII, n° 27, 28 et 29, 1er juillet, 9 juillet et 16 juillet, p. 3-15, p. 132-142 et p. 317-329 (extraits dans le *Bulletin de la vie artistique*, 1er août, p. 416-419, repris dans *Carnets de voyage en Italie*, 1921-1922, Paris, 1925 et dans *Charmes et leçons de l'Italie*, Paris, 1933)

27 - Lettre du colonel Pierre Cochin, frère de Denys, à Maurice Denis,
datée : 24 juin 22

Paris 24 juin 22

Cher Monsieur,

A l'instant je viens de contempler le magnifique portrait que vous avez fait de mon frère Denys sur son lit de mort, portrait que je vous avais vu ébaucher. C'est une œuvre que j'admire profondément et je ne puis m'empêcher de venir vous remercier de l'avoir composée.

Il est en effet impossible de rendre d'une façon plus frappante et si je puis m'exprimer ainsi, plus immatérielle, les traits de notre grand homme, tant vous avez su le montrer déjà dans l'au-delà. Pour le peindre ainsi, les conseils de votre incomparable talent n'ont pas suffi, il a fallu aussi les suggestions de la chaude amitié qui unissait vous et mon frère. Vous avez compris Denys, dans toute l'acceptation du mot comprendre et vous nous offrez de lui une image où à chaque instant nous pourrons le retrouver tout entier.

Agréez, Cher Monsieur, mes sentiments les plus vivement dévoués.

Colonel Cochin
123 rue de Grenelle

28 - Lettre de la baronne Cochin à Mme Maurice Denis
[1923]

51 rue de Babylone

Chère Madame

Je suis heureuse que cette petite robe vous ait fait plaisir. Tout ce qui peut resserrer les liens d'amitié dont votre mari nous a donné des preuves si touchantes est pour moi un devoir et une satisfaction. Je m'intéresse beaucoup à l'arrivée du petit enfant et vous serai très reconnaissante de me faire prévenir de l'événement. Peut-être même je vous ferai une petite visite d'ici là avec mes enfants. Votre mari a dû encore travailler. Ns le suivons avec tant d'intérêt. Voudriez-vous dire à M. Maurice Denis que le portrait de mon cher mari est tout ce qu'il y a de plus apprécié. C'est une œuvre magnifique et pour moi une grande douceur dans mon si cruel chagrin. Des œuvres comme celle-là élèvent à une hauteur qui aide à dominer la vie ordinaire.

Aussi chère Madame je vous serai toujours reconnaissante comme à des amis qui ont su descendre avec moi dans les douleurs des séparations.

Croyez à tous mes sentiments sincères

P. St G. Cochin

La seconde épouse de Maurice Denis, Élisabeth Graterolle, attendait alors son fils Jean-Baptiste, qui naîtra le 19 juillet 1923.

29 - Lettre de Mme Cochin - Bassetière, fille d'Henry Cochin à Maurice Denis
[1927]

La Mothe Achard
Vendée

Cher monsieur

J'ai été profondément émue par votre article sur mon père. Ma mère en ressent un tel enthousiasme qu'elle a voulu bien vite nous le faire partager. Le portrait si vivant et si vrai que vous avez fait de mon père, me va au cœur. Vous l'avez entièrement compris comme il vous a compris. C'est un portrait merveilleux en tout que vous avez fait de lui – et dans l'avenir ceux qui ne l'auront pas connu verront par les lignes que vous avez écrites ce qu'il était. Certes c'est avec une immense gratitude que je pense à vous. Vous avez été une des grandes joies de sa vie – il vous a aimé et admiré comme ami et comme peintre. Je me souviens toujours de son angoisse lorsque votre vue était menacée. Il y aurait eu quelque chose de brisé en lui si vous n'aviez plus pu peindre.

Vous avez fixé ses traits sur son lit de mort avec une ressemblance parfaite et avec une lumière qui appelle la prière et le recueillement.

Et maintenant vous venez encore en peintre de parler de lui dans ces lignes que j'aime tant où l'on retrouve l'érudit, l'artiste, le musicien et le cœur – son portrait en un mot.

Laissez-moi vous redire un merci ému pour nous et pour ma mère que vous aidez dans sa souffrance.

Veuillez croire ainsi que Madame Maurice Denis à mes sentiments dévoués.

Cochin Bassetière
6 juillet

Henry Cochin est mort en décembre 1926.
Le carnet de ventes de l'artiste indique que le *Portrait de M. Henry Cochin* mort a été offert à Mme Henry Cochin en 1927 (pastel sur carton, 45 x 50 cm environ, signé et daté en bas à droite : MAVRICE DENIS 11 Xbre 1926).
Maurice Denis, « Henri Cochin, 1854-1926 », *Notes d'art et d'archéologie*, janvier 1927, p. 1-2.

Les numéros d'inventaire des différentes lettres reproduites dans le catalogue sont les suivants :

Lettre 1 : Ms 2450
Lettre 2 : Ms 2414
Lettre 3 : Ms 2399
Lettre 4 : Ms 2397
Lettre 5 : Ms 2398
Lettre 6 Ms 2410
Lettre 7 : Ms 2431
Lettre 8 : Ms 2432
Lettre 9 : Ms 2400
Lettre 10 : Ms 2370
Lettre 11 : Ms 2393
Lettre 12 : Ms 2402
Lettre 13 : Ms 2403
Lettre 14 : Ms 2404
Lettre 15 : Ms 2406
Lettre 16 : Ms 2456
Lettre 17 : Ms 2407
Lettre 18 : Ms 2372
Lettre 19 : Ms 8517
Lettre 20 : Ms 8518
Lettre 21 : Ms 2413
Lettre 22 : Ms 2412
Lettre 23 : Ms 8519
Lettre 24 : Ms 2371
Lettre 25 : Ms 2429
Lettre 26 : Ms 2392
Lettre 27 : Ms 2386
Lettre 28 : Ms 2453
Lettre 29 : Ms 2666

Repères biographiques

d'après la chronologie établie par Thérèse Barruel, catalogue de l'exposition *Maurice Denis,* Lyon 1994

25 novembre 1870

Naissance de Maurice Denis à Granville, où ses parents se sont repliés devant l'avancée allemande. Son père travaille aux services administratifs des chemins de fer de l'Ouest, sa mère est modiste. Ils se sont fixés à Saint-Germain-en-Laye, où l'artiste résidera toute sa vie.

1882-1887

Très jeune, il sent naître en lui une vocation de peintre. Excellentes études au lycée Condorcet, où il devient l'ami de Lugné Poë, de Vuillard, de Roussel… Il poursuivra toute sa vie son *Journal,* commencé l'été 1884. Apprentissage du dessin chez le photographe Zani à Saint-Germain-en-Laye, puis, dès l'été 1885, avec Balla à Paris. Premières visites du Louvre et premiers contacts avec l'art contemporain présenté par Boussod, Valadon, Durand-Ruel, Tanguy…

1888-1892

Maurice Denis entre à l'académie Julian où il rencontre Paul Sérusier, Pierre Bonnard, Henri-Gabriel Ibels, Paul Ranson… Il est reçu à l'École des beaux-arts dans l'atelier de Lefebvre et Doucet. Sérusier revient de Pont-Aven où il a peint *Le Talisman*, petit tableau qui concrétise la nouvelle esthétique des Nabis, dont Maurice Denis devient le porte-parole : il publie de nombreux articles, plus tard réunis dans différents ouvrages. En 1890, il expose au Salon pour la première fois et publie dans la revue *Art et critique,* l'article « Définition du néotraditionnisme » avec cette phrase désormais fameuse : « Se rappeler qu'un tableau — avant d'être un cheval de bataille, une femme nue ou une quelconque anecdote — est essentiellement une surface plane recouverte de couleurs en un certain ordre assemblées. » Il se lie avec Jan Verkade, fait la connaissance d'Odilon Redon et d'André Gide. Chez le peintre Henry Lerolle, il rencontre Paul Valéry, Claude Debussy, Vincent d'Indy, Ernest Chausson et dessine ses premiers programmes, décors et costumes pour le théâtre. En 1891, Maurice Denis expose aux Indépendants et chez Le Barc de Boutteville (avec la plupart des artistes nabis). En 1892, il annonce ses fiançailles et expose aux XX à Bruxelles.

1889 : commence l'illustration de *Sagesse* de Verlaine, qu'Ambroise Vollard éditera en 1911.

1890 : *Taches de soleil sur la terrasse* (musée d'Orsay, Paris) - *Mystère catholique* (Musée départemental Maurice Denis).

1891 : ensemble décoratif pour une chambre de jeune fille : *Septembre* (musée des Arts décoratifs, Paris), *Avril* (Kröller-Muller Museum, Otterlo), *Juillet, Octobre* (coll. part.) - *Soir trinitaire* (coll. Josefowitz). - *Mystère de Pâques* (Art Institute of Chicago).

1892 : *L'Échelle dans le feuillage* (Musée départemental Maurice-Denis), plafond pour Henry Lerolle - *Madame Ranson au chat* (Musée départemental Maurice Denis) - *Portrait d'Éva Meurier en robe verte* (coll. part.) - *Régates à Perros-Guirec* (coll. part.).

1893-1897

12 juin 1893 : mariage de Maurice Denis avec Marthe Meurier. Voyage de noces à Perros-Guirec. Le jeune couple s'installe villa Montrouge à Saint-Germain-en-Laye et passe régulièrement l'été en Bretagne. Le premier fils de Maurice Denis, Jean-Paul, né en 1894, meurt à l'âge de quatre mois. Naîtront ensuite quatre filles et deux garçons. Printemps 1895 : Premier voyage en Italie (Toscane, Ombrie) avec Marthe. 1897 : deuxième voyage en Toscane et séjour à Fiesole, chez son ami le musicien Ernest Chausson.

1893 : illustrations pour *Le Voyage d'Urien* d'André Gide - *Les Muses* (musée d'Orsay, Paris), panneau décoratif pour Arthur Fontaine - *Les Arbres verts* (coll. part.). Commence l'illustration de *L'Imitation de Jésus-Christ*, édité par Vollard en 1903.

1894 : cartons de vitraux pour Bing et Tiffany - *Avril*, premier plafond pour l'hôtel particulier d'Ernest Chausson - *Saintes femmes au tombeau* (Musée départemental Maurice Denis) - *Ils virent des fées débarquer sur les plages* (coll. part.) - *Nu au bouquet de violettes* (coll. part.). *La Princesse dans la tour* (coll. part.).

1895 : *Maternité aux manchettes de dentelle* (musée des Beaux-Arts, Rennes) - *Les Pèlerins d'Emmaüs* (Musée départemental Maurice Denis) - le *Chemin de la vie* (Musée départemental Maurice Denis), vitrail pour Denys Cochin - *L'Amour et la Vie d'une femme*, frise en sept panneaux pour une chambre à coucher exposée chez Bing.

1896 : *Le Printemps, villa Rondinelli*, plafond pour Ernest Chausson - *Marthe et Marie* (musée de l'Ermitage, Saint-Pétersbourg).

1897 : *La Légende de saint Hubert*, décoration pour l'hôtel parisien du baron Denys Cochin - *Le Dessert au jardin* (Musée départemental Maurice Denis) - *La Famille du critique d'art André Mellerio* (musée d'Orsay, Paris) - *Portrait d'Yvonne Lerolle en trois aspects* (coll. part.) - *Le Bois sacré* (musée de l'Ermitage, Saint-Pétersbourg).

1898-1903

1898 : premier séjour à Rome, où Maurice Denis retrouve par hasard André Gide. Dans un article, il définit l'art classique comme « le plus grand effort de l'âme humaine vers la beauté ». Publication par Vollard des estampes d'*Amour.* 1900 : Denis s'installe avec sa famille 59, rue de Mareil à Saint-Germain-en-Laye. 1901 : rend visite à Degas. 1903 : voyage en Allemagne avec Paul Sérusier.

1898 : *La Famille Chausson, villa Papiniano*, plafond pour Ernest Chausson - *Au bois d'amour*, grand panneau décoratif pour Albert Clouard - *La Présentation au Temple à Florence* (Musée départemental Maurice Denis), vitrail en trois panneaux pour l'hôtel particulier du baron Cochin.

1899 : *La Glorification de la croix* (musée d'Orsay, Paris), première commande de décoration religieuse, pour la chapelle du collège Sainte-Croix, au Vésinet - *Triptyque de la famille Mithouard* (coll. part.) - *Plage du Pouldu* (musée du Petit Palais, Paris).

1900 : *Moïse sauvé des eaux* (musée d'Orsay, Paris) - *Laissez venir à moi…* (musée de Neuss) - *Le Jeu de volant*, panneau décoratif pour Moreau-Nélaton (musée d'Orsay, Paris) - *Hommage à Cézanne* (musée d'Orsay, Paris) - *La Forêt aux jacinthes*, peinture pour l'hôtel particulier du comte Kessler à Weimar.

1901-1903 : décoration de l'église Sainte-Marguerite du Vésinet.

1903 : *Grande Plage*, décoration pour le Dr Viau (détruite dans un incendie).

1904-1911

Après un nouveau séjour en Italie, première exposition particulière chez Eugène Druet en 1904, où il présente des peintures d'Italie. La renommée de Maurice Denis gagne l'étranger et l'artiste effectue de nombreux voyages. Son carnet de croquis en poche, il parcourt l'Espagne, l'Allemagne, la Belgique, l'Italie et visite Londres, Moscou, Saint-Pétersbourg. En Provence avec Roussel en 1906, il rencontre Cézanne, Cross, Signac, Valtat et Renoir. Le 26 juillet 1908, Maurice Denis achète à Perros-Guirec la villa Silencio, où il séjournera régulièrement tous les étés. 1909 : fondation de l'académie Ranson, où il enseignera jusqu'en 1919.

1904 : *Adoration des mages* (musée des Beaux-Arts, Dijon).
1905 : *La Treille*, panneau décoratif pour le Dr Wolff à Berlin - *L'Éternel été*, décoration pour M. Mutzenbecker, à Wiesbaden.
1906 : *Portrait de Verkade* (musée d'Orsay, Paris) - *La Visite à Cézanne* (coll. part.) - *Plage au petit temple* (Musée cantonal des beaux-arts, Lausanne) - *Eurydice* (coll. part.).
1907 : *Terre latine* (Musée départemental Maurice Denis), décoration pour le hall de l'hôtel parisien de Jacques Rouché.
1908 : *Histoire de Psyché* (musée de l'Ermitage, Saint-Pétersbourg), décoration pour l'hôtel de Morosov à Moscou - *L'Éternel printemps* (Musée départemental Maurice Denis), décoration pour la salle à manger de Gabriel Thomas à Meudon - *Offrande bretonne*, panneaux pour la salle à manger de Silencio - *Au balcon à Venise* (en dépôt au musée des Beaux-Arts de Caen).
1909 : *Les Bergers* (musée Pouchkine, Moscou) - *Plage au bonnet rouge* (Musée départemental Maurice Denis) - *Christ aux enfants* (coll. part.) - *Baigneuses à Perros* (musée du Petit Palais, Paris).
1910 : *Soir florentin* (musée du Petit Palais, Paris - trois panneaux), peintures pour un salon-atelier, chez Charles Stern à Paris.
1911 : *Les Premiers Pas de Dominique* (musée des Beaux-Arts, Rennes) - *Plage au petit garçon* (Clemens-Sels Museum, Neuss) - *Soir de septembre* (musée des Beaux-Arts, Nantes).

1912-1919

1912 : Publication de *Théories*, ouvrage dans lequel l'artiste rassemble ses principaux articles. Maurice Denis réalise la décoration de la coupole du théâtre des Champs-Élysées : *Histoire de la musique*. Il fait construire à cet effet, par l'architecte Auguste Perret, un grand atelier dans le jardin de l'ancien hôpital édifié à Saint-Germain-en-Laye par Louis XIV et Mme de Montespan. Le 9 juillet 1914, il parvient à acheter la propriété, qu'il envisageait d'acquérir depuis 1910, et installe sa famille au « Prieuré ». Engagé volontaire en 1914, il entreprend à son retour la décoration de la chapelle du Prieuré, à laquelle il travaillera jusqu'en 1928 : Chemin de croix, vitraux, mobilier, fresques et peintures murales. En 1919, il fonde, avec Georges Desvallières, les Ateliers d'art sacré. Marthe Denis, malade depuis déjà longtemps, s'éteint le 22 août.

1912 : Décoration de *L'Âge d'or* (musée départemental de l'Oise, Beauvais) - *Plage aux lutteurs* (en dépôt à la Kunsthalle de Mannheim).
1914 : *Les Jeux de Nausicaa*, panneaux décoratifs.
1915 : *La Lumière intérieure* (musée des Beaux-Arts, Strasbourg).
1916 : *Jeanne d'Arc* (Musée départemental Maurice Denis), vitrail pour Gabriel Thomas.
1916-1923 : *La Vie de saint Paul*, abside et grands vitraux de l'église Saint-Paul de Genève.
1917 : *Les Quatre Évangélistes*, vitraux pour Notre-Dame de Genève.
1917 : *Galatée* (musée de Peinture et de Sculpture, Grenoble).
1919 : *Martyre de saint Maurice*, mosaïque pour l'abside de Saint-Maurice en Valais (Suisse) - *Sur la plage* (musée des Beaux-Arts, Tourcoing).- *Résurrection de Lazare* (coll. part.).

1920-1931

En 1921, Maurice Denis parcourt l'Algérie, la Tunisie, la Sicile, l'Italie. Le 2 février 1922, il épouse Lisbeth Graterolle. Un garçon et une fille naîtront de cette union. L'artiste publie en 1922 ses *Nouvelles théories*. Deux rétrospectives lui sont consacrées : à l'Exposition internationale de Venise en 1922 ; à l'Union centrale des arts décoratifs, au pavillon de Marsan à Paris, en 1924. Février 1924 : il rend visite à Claude Monet. 1927 : voyage à Villefère, chez Paul Claudel, pour illustrer *L'Annonce faite à Marie*. Invité par le Carnegie Institute de Pittsburgh, il visite New York et le Canada. Il apprend à son retour la mort de Sérusier. En 1929, il voyage en Égypte, en Terre sainte et en Grèce. 1931 : il effectue son dixième voyage en Italie.

1920 : *Plage à l'homme nu et au canot*, carton de tapisserie pour la manufacture des Gobelins - décors et affiches pour *La Légende de saint Christophe*, de Vincent d'Indy - *Bacchanale*, décoration pour le magasin Le Tigre royal, à Genève.
1921 : *Autoportrait devant le Prieuré* (Musée départemental Maurice Denis) - *Soir sur la terrasse* (Musée départemental Maurice Denis).
1922 : *Jeu de balle sur la plage* (coll. part.).
1923 : cartons de vitraux pour Notre-Dame du Raincy, à Paris.
1923-1927 : décoration pour l'église Saint-Louis de Vincennes.
1924 : *Plage au canot et à l'homme nu* (musée du Petit Palais, Genève).
1924-1925 : *Histoire des arts en France*, décoration pour la coupole Dutuit du Petit Palais, à Paris.
1926-1934 : décoration pour Saint-Nicaise de Reims.
1928 : *La Justice et la Paix :* décoration pour le plafond de l'escalier du public au Sénat - *Vasque de la villa Médicis* (Musée départemental de l'Oise).
1930 : décoration pour la chapelle des franciscaines de Rouen - *Dans les jardins d'Armide,* tapisserie réalisée par les Gobelins.
1931 : *Le Christ aux ouvriers*, décoration pour le Bureau international du travail de Genève.

1932-1943

Maurice Denis est élu membre de l'Institut au fauteuil de Forain en 1932. 1933 : publication de *Charmes et leçons de l'Italie*. 1939 : publication de *L'Histoire de l'art religieux*. 1940 : il quitte Paris le 10 juin pour Perros-Guirec devant l'avancée allemande ; de retour à Saint-Germain-en-Laye en juillet, il apprend la mort de Vuillard. 16 avril 1941 : mort d'Émile Bernard ; Maurice Denis prononce son éloge funèbre. Le 13 novembre 1943, il meurt à Paris, renversé par une voiture.

1932-1934 : peintures pour l'église Saint-Martin de Vienne (Isère), peintures pour l'église du Sacré-Cœur de Saint-Ouen, peintures pour l'église du Saint-Esprit, à Paris.
1935-1936 : peintures pour la salle du Conseil des hospices de Saint-Étienne.
1937 : peintures pour le hall du lycée Claude-Bernard à Auteuil. *La Cène,* décoration pour le pavillon pontifical de l'Exposition universelle.
1938 : *La Musique sacrée, la musique profane*, peintures pour le déambulatoire du palais de Chaillot - *La Paix dans la force,* panneau pour la S.D.N. à Genève.
1941 : décoration de l'abside de la chapelle du pensionnat du Sacré-Cœur à Crète (près de Thonon-les-Bains).
1943 : *Chemin de croix* et deux grandes compositions, *Jardin des Oliviers* et *Résurrection* pour la basilique de Thonon-les-Bains.

EXPOSITIONS

dans lesquelles ont figuré les panneaux définitifs
de *La Légende de saint Hubert* ou certaines études préparatoires

1924, Paris, pavillon de Marsan (avril-mai), *Rétrospective Maurice Denis* (le catalogue ne précise pas le nombre de panneaux exposés).

1945, Paris, musée d'Art moderne, *Exposition Maurice Denis 1870-1943* (les sept panneaux sont exposés).

1954, Alençon, Musée municipal, *La Vénerie dans l'art* (trois panneaux sont exposés, mais le catalogue ne précise pas lesquels).

1966-1967, Milan, Galleria del Levante (juin-juillet), Rome, Galleria del Levante (15 septembre-15 octobre), Munich, Galleria del Levante (27 janvier-27 février 1967), *Maurice Denis*.

1967, Münster, Münster Landesmuseum, Westfälischer Kunstverein et Galleria del Levante (16 avril-28 mai), *Maurice Denis*.

1967, Bonn, Museum Städtische Kunstsammlungen, Arndt-Haus (27 juillet-27 août), *Maurice Denis*.

1970, Paris, Orangerie des Tuileries (3 juin-31 août), *Exposition Maurice Denis* (les sept panneaux sont exposés).

1971, Brême, Kunsthalle (17 octobre-5 décembre), *Maurice Denis*.

1972, Zurich, Kunsthaus (29 janvier-12 mars), *Maurice Denis*.

1972, Copenhague, Statens Museum for Kunst (8 avril-7 mai), *Maurice Denis*.

1980, Saint-Germain-en-Laye, Musée départemental Maurice Denis « Le Prieuré », *Symbolistes et Nabis, Maurice Denis et son temps*, œuvres cataloguées par Geneviève Aitken, Marianne Barbey, Claire Denis, Anne Gruson, Juliana Montfort.

1981, Paris, galerie La Cave (17 mars-26 juin), *Maurice Denis*.

1985, Saint-Germain-en-Laye, Musée départemental Maurice Denis « Le Prieuré » (25 février-1er octobre), *Cinq années d'acquisitions 1980-1985*.

1994-1995, Lyon, musée des Beaux-Arts (29 septembre-18 décembre), Cologne, Wallraf-Richartz Museum (22 janvier-2 avril 1995), Liverpool, Walker Art Gallery (21 avril-18 juin 1995), Amsterdam, Van Gogh Museum (7 juillet-17 septembre 1995), *Maurice Denis (1870-1943)*.

1996, Autun, musée Rolin (22 juin-21 octobre), *Un nouveau regard sur Maurice Denis : la collection Eugène Chevalier*.

1996, Saint-Germain-en-Laye, Musée départemental Maurice Denis « Le Prieuré » (29 juin-29 septembre), *Symbolistes et Nabis, Maurice Denis et son temps, dix ans d'enrichissement du patrimoine*.

1999, Saint-Germain-en-Laye, Musée départemental Maurice Denis « Le Prieuré » (19 juin-17 octobre), *Maurice Denis et La Légende de saint Hubert, 1896-1897*.

BIBLIOGRAPHIE

Louis Rouart, « Les Œuvres de Maurice Denis à la galerie Bernheim », *La Grande Revue*, 10 mai 1907, n° 9, p. 531.

Maurice Denis, *Théories (1890-1910) du symbolisme et de Gauguin vers un nouvel ordre classique*, Paris, Bibliothèque de l'Occident, 1912.

Jean de Foville, « Maurice Denis », *La Revue de l'art ancien et moderne*, 10 avril 1913, n° 193, p. 276.

Henry Cochin, « Maurice Denis », *Revue des jeunes*, 10 mai 1918, n° 9, p. 513-532.

André Pératé, « Maurice Denis », *L'Art et les Artistes*, novembre 1923, n° 41, p. 58.

André Pératé, « Rétrospective de Maurice Denis 1870-1943 » (préface), *La Vie artistique*, 1924, n° 6, p. 56-65.

Abel Fabre, *Notes d'art dans l'archéologie*, juillet 1924, sommaire du n° 3, p. 35.

Henry Cochin, *Augustin Cochin (1823-1872), ses lettres et sa vie*, Paris, Bloud et Gay, 1926, t. I et II.

Paul Jamot, « Henry Cochin », *Gazette des Beaux-Arts*, 1927, n° XIV.

Maurice Denis, « Henri Cochin, 1854-1926 », *Notes d'art et d'archéologie*, janvier 1927, p. 1-2.

Victor Hugo, *Le Rhin*, Strasbourg, Bueli et Revaraux, 1938 et 1940, présenté par Michel Le Bris.

Paul Jamot, *Maurice Denis*, Paris, Plon, 1945, p. 16.

Suzanne Barazzetti-Demoulin, *Maurice Denis, 25 novembre 1870-13 novembre 1943*, Paris, Bernard Grasset, 1945, p. 62, 65, 108, 148, 149.

Maurice Denis, *Journal*, Paris, La Colombe, 1957-1959, t. 1 (1884-1904), p. 115-123, t. 2 (1905-1920), p. 50, 139, t. 3 (1921-1943), p. 229-230.

Ambroise Vollard, *Souvenirs d'un marchand de tableaux*, Paris, Albin Michel, 1937 (réimpr.).

Paul Jouve, « Notice sur la vie et les travaux de Maurice Denis 1870-1943 », *Institut de France, Académie des beaux-arts*, Paris, Didot et Cie, 1959, p. 9.

Pierre Loevenbruck, *Saint Hubert*, Paris, Crépin-Leblond, 1960.

Cécile Vincent, *Maurice Denis, l'enfance et la formation, le mouvement nabi*, Paris, université de Paris-I, 1972 (thèse de troisième cycle).

Paris, musée Rodin, 22 novembre 1978-22 janvier, 1979, , *Le VIIe à la Belle Époque*.

Claire Frèches-Thory, Antoine Terrasse, *Les Nabis*, Paris, Flammarion, 1990, p. 134-140.

Jean-Paul Grossin et Antoine Reille, *Anthologie du cerf*, Paris, Hatier, 1992.

Jean-Paul Bouillon, *Maurice Denis*, Genève, Skira, 1993, p. 80-81.

Jean-Paul Bouillon, *Maurice Denis : Le Ciel et l'Arcadie*, Paris, Hermann, 1993.

Laura Morowitz, « Anti-semitism, medievalism and the art of the Fin-de-siècle », *Oxford Art Journal*, 1997, vol. 20, n° 1, p. 35-49.

BIBLIOGRAPHIE DE SAINT HUBERT, PATRON DES CHASSEURS (Texte p.39 à 43)

Abrégé de la vie et miracles de saint Hubert patron des Ardennes, par un religieux de l'abbaye dudit saint Hubert, Liège, Jean-François Broncart, 1697.

J.-B. von Bistram, *Saint Hubert, quelques considérations sur l'histoire du saint patron de la chasse*, conférence à l'attention de la Commission de la cynégétique, dans l'art et ses musées de chasse, prononcée à l'occasion de la XXIIIe assemblée générale du Conseil international de la chasse et de la conservation du gibier le 24 mai 1976 à Bruxelles.

Charles Caillet, *Caractéristiques des saints dans l'art populaire,* Paris, 1867, t. I.

Charles Diguet, *La Vision de saint Hubert,* Paris, Vve Pairault & fils, 1884.

Charles des Granges, *Vie de saint Hubert*, Moulins, imprimerie de C. Desrosiers, *ca.* 1872.

Bertrand Hell, *Le Sang noir, Chasse et mythe du sauvage en Europe*. Paris, Flammarion, 1994.

L. Huyghebaert. *Saint Hubert patron des chasseurs*, Paris, Nourry, *ca.* 1927.

Jaromir Kovarik, *Hubert en tant que personnalité historique et la légende de saint Hubert*, Session de la Commission de la cynégétique dans l'art, l'histoire et les musées du Conseil international de la chasse, Prague, le 10 mai 1998.

Pierre Loevenbruck, *Saint Hubert patron des chasseurs*, Paris, Crépin-Leblond et Cie, 1960.

Massiet du Biest, *Quelques statues de saint Hubert dans le département des Ardennes*, in *Artisans et paysans de France, 1946*, volume I.

Louis Réau, *Iconographie de l'art chrétien*, Paris, P.U.F., 1979.

P. Riché, *Histoire des saints et de la sainteté chrétienne...,* 1986-87, t. IV, pp. 186-189.

La Vision de saint Eustache... In *Cahiers archéologiques,* 1985, volume XXXIII.

Crédits photographiques

Musée départemental Maurice Denis « Le Prieuré », Saint-Germain-en-Laye : fig. 5, 6, 8, 9, 10, 11, 12, 19, 24, 33

Archives départementales des Yvelines, Versailles (Clichés D. Balloud) : cat. n° 1, 5, 6, 7, 10, 12, 13, 14, 15, 16, 17, 18, 19, 20, 21, 22, 24, 25, 26, 27, 29, 30, 33, 36, 40, 41, 42, 43, 44, 45, 46, 48, 49, 51, 52, 54, 55, 56, 59, 60, 61, 62, 63, 65, 66, 67, 68, 69, 71, 72, 73, 75, 76, 77, 78, 79, 80, 81, 82, 83, 84, 85 ; fig. 22

Réunion des Musées Nationaux (Clichés Daniel Arnaudet, Hervé Lewandowski, Jean Schormans : fig. 23 (Cliché Hervé Lewandowski), 28 (Cliché Daniel Arnaudet), 30 (Cliché Hervé Lewandowski).

Avignon, Musée Calvet : fig. 26

Ville d'Autun, Musée Rolin (Cliché S. Prost) : cat. n° 9 et 35.

Paris, Musée de la Chasse et de la Nature (Clichés Nicolas Mathéus) : fig. 34, 35, 36, 37, 38, 39, 40, 41, 42, 44, 45, 46, 47, 48, 49, 50, 51, 52

Rouen, Musée des Beaux-Arts (Cliché Didier Tragin/Catherine Lancien) : fig. 27

Catalogue Raisonné Maurice Denis (Clichés Sully-Jaulmes) : cat. n° 2, 3, 4, 8, 23, 28, 32, 37, 38, 39, 50, 53, 57, 58, 64, 70, 74, 85 ; fig. 21, 43, 53

Ashmolean Museum, University of Oxford : fig. 29

Alinari-Giraudon : fig. 25, 31

Patick Goetcken, Genève : cat. n° 31 et 34.

Studio Lourmel, Paris (Cliché Routhier) : fig. 7

Tous droits réservés : fig. 1, 2, 3, 4, 13, 14, 15, 16, 17, 18, 20, 32

Cet ouvrage a été achevé d'imprimer en juin 1999
sur les presses de Grafedit, Azzano San Paolo, Italie.

La photogravure a été réalisée par Fotolito Star, Grassobio, Italie
et le flashage par GPI, Juigné-sur-Sarthe.